U0467700

用文字照亮每个人的精神夜空

微信 | 微博 | 豆瓣　领读文化

我也是鲁迅的遗物

朱安传

乔丽华 著

〔第三版〕

图书在版编目(CIP)数据

我也是鲁迅的遗物：朱安传：第三版 / 乔丽华著 . -- 大连：大连出版社，2024.10

ISBN 978-7-5505-2161-2

Ⅰ．①我… Ⅱ．①乔… Ⅲ．①朱安－传记 Ⅳ．① K828.5

中国国家版本馆 CIP 数据核字 (2024) 第 103675 号

WO YESHI LU XUN DE YIWU: ZHU AN ZHUAN (DI SAN BAN)

我也是鲁迅的遗物：朱安传（第三版）

责任编辑：于凤英　杨　琳
助理编辑：李钊仪
装帧设计：周伟伟
责任校对：彭艳萍
责任印制：刘正兴

出版发行者：大连出版社
地址：大连市西岗区东北路 161 号
邮编：116016
电话：0411-83620245/83620573
传真：0411-83610391
网址：http://www.dlmpm.com
邮箱：dlcbs@ dlmpm. com

印刷者：北京金特印刷有限责任公司

幅面尺寸：130mm × 185mm
印　　张：11.75
字　　数：226 千字
出版时间：2024 年 10 月第 1 版
印刷时间：2024 年 10 月第 1 次印刷
书　　号：ISBN 978-7-5505-2161-2
定　　价：78.00 元

朱安，约摄于 1917 年

第三版前言

本书于 2017 年在国内再版后，依旧得到许多读者的共鸣，进入了凤凰好书榜、新浪中国好书榜等榜单。在与读者交流的过程中，我发现，读者特别在意的是鲁迅对朱安的态度，站在不同的立场上自然观点也不同。我欢迎不同观点的碰撞，一本书出版后，解读的权利就交给了读者，作者不应过多干预。这些年，在各种场合与读者交流，经常会遇到一些难以回答的问题，如一个年轻女孩儿问我："在现今的时代里，朱安这样一个传统女性，对读者还有什么意义？"还有位女性读者告诉我，读了这本书后，她获得一种幸福感，看到这么不幸的人，她发现自己的那些烦恼真的不算什么。所以，她觉得这是一本治愈的书。的确，这本书让我们看到中国妇女长期以来的压抑，她们曾经活得如此沉重和沉默。当然，更多的读者也从这本书中窥见了鲁迅的沉重与抗争。

时隔多年，时过境迁，人事很多变化，此次再版我认为还是很有必要的。在这一版里，表述更加准确和规范，如时间的表述，之前对公历和农历没有特别加以区分，可能会使读者产生误解；这版农历年月日全部用汉字，公历全部用阿拉伯数字。此外，一些细节也得到修正，如朱安遗物单中的“烟筒”，此前我理所当然以为这是跟朱安使用的水烟袋有关的物品，但在北京生活的热心读者告诉我，此“烟筒”应该是冬天取暖的火炉的配件。此外还有不少文字修改，这里不一一赘述，总之这一版无论在装帧上，还是内容上，都有较大提升。

短短几年，我们的性别观念又发生了巨大的变化。这一版的读者会有什么样的感想？我很期待。在此，我由衷地感谢所有为本书的写作提供帮助的师友，以及为本书的出版付出心血的编辑人员！如果这本书能打动更多读者的心，引发更多的思考，我将深感欣慰！

2024 年 8 月于上海

再版前言

原本以为朱安只是一个边缘人物，鲜有人关注，不料这本传记出版后却出乎意料地得到很大反响。我欣喜地看到，这些年“朱安”已然成为一个较为热门的话题，引发了人们多方面的讨论和思考。去年，值鲁迅先生逝世 80 周年之际，今日头条文化频道发布 2016 鲁迅文学大数据，其中“鲁迅相关度最高的家族成员”中，“朱安”榜上有名。

本书出版后将近 8 年间，我陆陆续续收到一些来信和读者的反馈，许多读者站在女性的立场上，对朱安这样一位旧女性寄予深深同情，为之唏嘘、感慨。尤其让我意想不到的是，杨绛先生也注意到了这本书，她在报上看到《朱安传》的介绍后，给朱正先生的信中提到我的这本书，说：“我觉得这是血泪的呼声。”朱正先生把这封信复印给我，并在信中不无幽默地问我：“你愿意送一本大著给这位热心的读者吗？”我立即按照朱正先生提供的地址寄出拙著，并附了一封信，表达一个后辈的仰慕之情。书寄出后我从没有想过杨绛先生会给我回信。在我想来，钱锺书的夫人、翻译家、作家杨绛先生，且已届高龄，对于不知名作者寄来的书，翻两页大致了解一下，大概已经很够意思了吧。唯其如此，当有一天收到一封字迹陌生的来信，随意地拆开，却看到落款是“杨绛”两个字，别提有多惊喜了。杨绛先生在回信中写道：“朱安最后那一声凄惨的呼号，实在动人怜悯。常言‘一双小脚三升泪’，她却为此成了一件无人珍惜的‘弃物’！”杨绛先生关注女性的命运，她对朱安流露出深深的同情。

本书出版后，得到鲁研界诸多前辈的肯定，有些学者则指出朱安对鲁迅的影响至为深刻：“一个伟人的诞生，往往出于迫不得已。鲁迅文风的阴冷、偏激、滞涩，也与朱安这个背景有关。从这个意义上说，朱安成就了鲁迅。”（陈丹青语）也有研究者围绕鲁迅与朱安婚姻中的一些问题，提出种种疑问……总之，在鲁迅研究的领域，就像“周氏兄弟为何反目”始终是个未解之谜，“鲁迅与朱安的关系”也是个道不尽的话题。

当然，2009年底《朱安传》出版后，也有细心的读者向我指出了书中存在的一些问题，包括当初由于时间仓促，个别地方没有仔细核对所产生的差错。这次再版，正好能把

中国社会科学院外国文学研究所

乔丽华同志

你好！

昨天得你惠寄大作《我也是鲁迅的遗物——朱安传》，又在阅读时得你夹在书里的来信，感激之至。朱安最后那一声凄惨的呼号，实在动人悱恻。常言"一双小脚三升泪"，她却为此成了一件无人珍惜的"遗物"！

这本书定能成为常销的畅销书，书此为券。

祝阖府安吉，万事称心如意！

杨绛

二〇一〇年四月十三日

杨绛先生生前就此书与作者的通信

这一类的讹误加以订正，而更主要的是能对本书做些必要的修订和增补。

此书出版后，叶淑穗老师对于我用“弃妇”一词描述朱安婚后的状态提出了不同意见。她在信中说：“我认为鲁迅对朱安，虽然是不喜欢，只作为母亲送他的礼物，供养而已。但从鲁迅对她的态度来说，始终还是尊重的……当然在鲁迅的心里确实也是无奈。但鲁迅没有抛弃，所以我看到您有一个标题用‘弃妇’我感到心里有些接受不了。鲁迅对这桩婚事虽在感情上接受不了，但他始终都是承认的，在日记中也将她写成‘妇’。这个意见仅供您参考。”

叶老师的这个意见一直萦回在我的心中。可以说，当初用“弃妇”这个标题完全出于我的直觉，感性的成分居多。虽然我认为这个词并不过分，但也必须承认它可能会对读者产生误导。记得有一年我赴外地参加一个鲁迅研讨会，席间遇到一位老师，她直言不讳地认为《朱安传》过分同情朱安，贬损了鲁迅。尽管我并不能接受这位老师的观点，但也使我反思：我的有些用词是否表现出过多感情色彩，从而容易使人产生误解？因此，这次我把标题《弃妇——落地的蜗牛》改为《深渊——落地的蜗牛》。“深渊”一词，同样表达了朱安跌落谷底后的悲苦处境，也更符合本书的宗旨——用资料说话，不做过多的阐述。

叶淑穗老师还向我指出了一处差错。关于初版本第 124 页的一幅合影的说明，她在给我的信中指出 ：“P124，左起第二人认为是许羡苏，实际上左起第四人才是许羡苏。此事余锦廉和我也做过讨论。他曾对此发表了文章，可查《鲁迅研究资料》。”查《鲁迅研究月刊》，确实刊登过多篇余锦廉先生关于他母亲许羡苏的文章，还有叶老师的《许羡苏与鲁迅文物——记许羡苏在鲁迅博物馆的日子里》等文，某种意义上也侧面提供了朱安在西三条的生活背景资料。对于叶老师的指正，我非常感谢!

还有已故的高信先生，作为鲁研界的前辈，看了这本传记后，热心提供给我周作人的外孙杨吉昌（周静子之子）写的《回忆外祖父周作人及其他》一文，文章对八道湾 11 号的情况有较为详细的描述，其中有“大外祖母”一节，很短，内容如下 ：

大外爷鲁迅的原配夫人朱安是和鲁迅的母亲住在一起吗？或许她偶尔也来过八道湾，我幼时见到大外祖母，留下的印象并不深。记得她的头发向后梳结成一个髻，椭圆形的脸，下巴较尖，矮个子，底下一双旧社会常见的小脚，说话声音很细，自然是绍兴口音，我见到的她也在六十岁左右了吧！而我却没有见过大外爷，他去世在我出生之前。

大外祖母指的就是朱安。杨吉昌此文发表于 1995 年，发表在《华山天地》上。这篇文章前面有高信先生的《写在前边》一文，对杨吉昌及其家人的情况做了一些介绍。从高信先生和杨吉昌的文章可知，周作人的长女周静子于 1935 年与留日回国的数学教师杨永芳结婚，次子杨吉昌生于 1938 年，所以他从未见过鲁迅，却见过大外祖母朱安。1949 年后杨永芳任西北大学数学系教授，周静子随杨永芳去了西安，主要料理家务，他们的一双儿女（杨美英和杨吉昌）都曾在秦岭电厂子校教书。周静子大约去世于 1984 年。此外杨吉昌还提到阿姨周鞠子（周建人之女）去世于 1976 年唐山大地震。

尽管杨吉昌的回忆主要讲述周作人一家的情况，但跟朱安不无联系。据高信先生说，杨吉昌曾给高先生看周静子的两张结婚合影，照片上都有朱安。高信先生还将这两张照片复印给了我。事实上，尽管鲁迅与周作人反目，但后来朱安与八道湾 11 号并未完全断绝往来。有研究者注意到新披露的周作人 1939 年 1 月 9 日的一则日记，里面写道："下午大嫂来。"由此指出：这里的"大嫂"，显然不是许广平，而是朱安女士。周作人同年 1 月 1 日在八道湾寓所遇刺，

“为暴客所袭，左腹中枪而未入，盖为毛衣扣所阻也。启无左胸重伤。均往同仁医院。旧车夫张三中数枪即死，小方左肩贯通伤”。得知周作人遇刺之后，朱安女士还是抽时间前往探视。

我在书中引用了周作人早年在绍兴时日记里关于“大嫂”的记载。其实周作人到北京后也是有记载的，如 1932 年就有几处提到“大嫂”：

8 月 16 日[①] 阴……旧中元，午祭先祖，母亲、大嫂来，下午去。

9 月 8 日 晴，上午大嫂来，托代交佩弦贺礼。

9 月 19 日 阴雨……大嫂来即去。

9 月 21 日 阴雨，下午晴……下午往商务买书……大嫂来……

从以上几则日记可以看出，像中元节这样的日子，鲁迅母亲和朱安会去八道湾跟周作人一起祭拜先祖。而送朱自清（佩弦）的贺礼，朱安也托周作人转交。另外 9 月周建

① 周作人 1898 至 1905 年日记用旧历纪年，1906 至 1911 年日记缺，1912 年后的日记用公历纪年。本书中涉及日期公历用阿拉伯数字表示，农历（旧历）用汉字数字或干支纪年表示。特此说明。

人之子丰三住院，这段时间鲁瑞和朱安婆媳俩多次前往八道湾。自然，日记中也多次记载周作人和羽太信子前往西三条看望母亲。这些虽是微末小事，但知者不多，故趁此机会在这里写一笔。可惜的是周作人日记还没有全部影印出版，仅能看到 1934 年以前的部分，如全部影印出来，对于周氏兄弟及周氏家族的研究是很有价值的。

这些年网上关于朱安的文章屡屡见到，其中陆波的《在保福寺桥下，寻找历史的草蛇灰线》一文挖掘了关于朱安最后的埋葬地保福寺的一些情况。根据陆文，从明朝起，在中关村这块永定河故道的低洼地区，就开始兴建寺庙，特别是明清两朝太监偏爱在这一带购买“义地”（墓地），后来普通人也愿意埋葬在这片抬眼即看到西山的土地上，形成了中关村一带寺庙、坟地众多的格局。保福寺建于明正德十一年（1516 年），清朝道光年、光绪三十一年（1905 年）都进行过重建。清代《日下旧闻考》载：“南海淀之东二里许有保福寺，东柳村有长寿寺、观音庵……”民国时期进行寺院统计，做记录如是：“此寺位于保福寺村六十四号，占地二亩零四厘，有九间瓦房，土房两间，附属瓦房一间……泥像九尊，铁五供一堂，铁钟一口，另有石碑两座，井一眼，楸柳四棵。”属合村公建。被村公所及小学占用。原有鼐公禅师灵塔，20 世纪 30 年代塌了一半，但仍有香火。新中国成立之初，在这座寺庙成立了保福寺小学。保福寺小学 1958 年搬迁后，保福寺也就结束了它的历史使命。基本可以判断，保福寺于 20 世纪 50 年代末废弃，最多熬不过“文化大革命”。

陆文还提到，抗战胜利后，因为保福寺这块坟地属于周作人家私产，1948 年国民党政府将其私产予以没收。从 1951 年起，中关村地区就已确定规划建设社会主义科学城，也就是说，大规模的平坟拆迁，在 20 世纪 50 年代初期就开始了。我曾说朱安的坟毁于“文化大革命”，恐怕还需要进一步查证，不排除它毁于更早之前。这虽然也属于细枝末节，但考虑到朱安作为一个旧女性，临终前对于身后事曾有慎重的嘱托和安排，如此结局不免让人兴叹。

朱安作为一个家庭妇女，也只是在鲁迅去世后才受到媒体的关注，初版本引用了《北平晨报》《新民报》等报刊的相关报道，并将《世界日报》的报道作为附录收入书中。其实，还有一些刊物当时也对朱安有所报道，主要集中在以下几个时段：

一、1936 年 10 月鲁迅刚刚去世不久，上海的《电声》周刊等关于鲁迅身后作品版权的问题做了一些报道。需要指出的是，其中有些内容并不符合事实。

二、1944 年 9 月至 1945 年，上海的《文艺春秋》《杂志》

等刊物关于出售鲁迅藏书一事所做的报道。

三、抗战胜利后，除了北平的报纸外，上海的《海光》《快活林》《吉普》等刊物也报道了朱安的生活情况。当然有些小报只是将朱安作为谈资，如 1946 年 12 月 1 日《新上海》刊登的《许广平故都访鲁迅前妻》一文，虽然许广平去北平西三条一事是实有的，但其中很多内容都出于臆想，完全是小报手法。

这次再版，我经过甄选，增补了三篇较有史料价值的报道。同时在参考文献部分列出了以上报道的目录，供有兴趣的读者参考。此外，增补了几幅图，如朱安住过的八道湾 11 号、砖塔胡同及西三条故居的平面图等。总之，这次的修订本，在基本保持原貌的基础上，弥补了初版本的不足，也能将这些年来我发现的一些新资料呈现给读者，可以说了却了我心头的一件事。

最后，还需要说明的是，本书在写作过程中得到诸多同行的帮助，特别是本书刊用的朱安的书信及照片，绝大部分藏于北京鲁迅博物馆，其中有些从未发表过。在此特致谢忱！

2017 年 4 月于上海虹口

目录

落地的蜗牛

序章

"一切苦闷和绝望的挣扎的声音"

那是 2006 年 4 月底的一个周末，为了给《鲁迅和他的绍兴》一书寻找灵感，我和几位合作者来到了绍兴。就是那一次，绍兴鲁迅纪念馆的人员带着我们走上了鲁迅故居二楼的房间。这是鲁迅和朱安当年成婚的新房，平时一般不开放。我之前也不止一回来过鲁迅故居，但从来没有进入过二楼的房间，而且是鲁迅成亲的洞房，可以说是怀着一种十分好奇的心情走上楼梯的。

台门里的老屋子大多光线昏暗，但二楼的这个房间更幽暗。也许是因为多年空关，感觉有些阴森。仔细打量室内的陈设，旧式的雕花木床、衣橱、桌椅等不多的几件家具在黑暗中似乎只浮现出一个轮廓，相形之下，贴在墙壁和家具上的大红喜字格外醒目。

我们问："这是原来就有的吗？"

工作人员回答说："是剧组拍电影留下的。"

是啊，隔了这么多年红纸怎么可能还存在？当年的大红喜字早已从墙上剥落了，当年的新人也早已消殒了。

环顾这间洞房，并没有因为贴了鲜艳的喜字而呈现出喜庆的气氛，相反，红色的喜字让屋内显得更压抑惨淡。特别是想到鲁迅成婚后第二天就住到了别处，只留下朱安独守空房，这大红喜字给人的感觉也就分外刺眼。

其实，说这是鲁迅当年的新房并不完全准确。1919 年，周家新台门卖给了城内的富豪朱阆仙，鲁迅携全家迁往北京。直到 1949 年后，周家新台门才被政府收回，成为鲁迅故居。因此，我们看到的这所谓鲁迅的新房，也只能是一种历史场景的复原，不可能是朱安当年生活的真实还原。但即便如此，走进这间屋子，我还是真切地感受到了一个被抛在暗处的影子，感受到在鲁迅身边，还有朱安这样一个人物存在着，徘徊着。作为鲁迅的原配夫人，朱安在无爱的婚姻中度过了苦涩的一生。这是个一提起来就令人感到窒息的话题，鲁迅本人也很少提到朱安，他的缄口不语给后人留下了许多未解之谜。当然，鲁迅的这段婚姻，在他同时代亲友撰写的回忆录中还是有所反映的。许寿裳、孙伏园、郁达夫、荆有麟、许羡苏、俞芳等在他们的回忆录中，大多根据自己的所见所闻，对鲁迅与朱安名存实亡的夫妻关系做了描述。从这些描述来看，鲁迅的确只是把这位夫人看作“母亲给我的一件礼物”[①]，对她仅仅是尽到供养的责任而已。朱安在婚后的几十年里，始终处于类似“弃妇”这一可悲的地位。

鲁迅对朱安没有感情，二人形同陌路。但这是否意味着他能够忘记身边这样一种凄惨的存在呢？

1935年鲁迅在《〈中国新文学大系〉小说二集》的序言中提到凌叔华的小说，称赞她“适可而止的描写了旧家庭中的婉顺的女性”，写出了“世态的一角，高门巨族的精魂”。[②]我不知道，他写到这里，脑海中是否会浮现出朱安的身影？

每次读《伤逝》，我都会被那些冰冷尖锐的词句深深触动：

> 四围是广大的空虚，还有死的寂静。死于无爱的人们的眼前的黑暗，我仿佛——看见，还听得一切苦闷和绝望的挣扎的声音。[③]

---

① 此语出自许寿裳《亡友鲁迅印象记》，收入《许寿裳文集》上卷，上海百家出版社2003年出版，第129页。

② 鲁迅：《〈中国新文学大系〉小说二集序》，见《鲁迅全集》，第6卷，258页，北京，人民文学出版社，2005。

③ 鲁迅：《伤逝》，见《鲁迅全集》，第2卷，131页，北京，人民文学出版社，2005。

从这沉痛的文字中，我仿佛听见了鲁迅内心的声音。我认为，他从来没有忘记那些“死于无爱的人们”，忘记“朱安们”的不幸。就算这是一个令他痛苦的问题，他也要把这个问题揭示出来，而不是绕开，甚至遮掩。固然，鲁迅的文字中很少提及这位夫人，但在他的内心深处一刻也不曾忘记“无爱的人们”与“一切苦闷和绝望的挣扎的声音”，而这声音中定然包括了朱安这样一个与他有特殊关系的旧女性的声音。

可是，翻开鲁迅研究的历史，朱安却始终是个无法安置的人物。

当年鲁迅去世后许寿裳等着手起草年谱时，就讨论到了要不要把“朱女士”写进去的问题。1937 年 5 月 3 日许寿裳致函许广平，信中提出 :“年谱上与朱女士结婚一层，不可不提，希弟谅察。”对此，许广平的回答是 :“至于朱女士的写出，许先生再三声明，其实我绝不会那么小气量，难道历史家的眼光，会把陈迹洗去吗？”[①]因此，在许寿裳编的年谱中，留下了这样一条现在看起来十分可贵的记载 :

① 许广平 :《〈鲁迅年谱〉的经过》，见《许广平文集》，第 3 卷，382 页，南京，江苏文艺出版社，1998。

前六年（三十二年丙午一九〇六年） 二十六岁

六月回家，与山阴朱女士结婚。

同月，复赴日本，在东京研究文艺，中止学医。

中华人民共和国成立后，当鲁迅被定性为“文学家、思想家、革命家”，朱安的地位却很尴尬了。鲁迅是文学革命的先驱、呐喊者，是新文化运动的旗手，然而他的婚姻却是包办婚姻。包办婚姻对鲁迅那一代人而言是很普遍的，但许多人却认为这有损鲁迅形象。因此，1949 年后鲁迅研究得到空前重视，研究者在资料的挖掘和整理工作上投入了很大的力气，唯独朱安被排除在外，乏人问津。特别是在极左的年代里，当鲁迅被抬上神坛，封为偶像，朱安更成了一个忌讳，成为鲁迅研究的禁区之一。所有的鲁迅传记中都找不到她的名字，很长一段时间朱安几乎就在人们的记忆中消失了。

朱安浮出水面是在“文化大革命”后。随着鲁迅研究回归“人性化”，不少研究者对过去那种洗去历史陈迹的做法提出了疑问，并对有关鲁迅与朱安的一些事实做了钩沉和探讨。如裘士雄《鲁迅和朱安女士以及他俩的婚姻问题》（《绍兴师专学报》1981 年第 2 期）、杨志华《朱吉人与朱安及鲁迅》（《上海鲁迅研究》1991 年第 1 期）、段国超《鲁迅与朱安》(《中国现代文学研究丛刊》1983 年第 3 期)、余一卒《朱安女士》(《鲁迅研究资料》第 13 辑)、张自强《鲁迅与朱安旧式婚姻缔定年代考》(《纪念与研究》第 9 期)等,都是发表于这一时期的力作。特别是 1981 年出版的《鲁迅生平史料汇编》第一辑,反映了"文化大革命"后鲁迅生平史料研究的最新成果,其中在"鲁迅家庭成员及主要亲属"的条目下列出了"朱安"一条,突破了很大的阻力和干扰。此条目虽仅有 400 余字,且基本保持了旧有的观点,但终究承认了朱安的存在。[①]

至此,朱安已不再是一个禁区。越来越多的研究者承认,朱安是鲁迅情感思想的一个重要的注解,在鲁迅的一生中投下了"浓重的阴影"。然而,像朱安这样一个微不足道的人物,是否值得更深入地探讨?这一点恐怕很多研究者心里至今还是存有疑虑的。而迄今为止尚无一本有关于她的传记,这也足以说明了一切。

当然,追溯朱安在鲁迅研究中的历史地位,也不能无视日本学者在这方面的探讨。早在 1944 年出版的传记《鲁迅》中,竹内好就对鲁迅留学时代回国结婚的问题提出疑

① 薛绥之:《鲁迅生平史料汇编》,第 1 辑,107 页,天津,天津人民出版社,1981。此书中对朱安的介绍主要引用了鲁迅族叔周冠五先生的谈话及陈云坡的说法。

问。他指出，比起与许广平的恋爱，关于与朱安结婚这条线索却十分模糊不清，从鲁迅本人那里也得不到任何解释，对于鲁迅是“如何处理这一事实的”，尽管“可以通过《随感录·四十》等材料去构制空想，但有个很大的不安却不肯离我而去，那就是这个空想会不会大错而特错呢？”[①] 自竹内好开始，一些日本学者也对鲁迅与朱安的婚姻提出种种揣测。尾崎秀树《围绕着鲁迅的旧式婚姻——架空的恋人们》（日本1960年5月号《文学》）、丸尾常喜《朱安与子君》（收入《“人”与“鬼”的纠葛——鲁迅小说论析》一书）、高木寿江《鲁迅的结婚和爱情》（日本《鲁迅之友会会报》第13期）、岸阳子《超越爱与憎——鲁迅逝世后的朱安与许广平》（《鲁迅世界》2001年第4期）、山田敬三《我也是鲁迅的遗物——关于朱安女士》（收入《南腔北调论集——中国文化的传统与现代》一书）等论文，均对鲁迅背后的这样一位女性表现出极大的关注，其中既不乏敏锐的发现，也不乏主观的论断，由此不难看出朱安带给人们的困惑之深。

和“竹内好们”相同，我在研读鲁迅的过程中，也对朱安这个人物产生了某种强烈的好奇，迫切地想要弄个明

① 竹内好：《鲁迅》，见《近代的超克》，43页，北京，生活·读书·新知三联书店，2005。

白。如果说鲁迅的一举一动、一言一行都在我们的关注之内，那么朱安作为鲁迅身边的一个女性，一个典型的家庭妇女，我们对她的了解实在太少！正如《故乡》中的“我”和闰土之间“隔了一层可悲的厚障壁”，我们和她之间也有着深深的隔膜。

有不少人向我指出，“朱安”这个题目难写。确实，和同时代的精英女性不同，朱安只是一个目不识丁、足不出户的旧式妇女，既没有秋瑾那样的豪举载入史册，也没有留下吐露心曲的闺阁诗文供后人唏嘘回味。有关于她的材料少得可怜，我自己的准备也远不能说充分，但她可悲的、扭曲的一生始终压在我的胸口。朱安曾开口说："我也是鲁迅的遗物！”这声呐喊始终停留在我的心底，挥之不去。朱安留下的话语不多，但句句都令人震撼，耐人寻味。有研究者指出："我觉得朱安是一个真正的问题——将来如果谁去研究中国女性历史的话，这是一个必须认真对待的对象。”[1] 这也道出了我的想法：朱安不应该仅仅是鲁迅研究当中的一个配角、一个陪衬。无论是站在鲁迅研究的立场上，还是站在女性研究的立场上，她都是一个不该

---

① 张业松：《文学课堂与文学研究》，21页，上海，复旦大学出版社，2008。

被遗忘的对象。

朱安不仅长期以来在鲁迅研究中没有地位，在近现代的女性史上也没有她应该有的位置。我们不知道该如何去对待这样一个“她者”，一个旧女性的缩影。她是包办婚姻的牺牲者，而且至死也没有觉悟。自“五四”以来，新女性“娜拉”一跃成为历史舞台上的主角，朱安这样的“小脚女人”“旧式太太”则成了落伍者的代名词，处于尴尬失语的境地。这不仅仅是朱安一个人的悲剧，在她身后，乃是新旧时代交替中被历史抛弃的女性群像，她们在历史洪流中沦为喑哑的一群，“并无词的言语也沉默尽绝”。对这样一个女性群体，我们除了“哀其不幸，怒其不争”，似乎很难找到一种倾听她们心声的方式，也很少有人去这样做。然而，把她们排除在外的历史书写注定是不完整的，也是没有厚度的。或许正因为如此，鲁迅对凌叔华小说中所发出的旧女性的苦闷之声产生了共鸣，尽管这声音是如此微弱。

我想为她写一本传记的想法就是这样产生的。我不知道现在开始写究竟是太早还是太晚。我觉得是太晚了。朱安去世距今已经 60 多年，与她有过接触的人绝大多数已不在人世。特别是当我走在绍兴的街头却发现许多地方已是面目全非时，当我费尽力气找到朱家后人却空手而归时，当我面对一些语焉不详的资料一筹莫展找不到任何见证人时……

我感到自己着手得太晚了！但另一方面，或许也只有现在，我们才能够让她从暗处走出来，才能够平心静气地看待鲁迅身边的这样一个“多余人”。

母亲的礼物

这是母亲给我的一件礼物，我只能好好地供养它，爱情是我所不知道的。

——鲁迅

家世——丁家弄朱宅

寻访丁家弄

朱安的娘家在绍兴城里的丁家弄。为此，我特意去寻访了这条过去从来没有留意过的街。

从地图上看，丁家弄位于绍兴城的西面。民国前，绍兴府城内以南北向的府河为界，东属会稽，西为山阴，丁家弄即属山阴县地界。而不远处的鲁迅家的周家台门属于会稽县。过去的绍兴城四面筑有城墙，四周共有十个城门，丁家弄就在水偏门一带，东临水沟营大街，因此从前绍兴人提到它，往往称为“水沟营的丁家弄”。此外，在老绍兴人的记忆里，它还有一个土名，叫作“竹园里”。

在去丁家弄之前，我事先向绍兴鲁迅纪念馆的老馆长裘士雄先生打听了一下。他告诉我，朱家台门他曾去过两次，

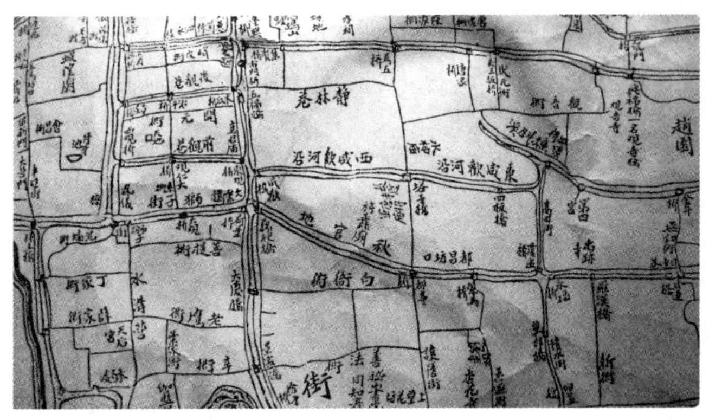

清末的绍兴府城衢路图（局部）。朱安娘家朱家台门在西面靠近水沟营的丁家弄，离都昌坊口（即东昌坊口）的周家新台门不远

靠近绍兴文理学院那里。1979 年，从朱家的房客陈文焕先生那里得知朱家台门要拆的消息，他也曾赶在拆掉前去看过。他记得朱安的远房堂叔朱鹿琴家里房子相当好，石萧墙，栋梁是方的，用料考究，说明家里相当富裕。当时有人租了朱鹿琴家一半的房子。可惜现在已经统统拆掉了，变成了丁香苑。不过，泥墙弄旁边的那条河还在。丁家弄现在叫丁向弄，是因为绍兴有两个丁家弄，所以改了名。

我住的宾馆恰好是在绍兴文理学院旁，于是第二天早上，我穿过校区，从东大门出来，步行约 50 米，找到了我默念已久的丁家弄——如今已改名为丁向弄。这是一条长约一二百米的东西向的街，三四米宽的水泥路，两边都是四五层楼的新式住宅小区，街道两边零星开着一些小店铺，周遭的环境显得有些杂乱。听路边小店的老板讲，在他小的时候，丁家弄的路还没有现在宽，是用六尺的石板横铺的，差不多就两米宽。但是他不知道这里有个朱家台门，也不知道鲁迅的原配夫人姓朱，更不知道她的娘家就在这里。

丁香苑在丁向弄 23 号，是一个颇为高档的住宅小区，丝毫也看不出当年朱家台门的影子了。这也是意料之中的，但还是有点怅然若失——为了那消失的台门，也为了台门里那些湮没无闻的故事。从出生到出嫁，差不多有 28 年的时间，朱安是在丁家弄朱家台门厚厚的围墙里度过的。这个大宅院里的人们是如何生活的？有过哪些悲欢？她后来酸涩的人生、乖蹇的命运是否与此有着某种内在的联系？对于想要了解朱安出嫁前生活情形的人，诸如此类的疑问有很多，但看来都已无从追寻了。

本以为对朱家台门的寻访只能获得这样一点印象，好在第二天在绍兴文理学院举办的“浙江省鲁迅研究会 2008 年年会暨新时期鲁迅研究三十年学术研讨会”上，我遇到了《乡土忆录——鲁迅亲友忆鲁迅》的作者周芾棠老先生。周先生已经 81 岁了，但精神矍铄，思路清晰。当年他对鲁迅亲友做了许多采访，还做了大量的笔记，也曾亲自去踏访过

这条街就是丁向弄（原来的丁家弄），曾经是朱家台门所在的地方，如今建成了丁香苑（作者摄于 2008 年 11 月）

朱家台门。当我对他说了自己想写关于朱安的传记，他欣然表示可以陪我一起去找找那里的老住户，做些调查访问。

周老先生上次来朱家台门是 2000 年，时隔 8 年，丁家弄一带发生了不小的变化。我们先来到附近的居委会，希望能打听到朱家后人的一些线索。因为是周末，居委会要到下午两点半才上班，但从宣传栏橱窗里可以看到，居委会干部中有四位是姓朱的，可见朱姓在这一区域占了不小的比例。

周老先生于是非常耐心地向一些看起来上了岁数的住户打听情况，这里的房子虽然拆迁重建过了，但问下来，居民们不少都是老住户。一位热心的俞先生，今年67岁，他从小听说过鲁迅夫人是这一带的人，在他的记忆中，当时靠南面丁家弄的台门比较高大，而靠北面泥墙弄，即靠近河埠头的都是破台门，房子都很浅，只有一进。这里很多住户是做锡箔生意的。俞先生所知的也就是这些，但他带我们去了一个地方，是原先的河埠头，也称为鱼闸，是丁向弄经历了种种改造后留下来的唯一一处遗迹。这对我来说是一个意外的收获。

原来，在高富小区和丁香苑之间有一条不太起眼的通道，走进去，有一个台阶，下去就是河埠头。这台阶唤起了周老先生的记忆，他记得2000年他来到朱家台门时，大门就在这个位置，在泥墙弄。他记得台门里有弄堂、小天井、花窗、花瓶，还有一口井，虽然已不记得里面有几进，但房子古色古香，台阶很高，一看就是大户人家。

我们在这几乎被铲平的石板台阶前查看了许久。以此为界，它西面的台门在1992年前后被拆掉了，现在是高富小区。而它的东面，就是原来朱家台门所在的地方，据当年朱家房客陈文焕的回忆，“鲁迅到朱家做姑爷住过的房子，一直保留到1979年年底，后来绍兴地区运粮汽车修理厂扩建，把它和朱宅的多数房子拆去了”[1]。我想，这应该是丁家弄老宅最终被彻底拆掉的主要原因吧？连鲁迅住过的房间都拆去了，其余的就更不值得保留了。朱宅最终彻底拆除是在 2003 年、2004 年前后，变成了现在的丁香苑。至于朱家台门后门口的泥墙弄，现在也已经被新建的小区所隔断，仅剩下东头的一小段通道，连路名也不存在了。

就只有这个河埠头依旧。当所有高大的建筑都被拆除，唯有它还默默地讲述着当年的风景。从前绍兴人出行，大多是以船代步，河埠头是船停靠的地方，也是洗菜浣衣的地方。俞先生指给我们看，紧贴河岸的一堵石墙，下面是空的，水可以通到盖着的房子里，因为从前的大户人家河埠头是在房子里面的。他还告诉我们，最下面的石板上有一个圆圆的洞，那是用来锁船的。我们仔细查看，果然看见石板上的圆孔。站在河埠头的石阶上，但见河水暗沉，几个妇女蹲在青石板上埋头浣衣。河的对面是凰仪桥，绍兴随处可见的石桥，横卧在如今的鲁迅路上。再向北是仓桥直街，那里还保留着一大片老台门……

俞先生是个热心人，他又为我们找到了住在高富小区的 80 多岁的周阿婆。周阿婆说，丁向弄原来住着王家、朱

① 稽山：《鲁迅和朱安婚姻问题史料补叙》，载《绍兴师专学报》，1982（1），21~22 页。

这个河埠头，是丁家弄一带经历了种种改造后留下的唯一一处遗迹。从前绍兴人出门，大多以船代步，如今，这里仍是居民们浣衣的地方（作者摄于 2009 年 5 月）

绍兴仓桥直街

河的对面是凰仪桥，如今被马路隔断了，但桥的风姿依存（作者摄于 2009 年 5 月）

家、金家。朱家过去是有官职的，原来房子好大，大门朝北，有两进三层楼，房子都是石头墙，里面住着一个老太婆。朱家主人叫朱鹿琴，朱家原来是清白的，土改时戴上了“地主”的帽子，成了“三九类”[1]，房子被国家收去归公了。朱家后代到农村去了。这里拆迁时，朱家的孙子，还有两个

---

① “文化大革命”前称“三九类”人员，“地富反坏右”之外，加“两劳”人员（劳改释放、解除劳教）等，“文化大革命”初期有“黑五类”之称。据《绍兴市志》，“文化大革命”期间，动员大批市镇知识青年上山下乡；号召城镇居民“不在城里吃闲饭”，到农村参加农业劳动；一批“五类”分子和“三九类”人员被遣送农村。

姐妹都来过，想要房子，但户名也已经没有了，所以分不到房子了。

拄着手杖的周阿婆上了岁数，说一口让我这外乡人难懂的绍兴话，靠俞先生的翻译才勉强了解大意，因此也没能向她追问清楚一些细节。周阿婆见我们对朱家的事感兴趣，向我们介绍一个人，就是住在旁边一幢楼的王嘉瑜，他是当时朱家的住户，今年虚岁 77，原在茶场工作，1959 年时住到这里，原来是向朱家租房的，后来房产公有化，国家分配给了他。王先生的妻子章国英 1960 年嫁过来，当时才 24 岁，她还记得朱家的房主名叫朱鹿琴。他们两人都是这里的老住户了，且有一定的文化。他们现在的住房看起来很拥挤，想来他们在朱家台门时的住房更狭小吧？

对朱家台门，王先生印象最深刻的是朱家有个花园，墙上题着“四时真乐”四个字，可惜“文化大革命”的时候被凿掉了。还有一个很大的石池，长两米左右，宽一米多，他指了指家里的一个三人沙发，说大约就是那长度。关于石池，周芾棠先生向我解释说，石池是用来盛水的，绍兴人主要派三种用场：一是天落水（即下雨），积起来可洗衣物，洗菜，如同水缸；二是防火，起火时可以用池中的水浇灭；三是可养鱼，美化环境。在鲁迅故居，也可以看到这种石池。

王先生回忆说，他住进去的时候，朱宅的正厅已经烧掉了，他住在边房，没有看到过正厅。当时朱家有一个老太太，还有个孙子，那时 10 多岁。老太太戴了“地主”帽子，不过没吃苦头，虽然年纪快 90 岁了，但是胃口很好，经常看见她吃带鱼。她死的时候大约是 1964 年或 1965 年，总之是 1968 年以前。老太太的名字叫平家珍。这个姓让周芾棠先生想到绍兴的一位名人平步青，系同治年间进士。周先生推测平家珍有可能是平步青的后代，因为绍兴姓平的不多。如果真是这样，那这老太太也是很有来历的了。平家珍的孙子叫朱力（音），“文化大革命”后到浬渚（兰亭）那里去了，又听说如今在上虞。除了王先生这个外来住户，原来台门里还有个年轻的老师，是城里教书的，名叫沈绍，在阜山中学教过书，教的是数学，现已从一中退休。

显然 1949 年后朱家台门里主要居住着朱鹿琴这一房。朱安的娘家人因为很早就搬走了，所以大家对他们没有什么记忆。这里简单交代一下朱鹿琴的情况，他名叫朱桐荪（1890—1957），字鹿琴，鲁迅在日记里写作“朱六琴”。他早年师事徐锡麟，与鲁迅堂叔周冠五一起毕业于绍兴府学堂，后也做过幕友。1949 年后，朱鹿琴在绍兴丁家弄闲居。据房客陈文焕说，“我晓得朱鹿琴有两三个儿子，小儿子在抗战时当过‘和平军’，后来加入金萧支队，解放初搞‘肃反’，结果被清查出来了。鹿琴有一个孙子叫朱力（音），

这是买下朱安娘家房产的陈氏的后人陈文焕，新中国成立后也一直住在这里，知道朱家的不少掌故（约摄于1990年，裘士雄先生提供）

曾到上虞支农，现在不知道他在什么地方”。[①] 陈文焕的回忆和我从王嘉瑜先生这里听到的大致相仿。又据他忆述，1949年后，朱鹿琴曾感慨地对人说："鲁迅定亲时送来的红绿帖、他写来的信札等等都没有保存下来。鲁迅从前和普通人一样，来到我家做客，哪里会知道在毛主席领导下的今

① 《陈文焕谈朱安母家等情况》，裘士雄记录整理（未刊稿，1990年11月）。陈氏是朱家部分房屋的买主，陈文焕20世纪90年代仍住在朱家转让的房子里。

天，他会被人民崇敬得这样高啊！”确实，鲁迅一下子成了神坛上的偶像，这是朱鹿琴当年怎么也想不到的。

我让王先生画出当年朱宅的示意图，这对他来说显然有些难度，房子的结构有些复杂，根据他的讲述，可以知道朱宅当时进出的大门在泥墙弄，台阶上去，是两扇丝竹门，一般只开一扇门，另一扇门基本不开。正厅已烧掉，房间主要集中在正厅的一侧，里面有走廊、客厅、天井等，楼梯上去还有房间。平家珍和朱力就住在最靠里的小楼上……听王先生在那里费力地讲解，我更为朱家台门被拆毁感到惋惜。

时间已近黄昏，从王嘉瑜家里出来后，我们结束了这一次的寻访。虽然，这里住户所讲述的朱家的往事支离破碎，而且主要是关于朱安远房堂叔朱鹿琴家里的情况，但对我这个外乡人来说，更高兴的是能接触到这么多与丁家弄有关的老住户，知道他们还生活在这一带，朱家的往事还依稀留存在他们的记忆里。通过这些街坊邻里的追忆，朱家台门的历史在我的眼前以另一种方式展开。

朱家台门

回到清朝末年。那时山阴县丁家弄的朱家台门称得上

朱安母家的小天井（约摄于1990年，裘士雄先生提供）

是殷实之家，“台门”是过去绍兴大户人家的宅邸，造得都很讲究，朱家台门也不例外，它前临丁家弄，后接泥墙弄，里面有台门斗、厅堂、座楼、侧屋、天井等，厅堂内挂着“孝友堂”的匾。此外，台门里还建造有书房、小花园、石池、家庙等，时时可见题字和楹联，透露出士大夫的生活情趣。

朱宅与一般台门不同的是，有的房屋是上下用三块石板做墙体的石萧墙，既坚固又防火。在绍兴，用二道板打墙已称得上富户，三道板打墙就更显富足了。朱安的远房堂叔朱鹿琴曾对人说起过：“房子造得这般坚固、考究，是想开当铺的。”[①] 既然一度准备开当铺，可想而知朱家曾经是有些资产的。

据说朱安的祖上和1919年买进周家新台门屋宇的朱阆仙是同一个祖宗，祖籍原在绍兴城西郭门外的白洋。查清代朱增等纂修的《山阴白洋朱氏宗谱》[②]，白洋朱氏为宋代宰臣朱胜非的后裔，奉朱荣一为始祖，世代繁衍，人才辈出。其中最著名的当数明末著名政治家、军事家朱燮元，他最主要的功绩是平定了祸乱西南多年的奢崇明之乱，朱燮元本人及其后代还世代执掌锦衣卫。此外也出了一些以诗文著称的名士，如朱纯、朱启元等。朱氏后人因做官或经商等有不少迁居到了外地，谱中记载老大房第十二世的朱振孔（1656—1732）始迁至绍兴城，时间是康熙年间。但此谱只记载了朱振孔长子朱光乾这一房的后人，其余四子均“客外失考”。谱中没有丁家弄朱氏这一支的记载，可能是迁徙到了城里的缘故。

朱吉人[③] 曾追忆：“我们朱家纂修过家谱，记得是蓝面子，放在两只洋油箱里。日本佬打进绍兴来，我们全家逃到

① 稽山：《鲁迅和朱安婚姻问题史料补叙》，载《绍兴师专学报》，1982（1），21~22页。

② 丁家弄朱家原籍山阴白洋，系裘士雄根据朱仲华的口述告之。

③ 朱吉人，朱安之弟朱可铭的长子。

朱安母家的后门，即朝向泥墙弄的门口（约摄于1990年，裘士雄先生提供）

外地去避难。等到绍兴重光后，回家一看，发现家里着贼，好些东西被人偷走了，包括朱氏家谱，真当可惜！否则，我们只要看家谱就能搞清许多问题了。我记得我家的堂名叫‘孝友堂’，是雍十六房。朱鹿琴是我父亲的堂叔，堂名叫‘濯锦堂’，是敬大房。”[1] 看来就像鲁迅家里有《越城周氏支谱》，迁到城里的朱家也有自己的家谱，只是后来失窃了。

---

① 《朱吉人谈姑母朱安等情况》，裘士雄记录整理（未刊稿，1990年11月）。

在朱氏后人的记忆里，在1861年太平军进驻绍兴前，朱安的祖父曾被清政府任命为江苏省扬州府的地方官吏，因故未赴任。[①]可是这样一位人物的名字竟然没有留下来，如今也就难以进一步查考了。

朱安的祖辈曾被清政府任命为扬州府地方官吏一事，朱氏后人常常提起，引以为荣，却都说得含糊其词。有的说是朱安的祖父在扬州府做过官，有的说是祖辈；有的说做过扬州知府；有的又说受到任命但没有上任。[②]据陈文焕回忆，朱安远房堂叔朱鹿琴对他讲过："祖上做过扬州知府，时间在太平天国以前。"朱安的侄子朱吉人则说："我的祖父名叫朱耀庭，听说在江苏扬州做过官，好像未上任，是候补的样子。"[③]两种说法出入很大，后一种说法恐怕是朱吉人的误记。朱耀庭是朱安的父亲，从年龄上看不可能在太平天国前出仕做官。当然，清代通过捐纳可以进身为候补官员，而这些候补官员数量庞大，很多人根本轮不上实缺，所以也不排除朱耀庭是这种情况。

---

① 裘士雄：《浅论鲁迅对中国传统婚姻的"妥协"与抗争》，载《绍兴师专学报》，1991（3），103~110页。

② 《陈文焕谈朱安母家等情况》，裘士雄记录整理（未刊稿，1990年11月）。

③ 《朱吉人谈姑母朱安等情况》，裘士雄记录整理（未刊稿，1990年11月）。

没有家谱，很难进一步查考朱安祖上的事迹。不过，朱氏祖辈曾有人在扬州府做过官，这在有关朱自清的传记资料中可以得到一些佐证。朱自清的弟弟朱国华曾说及他们与鲁迅、朱安的关系：“我家原是绍兴人氏，母亲周姓，与鲁迅同族。周、朱两姓门户相当，常有联姻，均为当地大族，鲁迅的原配夫人朱安也是我家的远亲。”朱自清祖辈曾得到朱安族人的帮助。据李东轩《朱自清与鲁迅略说》一文，朱自清的祖先本姓余，是浙江绍兴人，当时在扬州做官，一次酒后坠楼不幸身亡，随之夫人也跳楼殉夫，遗下孤儿余子擎，便由当时的显宦、山阴同乡朱氏收养，遂改姓朱。后结婚生子，为不忘本姓，取名朱则余，就是朱自清的祖父。由于朱氏族人一直认为他们分了朱家的肥，朱则余为躲避朱氏族人的纠缠，后来带着儿子朱鸿均、儿媳周绮桐离开了绍兴。[①] 如此看来，则朱家在更早以前就有人在扬州做官，而且是“显宦”，说明官位不低。

朱家“祖上曾经阔过”，朱安的祖父或许得到过一官半职，但经历了太平天国的冲击后，绍兴的世家大族境况大多已不如从前，朱家似乎也不例外。作为朱家台门的主人之一，

---

① 李东轩：《朱自清与鲁迅略说》，载《上海鲁迅研究》，2007（2），152~156页。

上海图书馆藏《山阴白洋朱氏宗谱》第二卷封面，清代朱增等纂修，共三十二卷，清光绪二十一年（1895 年）朱氏玉泉堂木活字本

朱安的父亲朱耀庭也只是个师爷，并且经过商，这已是台门子弟的末路了。1948 年 3 月 24 日的《新民报》上刊载有一份“朱安小传”——《鲁迅夫人》，说他“精刑名之学，颇有声于郡国间”。可以证明他主要是在各地做幕僚。陈云坡写于 1958 年的《鲁迅家乘及其佚事》一文中提到朱耀庭：“我在幼年时代没有机会来认识朱耀庭先生父子二人，单知道朱耀庭先生是逝世在赣浙道中的。”也可见他经常奔波在外地。张能耿《朱安家世》中说朱耀庭终年尚不到 50 岁，有研究

者认为朱家不久破落的主要原因在于朱耀庭过早去世。

朱耀庭的生卒年不详。周作人辛丑年（1901 年）六月十五日的日记中还提到过他，写作“朱印亭姻长”，那时他还健在。朱耀庭夫人俞氏，裘士雄根据朱安内侄朱吉人的回忆，对俞氏有这样的介绍：“俞氏（1854—1929），旧时以朱俞氏称，绍兴张家溇人。她嫁到绍兴丁家弄朱家后，养育了朱安、朱可铭等子女。据其长孙朱吉人函告：‘生于 1854 年十月十七日（阴历），于 1929 年秋冬之际去世。’朱俞氏系传统女性，一生操持家务……”[①] 照理朱吉人的说法是应当被采信的，但杨志华《朱吉人与朱安及鲁迅》一文则说：“1932 年，祖母中风去世。”[②] 而这也是根据朱吉人本人的口述加以整理成文的。因此，俞氏的卒年究竟是 1929 年还是 1932 年？看来只能存疑。

关于俞氏的生年，朱吉人的记述是重要的依据。不过，在周作人 1915 年 11 月日记里有往朱宅拜寿的记载：“廿三日雨。上午丰丸往朱宅拜寿，下午归。”查公历 1915 年 11 月 23 日，正是农历十月十七日，与朱吉人所说的日期吻合。

---

① 裘士雄：《鲁迅的岳母俞氏》，见《鲁迅与他的乡人三集》，171~172 页，杭州，西泠印社出版社，2014。

② 杨志华：《朱吉人与朱安及鲁迅》，载《上海鲁迅研究》，1991（1），76~79 页。

又鲁迅1925年11月13日的日记："下午寄朱宅贺礼泉十元。"朱安的父亲朱耀庭去世较早，1915年前后朱家的长辈就只有母亲俞氏，且其余年份鲁迅和周作人日记都没有朱宅贺寿的记载，也就是说，很可能1915年是她的六十大寿，1925年是她的七十大寿。按照旧时的习惯，一般采用虚岁，因此笔者推测她的生年是在1856年前后。

朱耀庭夫妇子女不多，朱安是长女，长辈们称她安姑或安姑娘。胞弟朱可铭，原名鸿猷，后改天蒸，字可铭，又字筱云，《周作人日记》中又写作小云。他学过法律，做过师爷，当过司法承审员，先后娶过两位夫人，生有四子一女。据他的长子朱吉人回忆，"父亲朱可铭是一子兼祧[①]二房。他有一个弟弟叫阿兴（音），我在家庙里曾经看到父亲所书写的有'亡弟□□'等字样的红纸。看样子，叔叔死得很早"。[②]朱吉人曾说他的父亲属蛇，比朱安小几岁，可知朱可铭出生于1880年或1881年，与鲁迅年纪相仿。[③]到朱可铭这一代，朱家迅速败落，但这是后话了。

---

① 据《绍兴风俗简志》：兼祧即若干兄弟的下一代只有一个男丁，生身父母和叔伯们都给他娶妻，谁给他娶的妻子生下子女，就是谁的孙子（孙女）。

② 《朱吉人谈姑母朱安等情况》，裘士雄记录整理（未刊稿，1990年11月）。

③ 朱安家世，详见附录一"朱安家世简表"。

朱安的生年

旧时的妇女，一般来说，她们的生卒年应该记载在夫家的家谱中，可惜朱安的这一愿望落空了。因此，这里不得不费些笔墨对她的生年做些交代。

朱安出生于哪一年？历来有不同说法，至今未有定论，较常见的是这两种说法：一说生于 1878 年，如绍兴的研究者裘士雄、张能耿等均认为朱安生于清光绪四年即 1878 年，比鲁迅大三岁。这是对朱氏及周氏后人的采访调查所得。这一说法最为流行，但口述者的记忆是否准确无误，这一点不能不考虑。

另一种说法认为朱安生于 1879 年，比鲁迅大两岁。这一说法也有不少证据：其一，当年在北京砖塔胡同与鲁迅家人一道居住的俞芳说："关于朱安夫人的出生年月，我写成 1879 年的根据是：当年和鲁迅先生一家同住在砖塔胡同时，鲁太夫人告诉我，朱夫人比鲁迅先生长两岁，鲁迅先生属蛇，朱夫人属兔。鲁迅先生 1881 年出生，那朱安夫人的出生年就是 1879 年了。"其二，周作人长子周丰一 1986 年 1 月 7 日给裘士雄的信中说："关于朱安生肖，我确记系兔年，推算之，则应是光绪五年己卯年，即 1879 年了。"其三，朱安去世后，报纸上发表的由亲友撰写的《朱安小传》

（署名森君，可能是阮和森）中说："夫人朱氏，绍兴世家子，生于清光绪五年七月。"清光绪五年即1879年。此外，有研究者根据鲁迅北京寓所的家用账指出，1928年11月22日记载朱安收到胞弟朱可铭邮寄来10元礼金，这在当时是比较重的礼，很可能是因为朱安五十寿诞。如果说1928年是她的五十寿辰，那么推断起来她应出生在1879年。[①]但小传说生于农历七月，而收到礼金是在公历11月，似乎又对不起来。

除以上两种年份外，还有认为生于1877年、1880年的，但都缺乏有力的依据。本书姑且采用《鲁迅夫人》中的说法，即生于1879年农历七月。因为朱安后半生主要生活在北京，北京方面的亲友如周丰一、俞芳等与她有较多接触，且这篇小传发表于朱安去世后不久，相比时隔多年后的追忆或推断，似更值得采信。

朱安出生于1878年抑或1879年纯属细枝末节，但作为鲁迅的原配夫人，我们对她的了解实在匮乏，这一点是肯定的。值得一提的是，朱安和秋瑾年岁相差无几。秋瑾生于1875年（一说生于1877年），号鉴湖女侠，祖籍绍兴山

---

① 吴长华：《平凡之中见精神——鲁迅家用帐读后记》，载《上海鲁迅研究》，1996（1），11页。

阴，出生于福建，曾随父旅居湖南、台湾，小时候在绍兴住过一年左右。她自幼喜好诗文，尤慕剑侠，豪爽奔放。稍长，随表兄习棍棒拳术、骑马击剑，性格倔强，一如她在闺中写下的诗句："今古争传女状头，红颜谁说不封侯？""莫重男儿薄女儿，……始信英雄亦有雌。"从少女时代起，秋瑾就表现出惊世骇俗、敢作敢为的一面，有巾帼英雄之气概。

然而，秋瑾在那个时代只是一个特例，绝大多数的妇女，只能静守闺中，大门不出，二门不迈，做着女人该做的事情。在《山阴白洋朱氏宗谱》中，列出了一些妇女的传记，这些妇女要么受过诰封，要么得到旌表，属于家族妇女中"有懿行淑德者"。她们中一些人在闺中就具备了柔顺端庄的美德，受到父母长辈的称赞。如陆太君是一位五品官之妻，在出嫁前就"不好华孅，遇宗党必正容"，看见家中的女性穿着艳丽就会加以劝诫："女子当不出闺门，古云冶容诲淫，裙布钗荆，分内事也。"（《诰封宜人陆太君传》）又如一位同样被诰封为宜人的潘太君，她出嫁前就谨守闺训，十分端庄："宜人自幼勤俭，能以礼自持，足迹不履户，内言不出梱，家人未尝见色笑。"（《诰封宜人潘太君传》）还有一位三品官之妻陈太君，传记中这样描述她："淑人幼而端庄，不苟言笑。长习女工，通书传、孝经，内则尤喜文公、《小学》，日讽诵不置。而天性俭素，施膏泽耀珠翠者过其前，

不屑视也。”(《诰封淑人陈太君传》)

这些后来受到诰封、表彰的女性都有共同的特点：她们态度端庄、不苟言笑，衣着俭朴，不好妆饰，也看不惯那些打扮过分的女人，平时从不轻易跨出闺门，恪守着作为女人的本分。她们中一些人出身书香门第，自幼耳濡目染，略通诗文，为妇德更增加了一些光彩。当然她们在婚后更是家族女性中孝顺公婆、相夫教子、无私奉献的典范。

有意思的是，在朱安去世后也留下了一份小传，里面也有对她闺中生活的描述：“夫人生而颖慧，工女红，守礼法，父母爱之不啻若掌上珠……”[①]这些字眼虽然笼统，但与上面的表述是一脉相承的。朱家台门内显然并不鼓励女孩子读书识字，最多读点《女儿经》这类的闺训。朱吉人曾对人说起：“姑母没有读过书，但《女儿经》里的许多话语能讲得出来。我听人说，在封建社会里，《女儿经》是女人的必修课，大姑娘虽不能上私塾，但一定由父母或其他人讲给她们听，千方百计地灌输。”[②]

朱耀庭常年奔波在外，想来是由俞氏或族中其他长辈口授，一字一句把《女儿经》教给她：“女儿经，仔细听，

① 佚名：《鲁迅夫人》，载《新民报》(南京)，1948年3月24日。

② 《朱吉人谈姑母朱安等情况》，裘士雄记录整理(未刊稿，1990年11月)。

早早起，出闺门，烧茶汤，敬双亲，勤梳洗，爱干净，学针线，莫懒身，父母骂，莫作声……”《女儿经》是专为女子编写的蒙学教材，在明清时代广为流行，全文一千一百多字，语言朗朗上口，内容宣扬女性“遵三从，行四德，习礼义”。朱耀庭夫妇膝下仅一子一女，他们一片苦心，替唯一的女儿缠了足，又教她读《女儿经》，让她牢记这些训诫，无非是希望她将来嫁个好人家，过上好日子。可惜的是《女儿经》里那些相夫教子的至理名言，安姑娘这一辈子都没能用上。

婚约——1899 年前后

“老大姑娘”的婚事

周朱两家缔结婚约的时间，大致是在鲁迅去南京读书的第二年。周作人生于 1885 年，比鲁迅小 4 岁，当时在三味书屋读书，在他的日记里，留下了这一时期两家密切来往的痕迹，也让我们看到当年这桩婚事是如何推进的。

事情还要从 1898 年前后说起。当时，鲁迅的母亲鲁瑞和谦少奶奶关系非同寻常，这一点，周作人在《鲁迅的故家》中曾屡次说起：

> 戊戌（一八九八）年闰三月十一日，鲁迅离家往南京进学堂去。同年十一月初八日，四弟椿寿以急性肺炎病故，年六岁。这在伯宜公去世后才二年，

鲁老太太的感伤是可以想象得来的……本家的远房妯娌有谦少奶奶，平常同她很谈得来，便来劝慰，可以时常出去看戏排遣。那时只有社戏，雇船可以去看。[①]

戊戌以后，伯㧑夫人为得慰问鲁老太太丧儿之痛，时相过从，那时玉田公也去世了，她有时候便隔着墙叫话，问候起居，吃过饭没有……[②]

当时两家隔了一道曲尺形的墙，喊话很方便，据《知堂回想录》，谦少奶奶（即伯㧑夫人）常在晚饭后招呼鲁瑞去玩，有时也打麻将消遣，"没有什么输赢，只醵出几角钱来，作为吃炒面及供油火费之用"。鲁瑞丧夫不久，小儿子椿寿又夭折，她的心情十分低落。这一时期，谦少奶奶时常约她一起看戏，打打麻将，给了她不少安慰。

正是在这段时间，鲁瑞为儿子相中了丁家弄朱家台门的安姑娘。由于这桩婚事后来十分不幸，现在颇有人替朱

① 周作人:《鲁迅的故家·阿长的结局》，见《鲁迅回忆录·专著》(中册)，948 页，北京，北京出版社，1999。

② 周作人:《鲁迅的故家·仁房的大概》，见《鲁迅回忆录·专著》(中册)，953 页，北京，北京出版社，1999。

鲁迅的母亲鲁瑞
（1857—1943）

安叹息，认为如果她当年不是找了鲁迅，而是嫁个一般的男人，那么她这一辈子至少会过上平淡舒心的日子。确实，婚姻有着很大的偶然性，如果当年不是嫁给鲁迅，朱安的命运也许大不相同。但仔细考察周朱两家的联姻，可以看到，这桩婚事的缔结未必全都是偶然，其实有着很多必然的因素。

首先，周朱两家谈婚论嫁时还没有“鲁迅”，朱安要嫁的人是东昌坊口周家台门里周福清的长孙周树人。此时周树人的家里，由于祖父周福清 1893 年犯下的科场大案，周家大祸临头，已经从小康之家坠入了困顿。周福清此时还囚禁在杭州的监狱里，父亲周伯宜于两年前病故，只有母亲鲁瑞一人苦苦支撑着这个家。在《呐喊·自序》中鲁迅回顾了他当年的窘境："有谁从小康人家而坠入困顿的么，我以为在这途路中，大概可以看见世人的真面目；我要到N进K学堂去了，仿佛是想走异路，逃异地，去寻求别样的人们。我的母亲没有法，办了八元的川资，说是由我的自便；然而伊哭了，这正是情理中的事，因为那时读书应试是正路，所谓学洋务，社会上便以为是一种走投无路的人，只得将灵魂卖给鬼子，要加倍的奚落而且排斥的，而况伊又看不见自己的儿子了。"N即南京，K学堂即江南陆师学堂附设矿路学堂。作为破落户的子弟，鲁迅当时走的乃是一条"末路"。

其次，朱家也有着自己现实的考虑。1899年，朱安已经过了20岁，却还没有定下人家。对此，《鲁迅夫人》给出的解释是因为父母的挑剔："夫人生而颖慧，工女红，守礼法，父母爱之不啻若掌上珠，因而择婿颇苛，年二十八始归同郡周君豫才。"依照当时绍兴的风俗，"对年长待字的闺女，不研究贻误的原因，凡是年逾二十以外，概目之为'老大姑娘'，对老大姑娘的估价都认为无论是任何原因总或多或少的有其缺点。要挽人做媒就只好屈配填房，要想原配，那就无人问津”[1]。鲁迅的大姑母德姑就是因“介孚公相攸过苛，高来不就，低来不凑，以致耽误了婚期”，最终因为延误过久许给了吴融村一个姓马的做了填房。所谓填房，就是嫁给丧偶的男子，做继室夫人。

可以想见此时朱安的父母族人已顾不得挑三拣四，只希望能给她找一个门当户对的人家。朱安其时已 20 多岁，错过了最佳婚龄，朱耀庭夫妇不愿女儿受委屈，成为人家的填房，去给人当后母，所以宁愿将唯一的女儿嫁给东昌坊口周家，尽管周家破落了，但怎么说也是去做原配夫人，终归体面些。

再次，丁家弄朱家与周家也是姻亲，他们的婚事也算是亲上加亲。对此，周作人在《鲁迅的故家》中说得很明确："《朝花夕拾》中曾说及一个远房的叔祖……乃是仁房的兆蓝，字玉田，蓝太太即是他的夫人，母家丁家弄朱姓，大儿子小名曰谦，字伯㧑，谦少奶奶的母家赵姓，是观音桥的大族，到那时却早已败落了。她因为和鲁老太太很要好，所以便来给鲁迅做媒，要把蓝太太的内侄孙女许给他……”[2]

---

① 周冠五：《三台门的遗闻佚事》，见《鲁迅家庭家族和当年绍兴民俗：鲁迅堂叔周冠五回忆鲁迅全编》，21~22 页，上海，上海文化出版社，2006。

② 周作人：《鲁迅的故家·阿长的结局二》，见《鲁迅回忆录·专著》（中册），949 页，北京，北京出版社，1999。

周玉田是鲁迅早年的启蒙老师，已于1898年6月去世。叔祖周玉田之妻蓝太太是丁家弄朱家嫁过来的，蓝太太是朱安的姑婆（绍兴话姑奶奶称为姑婆），因为有这一层关系，蓝太太的儿媳谦少奶奶出面做媒，可以说是顺理成章。

此外，据周建人说，之前鲁瑞也曾考虑过琴姑，小舅父一共有四个女儿，琴姑居长。但由于长妈妈嘀嘀咕咕说什么两人犯冲，遂作罢（琴姑后来与别家定了亲，未出嫁就过世了，可见身子骨单薄）。正在鲁瑞找不到方向的时候，谦少奶奶介绍给她丁家弄的这位姑娘，双方可以说是一拍即合。

绍兴婚俗，男女从订婚到结婚要经过“出口”“请庚”等好几道烦琐的手续。周、朱两家联姻的经过，在周作人日记里有着清楚的记载：

第一步：出口。

己亥年二月（1899年3月）的周作人日记里，记下了朱宅出口一事：

初三日　晴。偕叔辈登舟往兰亭（同舟朱霞汀舅公衍生伯及伯翚茗三二叔同余五人）。

初五日　晴。朱宅出口，托惠叔备席，约洋五元（五桌）。

二月初三日，江南的早春还是寒风瑟瑟，周作人和家族中的长辈及蓝太太的兄弟朱霞汀一行五人，乘着航船去兰亭游玩。这不是一次单纯的出游，因为紧接着，初五日就是“朱宅出口”。所谓“出口”，是旧时婚俗中的一种手续，先由男方出“求帖”，送到女方家里求婚，女方同意即收下“求帖”，另具“允帖”，送还男方，表示应允。所以，当天周家托惠叔代办酒席，招待宾客，以示庆贺。这位惠叔，即周子衡，是鲁迅的远房族叔。

在新台门周家，主要住着智房、仁房、兴房三房，鲁迅家里属于兴房。以上日记中提到的周氏族人，除茗三（鸣山）外，衍生伯、伯捣叔、惠叔都是仁房的人。可见对鲁迅的婚事，仁房当年最为热心。

“出口”是双方家里经过媒人说项，表示同意婚事后履行的一道手续。朱宅“出口”，意味着两家互相有了承诺，“积习相沿，自经此一诺后，也从未发生过退悔和调换的事情”[①]。可以认为，己亥年二月（1899年3月），这桩婚事已经确定下来了，双方不能反悔了。

第二步：请庚。

---

① 周冠五：《绍兴的风俗习尚》，见《鲁迅家庭家族和当年绍兴民俗：鲁迅堂叔周冠五回忆鲁迅全编》，134页，上海，上海文化出版社，2006。

按照惯例，在女家出了“允帖”后，男方即发送头盘彩礼，紧接着就应该很快进入“请庚”的程序了。所谓“请庚”，就是在发二盘彩礼正式聘定之前，男方向女方家里请问姑娘的生辰八字，再将男女双方的生辰送到绍兴顶有名的夏家或章家等有名的择日店家，请他们去排“八字”，拣定“安床”和“合卺”的吉日。其经过大致是：男家具备两份红全帖和一对提盒送至女家，这两份全帖是“拜帖”和“求帖”，女家收到后，也有“拜帖”和“允帖”送还男家，“允帖”的签条上写着姑娘出生的“年月日时”。但周家隔了两年直到辛丑年正月（1901 年 2 月）才去“请庚”：

正月廿三日　晴，暖。下午同大哥、惠叔往楼下陈看戏，遇朱氏舟，坐少顷。演《盗草》《蔡庄》《四杰村》讫，即拟回家，被留不获行。惠叔与大哥先回，予留观夜剧。夜演《宜兴城》《双玉燕》《五美图》《紫霞杯》数出。黎明反棹，大雨暴作，至偏门乘小舟回家，时方六下钟。

二月拾伍日　晴。下黄沙。上午素兰换盆。又遣人往丁家弄朱宅请庚。……夜作致大哥信三纸，拟明日由邮发。

由以上两则日记可知，正月二十三日这天周树人和周作人等去楼下陈看戏，遇到了朱家的大船，于是被请到朱家的船上，一起看了《盗草》《蔡庄》《四杰村》三出戏。随后，鲁迅和惠叔即告辞回家。周作人则被朱家盛情挽留下来，晚上继续观剧。此时的鲁迅，不会不清楚他和朱家台门的这一层关系。鲁迅返回南京是在两天以后，即正月二十五日。这次寒假他在家住了近 50 天，这期间我们不知道鲁瑞是否征询过他的意见。不过，在这之后不到一个月，周家就前往朱家“请庚”，询问安姑娘的生辰“八字”，当晚周作人就写了三张信纸的长信给大哥，大约就是为了报告这一“喜讯”。

这年正月里，周家同时还有一件喜事：祖父周福清被获准释放。1893 年秋周福清为参加乡试的儿子周伯宜和亲友中的几个子弟赴苏州贿赂主考殷如璋，向他行贿一万两银票，结果事情败露，周伯宜受斥革，被取消秀才资格，周福清投案自首，被押到杭州监禁。第二年初，光绪皇帝谕旨判其为“斩监候”，俟秋后处决，成为轰动一时的钦案。周福清在杭州前后监禁了七年多。周家只得不断变卖产业，年年设法保住他的性命，自此家道中落，成了族人眼中的破落户。这次周福清获释，是因为刑部尚书薛允升的帮忙。正月二十二日家里收到祖父来信得知释放的消息，二月十五日周家向朱家“请庚”，二月二十一日祖父携妾回到家中。可谓双喜临门。

第三步：文定。

自大哥去南京读书后，许多应酬的场合都是周作人出面，直到 1901 年 9 月他也去南京江南水师学堂读书。此后婚事的进展在他的日记里就难以寻觅了。“请庚”之后，应该还有一道“文定”的手续，男方向女方发送“彩礼”置办嫁妆，同时送上红绿帖，其一书“安床”的良辰吉日（男方事先安放好结婚的床，俗称“新人眠床”），其一书“合卺”吉日，将结婚的日子最终定下来。“文定”的日期，不见于周作人日记，故无法知晓确切的日期，不少研究者倾向于认为，两家原定于 1902 年初鲁迅毕业后完婚，但因为他留学日本而不得不推迟了。

看戏与拜寿

除了以上缔结婚约手续中必要的往来，周家台门和朱家台门的人这一时期还有一些往来，可以看出当时两家关系是比较密切的。

己亥年（1899 年）四月，在“朱宅出口”后两个月，我们看到，周作人日记里出现了两家人雇着大船去看戏的记载：

初五日　晴。晨同朱筱云兄、伯㧑叔、衡廷叔、利冰兄下舟，往夹塘看戏（平安吉庆）。半夜大雨。

初六日　雨。放舟至大树港看戏（鸿寿班）。长妈妈辰刻发病，身故，送去。

初七日　晴。归家，小云兄别去。

四月初五、初六日，正是清明时节，春暖花开，桃红柳绿，周朱两家一行十几人浩浩荡荡坐了船去看戏，场面煞是壮观。初五日是在夹塘看平安吉庆班的演出。和周作人一起出行的人中，不仅有伯㧑叔、衡廷叔、利冰兄等几位仁房的叔伯兄弟，还有一位朱筱云兄，就是朱安的弟弟朱可铭（在周作人日记里有时又写作朱小云）。这一天看戏，从早晨一直看到半夜，大家的兴致很高。半夜落下的一场大雨，哗哗地打在明瓦船的乌篷上，归途中亦平添一种趣味。

初六日这天出游的规模更大。周作人自己对这日记有过一番注解："那一次看戏接连两天，共有两只大船，男人的一只里的人名已见于日记，那女人坐的一只船还要大些，鲁老太太之外，有谦少奶奶和她的姑蓝太太，她家的茹妈及其女毛姑，蓝太太的内侄女。"[①] 女眷们当天坐的"是一只顶

① 周作人：《鲁迅的故家·阿长的结局二》，见《鲁迅回忆录·专著》（中册），949页，北京，北京出版社，1999。

大的‘四明瓦’”。所谓明瓦船就是乌篷船，因为在乌篷上有几道用蚌片嵌出的“明瓦”，故有此称呼。周作人《乌篷船》一文曾说起故乡的这种交通工具：

> 你在家乡平常总坐人力车，电车，或是汽车，但在我的故乡那里这些都没有，除了在城内或山上是用轿子以外，普通代步都是用船。船有两种，普通坐的都是“乌篷船”……乌篷船大的为“四明瓦”，小的为脚划船，亦称小船，但是最适用的还是在这中间的“三道”，亦即三明瓦。

这四明瓦的大船是很阔气的交通工具，当时坐在船上的女眷有鲁老太太，即鲁迅母亲鲁瑞，“蓝太太的内侄女”即朱安的姑母，另外几位都是蓝太太家的人。由这份出席名单可见，这是周朱两家初步缔结婚约后的一次“联谊活动”。但这份名单并不完全，那天长妈妈也在船上，就是鲁迅在《朝花夕拾》中提到的那位替她买来《山海经》的阿长。周作人在后面提到：“长妈妈本来是可以不必去的，反正她不能做什么事，鲁老太太也并不当作用人看待，这回请她来还是有点优待的意思，虽然这种戏文她未必要看。”此外据周建人回忆，那天他也坐在这船上。不知那天是否也带了安姑娘一起来？

这次大树港看戏本来是很愉快的，不料发生了一件意外的事：长妈妈在船上因癫痫病发作猝死。长妈妈骤然发病是在“辰刻”，不久“身故”，只好派人用四明瓦的船把她送回她的夫家。“辰刻”也就是上午7点到9点的这段时间，这天看戏因为长妈妈的死，一切都乱了套：“于是大船的女客只好都归并到这边来，既然拥挤不堪，又都十分扫兴，无心再看好戏，只希望它早点做完，船只可以松动，各自回家，经过这次事件之后，虽然不见得再会有人发羊癫病，但开船看戏却差不多自此中止了。”①

长妈妈年纪轻轻就守了寡，在鲁迅很小的时候她就来到周家做保姆。她的家就在大树港附近，家里有一个过继的儿子。当晚周作人和朱安的弟弟朱筱云彻夜不归，可能是去看望她的家人，照料丧事，故朱筱云第二天才回家。这位小舅子，俨然已是周家的一分子了。然而，朱宅应允了周家的求婚后，隔了整整两年周家才“遣人往丁家弄朱宅请庚”，其中很可能有某种微妙的原因，是不是与这次看戏有关，就不得而知了。

---

① 周作人：《鲁迅的故家·阿长的结局二》，见《鲁迅回忆录·专著》（中册），950页，北京，北京出版社，1999。

在周家向朱家“请庚”后的辛丑年（1901年）六月，周作人日记中再次提到两家的来往，也值得注意：

> 十三日 梅雨，凉。伯㧑叔三十初度，上午去道寿。朱霞汀舅公孤诞卅岁，去糕桃各百。作文。
>
> 月半 梅雨。上午伯挥叔[①]生日，补祀神祭先。予去拜，留餐。遇朱霞汀舅公、朱印亭姻长、沈叔丞表叔，未回。申刻往笔飞弄发水师信，附致大哥笺一纸……

日记里的朱霞汀舅公，与蓝太太应是同辈，是朱安的远房叔祖。有研究者说他是蓝太太的兄弟，但两人的年纪相差很大，蓝太太比丈夫玉田公小3岁，大约出生于1847年，而朱霞汀的年纪，根据日记可知他与周伯㧑同岁，生于1872年。辛丑年（1901年）六月十三日是伯㧑叔的30岁生日，周作人那天前去道了寿。而朱霞汀舅公也逢30岁生日，周家专门送去了贺礼。据《绍兴风俗简志》：男家向女家发送彩礼，如女家还有长辈在堂，男家也要致送孝敬钱或礼物。这次的送礼，是否也算是周家在吉日之前对亲家长辈致送的礼物？

---

① 伯挥叔即伯㧑叔，原文写法不一，下同。

接下来十五日伯扐叔举办寿宴，周作人前往拜寿，遇到朱家台门的这位舅公，还有朱安的父亲朱耀庭，日记中写作“朱印亭姻长”。不知是常年在外奔波的缘故，还是因为别的，至少在周作人的日记里，他就只露过这一次面。朱耀庭这一次亲赴周家新台门，其意图恐怕不仅仅是给周伯扐拜寿，更可能是想借此机会把婚期确定下来。朱安这一年已经23岁，不能再拖下去了。遗憾的是朱耀庭似乎并没有能等到女儿结婚的那一天，如前所述，他去世在从江西到浙江的路途中，终年尚不到50岁。

朱霞汀是周家台门里的常客，周作人日记里屡屡提到他，除以上己亥年（1899年）二月及辛丑年（1901年）六月日记中提到，还有几处也是关于朱家台门里的这位舅公的：

> 〔己亥年（1899年）六月〕初四日　晴。午拜公忌辰，遇朱椴汀舅公[①]，食粉蒸肉二包。下午见看叔辈嬉牌。
>
> 〔庚子年（1900年）四月〕初一日　晴上午接伯扐叔笺，云徐州无物出产，唯云龙山碑帖尚多，如欲购对联可以代办云云。下午丁家弄朱霞汀舅公之德配卒（未时，范氏）。往大云桥买孔雀牌洋酒一匣，计洋三分。

① 朱椴汀舅公即朱霞汀舅公，原文写法不一，下同。

［辛丑年（1901年）十月］十一日　晴。洋文上书。晨千叔复回，朱椒汀舅公同来，下午去。

二十日……补：晨朱椒汀舅公来，上午去。

［壬寅年（1902年）五月］初十日　晴。晨打靶，礼拜放假。上午仲阳叔、朱可铭（原字小云兄）来谈少顷。

［壬寅年（1902年）九月］十五日　礼拜四。阴。……知朱霞汀舅公初六去世，为之悲惋。

这位舅公辈分虽高，可为人随和洒脱，周作人对他颇有好感。两家的联姻，从种种迹象看，朱霞汀起了不小的作用。他和周家台门的人很热络，1901年9月周作人去南京江南水师学堂求学，朱霞汀这年十月去南京，也曾去看望这位未来的小叔子。日记中千叔即谦叔，也就是伯㧑叔，他是钱谷师爷，常因事去外地。朱可铭当时在南京学幕，做幕友或经商，这也是当时台门子弟最常见的职业。当时鲁迅还没有去日本，照理也会和朱家台门的人会上一面，可惜鲁迅早年的日记没有保存下来。朱霞汀去世时年仅31岁，连36岁的"本寿"都不到。周作人在南京听说他去世的消息后，"为之悲惋"，想必是叹息他去世太早。

总之，仅从周作人记下来的两家的交往来看，自1899年至鲁迅赴日留学之前，周家新台门和朱家台门保持着礼节上的来往，彼此之间也有相当的了解。虽然以朱安当时的年纪，婚事的进程未免太缓慢了些，其中似乎有某种欲言又止的原因，但也应该看到，在男女建立感情之前，两个家族间已经建立了相当稳固的关系，况且由本家的亲戚做媒，因此要想悔婚是很困难的，也是绝对说不出口的。

婚约背后的疑问

鲁迅的婚事是由母亲鲁瑞做主包办的。鲁瑞出身书香门第，父亲鲁希曾是前清举人，咸丰元年中浙江乡试第二十四名举人，同治元年任户部主事。母亲何氏，出身名门，父亲何元杰为翰林院编修。关于鲁迅的婚事，鲁瑞在北京时期曾对同住一个四合院的俞芳说起过：

> 当时我为大先生定了亲，事后才告诉大先生。他当时虽有些勉强，但认为我既做了主，就没有坚决反对，也许他信任我，认为我给他找的人，总不会错的。

她为长子定下的亲事，从当时的择婚标准看应当还算般配。只是由于这桩婚事后来很不幸，特别是鲁迅对朱安很不满意，因此，对于当年鲁瑞为什么偏偏选中朱安，也就有了一些相互矛盾的说法。

版本一：鲁迅母亲主动提出。按鲁迅堂叔周冠五的说法，在提亲之前鲁瑞就见过安姑娘本人，因为很喜欢她，所以主动挽人做媒：

> 关于鲁迅的结婚：原来水偏门朱家一女嫁到周家，是我伯母辈，她经常回娘家，有时带一个侄女之类的姑娘来玩，名叫安姑娘，鲁迅母亲见了很欢喜，想要她做媳妇，就挽了伯母为媒去说合了。但鲁迅在日本知道后，很反对，来信提出要朱家姑娘另外嫁人。[①]

周冠五的说法长期以来被不少研究者采纳和引用，如1981年版《鲁迅生平史料汇编》中“朱安”一节就大致采用了他的说法。裘士雄《浅论鲁迅对中国传统婚姻的“妥协”与抗争》、张能耿《鲁迅家世》中都基本认为是鲁迅母亲主动托了周玉田的长媳赵氏为媒去说合。马蹄疾在《鲁迅生活中的女性》一书中更是写得绘声绘色。但仔细推敲起来，

---

① 周冠五：《我的杂忆》，见《鲁迅家庭家族和当年绍兴民俗：鲁迅堂叔周冠五回忆鲁迅全编》，245页，上海，上海文化出版社，2006。

周冠五的说法存在着不少问题。周冠五虽为鲁迅的堂叔，却比鲁迅小6岁，他生于1887年，直到1901年才随父亲周藕琴从陕西回到故乡绍兴。因此，有些情况他显然也是间接听说。首先，他说蓝太太经常带侄女安姑娘来玩，按照辈分，朱安并不是蓝太太的侄女，应当是侄孙女，差了一辈。其次，最容易使人误解的一点，他说“鲁迅在日本知道后，很反对”，让人误以为这桩婚事缔结于鲁迅去日本以后即1902年后。至于说鲁迅母亲见了很欢喜，因此主动请蓝太太做媒，这生动的一幕自然也不可能是他亲眼所见。周冠五和当年做媒的蓝太太等都属于仁房，或许他也是听了仁房族人的一面之词吧。

版本二：鲁迅母亲受骗上当。跟周冠五相反，周作人、周建人却认为是鲁老太太受骗上当。周作人在《知堂回想录》中就表达了这样的观点：

> “新人”是丁家弄的朱宅，乃是本家叔祖母玉田夫人的同族，由玉田的儿媳伯㧑夫人做媒成功的。伯㧑夫人乃出于观音桥赵氏，也是绍兴的大族，人极漂亮能干，有王凤姐之风，平素和鲁老太太也顶讲得来，可是这一件事却做得十分不高明。新人极为矮小，颇有发育不全的样子，这些情形，姑媳不会得不晓得，

> 却是成心欺骗，这是很对不起人的。本来父母包办子女的婚姻，容易上媒婆的当；这回并不是平常的媒婆，却上了本家极要好的妯娌的当，可以算是意外的事了。①

周朱两家的联姻，伯㧑夫人（也就是谦婶）扮演着拉媒穿线的重要角色。对这位婶婶，周作人的评语是“人极漂亮能干，有王凤姐之风”，说明她是很有手腕的人，鲁老太太是上了她的当。

周建人在晚年的回忆录《鲁迅故家的败落》里也持类似的看法：

> 母亲极爱我大哥，也了解我大哥，为什么不给他找一个好媳妇呢，为什么要使他终身不幸呢？又为什么要使我的表姊，特别是琴表姊，如此不幸呢？那只有一种解释，那就是，她相信谦婶的话，认为朱安一定胜过她所有的侄女、甥女。②

---

① 周作人：《知堂回想录》，172页，九龙，香港三育图书文具公司，1970。

② 周建人口述、周晔整理：《鲁迅故家的败落》，219页，福州，福建教育出版社，2001。

作为鲁迅的手足，周作人和周建人的说法无疑是值得重视的。但有一层我们不能不考虑到，婚事不幸，人们往往归咎于媒人的欺骗，这是很常见的。不过毕竟周作人亲自见证了两家结亲的过程，若按他的说法，则鲁老太太在提亲前应该没有见到过安姑娘本人，很可能是在基本确定后才见到了未来的媳妇，这门亲事是她亲口答应的，就算那时发现眼前的姑娘远逊于谦少奶奶描述的模样，也只能认了。况且，以鲁迅当时的条件，朱家姑娘家境好人又贤惠，作为周家媳妇是完全够格的。

版本三：受鲁老太太之骗。这里有必要提一下朱家的看法，朱吉人曾说："姑母和鲁迅的婚事，是老太太（指鲁瑞）骗的，害得双方都不高兴。"

这是站在朱家的立场上所发出的声音。分析起来，大约朱家本来以为既然鲁老太太同意，则鲁迅当然也没有问题，可是此后鲁迅却表示反对，朱安嫁过去后又受到这般冷遇，因此有了受骗上当的想法。

一般认为，当时朱安虽然年纪偏大，但鲁瑞因为喜欢她温顺知礼，所以没有计较她的年龄，也没有挑剔她的外貌。但这是站在鲁迅的立场上来推断的。很可能在朱家人看来，反而是自己这一方做了许多不得已的让步。此时鲁迅家里的条件不尽如人意，而鲁迅在很多人眼里也是走投无路才去南京读新学堂，但毕竟两家门当户对，又是去做原配夫人，况且又有蓝太太一家牵线，鲁老太太也一百个同意。朱耀庭夫妇仅有一子一女，对唯一的女儿细心呵护，疼爱有加，原以为女儿的终身从此有了托付，孰料结局竟是这样，也就难怪要发出怨言了。

版本四：出于经济上的考虑。有人认为，鲁迅母亲当年定下这么一门亲事，背后可能有“更深的原因”，甚至猜测当年周家为了获得朱家在经济上的帮助订下婚约，鲁迅以此难违母命云云。

曾被鲁迅“骂”过的章克标认为，周家在鲁迅祖父因科场案下狱时，“可能也向朱安家里借钱”，并认为“这种情形一定存在的”。“这桩婚事有了这个关系，就得万无一失，牢固非凡，鲁迅是不是明白这种情况虽不可知，但从他无法反对，只好承诺而取得一个孝子的名声来看……暗地里一定了解的。”[①]

有些日本学者揣测，当年鲁迅不得不接受旧式婚姻，是因为周家当初在窘迫的情况下接受了朱家经济上的援助。如高木寿江在《鲁迅的结婚和爱情》一文中，根据周作人《鲁迅的故家》中说到1896年周伯宜去世后，一次

① 章克标：《鲁迅与恋爱》，载《联谊报》，1999年4月16日版。

玉田公作为长辈在家族会议上为某事“硬叫鲁迅署名”一事，认为周作人之所以含糊其词地说“某某问题”，而不完全说明白，是因为关系到鲁迅的不能说出口的秘密，而这个问题就是“以获得富裕的妻家的经济援助这一屈辱条件和朱安订婚”。尾崎秀树发表于1960年的《围绕着鲁迅的旧式婚姻——架空的恋人们》一文对此也表示赞同，认为鲁迅于1897年就在“某某问题”上署了名，“在鲁迅去南京水师学堂读书之前，山阴朱女士就已经命中注定是他的妻子了”。

日本学者发表他们的见解是在20世纪五六十年代，当时很多事实尚未披露。今天我们知道这些揣测大多与事实不符，如周作人所说的“某某问题”，是指1897年族人借口重新分配住房而夺走鲁迅家部分房产一事，与鲁迅的婚事根本无关。又如，说鲁迅于1897年就定下了与朱安的婚事，这和周作人日记的记载也是不符合的。“经济援助说”在很多史实上是经不起推敲的，只是由于国内长期以来对鲁迅的婚事避而不谈，故这类说法于20世纪70年代末被介绍进来后，也产生了一定的影响。持这种见解的，国内亦不乏其人。

对此，有必要对周家当年的地位和经济情况做些说明。覆盆桥（也作福彭桥）周氏曾是绍兴有名的大族，鲁迅祖父周福清说过："予族明万历时，家已小康（述先公祭田，俱万历年置），累世耕读。至乾隆年，分老七房、小七房（韫山公生七子），合有田万余亩，当铺十余所，称大大族焉。"[①] 鲁迅族叔周冠五也说："以房产而论，除老台门、新台门、过桥台门三所巨宅外，从覆盆桥至东昌坊口南北两边的小街屋、小住宅多数为周氏所有。和房并在覆盆桥南堍和过桥台门栉比之处造有别墅之曰：小过桥台门。大云桥和大街、大路一带也有周氏的房产。至于田地，则南门外、偏门外几乎都为周氏所有。"[②]

对周冠五的说法，裘士雄认为有些地方可能言过其实，但他同时指出，覆盆桥周氏当年的确是绍兴有名的大户人家，只是到了鲁迅的曾祖这一代，开始江河日下，急剧衰败。败落的原因是几方面的，首先，十一世正值太平天国革命，作为显赫的工商地主和封建官僚阶层，覆盆桥周氏无疑是打击的重要对象，"遭受兵燹影响，损失甚巨，各房族多致一蹶不振，甚或流离失所"。这是覆盆桥周氏家族败落的重要

① 周福清：《恒训》（鲁迅抄写），见《鲁迅研究资料》，第9辑，17~29页，天津，天津人民出版社，1982。

② 周冠五：《周氏家族的经济情况》，见《鲁迅家庭家族和当年绍兴民俗：鲁迅堂叔周冠五回忆鲁迅全编》，231页，上海，上海文化出版社，2006。

原因。其次，各房原因也有所不同。以鲁迅家为例，祖父周福清虽然是做官的，但在经济上对家中却没什么补益。他的“内阁中书”的官职是花钱买来的，少说也要几千两银子。此外，他还先后纳妾三房，自然也要破费不少银两。而直接导致家道中落的原因是祖父周福清科场贿赂案发，由于家中这一场暴风雨，鲁迅的父亲周伯宜一病不起，于1896年病逝。鲁迅曾说父亲周伯宜“他不会赚钱”，周伯宜系一介文弱书生，不仅不会赚钱，在他身上反而耗费了大量的财力。从鲁迅的自述中我们都知道，为了医治父亲的病，家里只能变卖典当财物，年仅13岁的鲁迅不得不常常出入于当铺与药店，肩负起长子长孙的责任。

周家经“科场案”元气大伤，家道中落确是事实，但是否潦倒到非依赖他人资助不能维持生计的地步呢？对家里的情况，鲁迅在《自传》中曾写道：“家里原有祖遗的四五十亩田，但在父亲死掉之前，已经变卖光了。这时我大约十三四岁，但还勉强读了三四年多的中国书。”[①] “听人说，在我幼小时候，家里还有四五十亩水田，并不很愁生计。但到我十三岁时，我家忽而遭了一场很大的变故，几乎什么也

① 鲁迅：《自传》（作于1925年），见《鲁迅全集》，第7卷，85页，北京，人民文学出版社，2005。

没有了……”[①] 对此，裘士雄指出：“在人多地少的绍兴，有四五十亩水田已是相当富裕的人家，这在绍兴解放后的土改运动中，评地主成分是够格的。”[②] 同时他和一些研究者也指出，即使是在鲁迅赴南京求学后，家里还能靠田产收租维持生计，其根据是周作人日记里关于“收租”的记载。

自 1898 至 1901 年，周作人日记中多处记载他本人去各处收租或佃户送租的情况，如戊戌年（1898 年）十一月三十日：“小雨，往城收租。午晴，六和庄[③] 午餐，收谷廿五袋（托荇舫叔收劳家封三户）谷八袋。”又如己亥年（1899 年）十一月二十一日：“阴。黎明早餐，同仲翔叔下舟至诸家湾收租，吃点心，租水九分二。……又至六禾庄，午餐，尝新谷。两〔处〕共收二十袋，下午放舟回家。”此类记载在日记中大约有十几处。对于 13 岁前一直过着少爷生活的鲁迅来说，那一夕之间的变化是惊心动魄的，在感觉上远远超出了实际的改变。周作人日记作为当时的实录，显然更能反映周家当年的经济状况。

---

① 鲁迅：《鲁迅自传》（作于 1930 年 5 月），见《鲁迅全集》，第 8 卷，342 页，北京，人民文学出版社，2005。

② 裘士雄：《关于鲁迅参与绝卖“公田”的〈公同议单〉》，载《上海鲁迅研究》，2008（2），33~45 页。

③ 即六禾庄，原文写法不一。

有研究者根据周作人日记做了这样的统计：戊戌年鲁迅家里收入的租谷有35袋，还有一笔数目不详。己亥年经祖父同意，由周作人经手，以每亩45元的价格卖去田产五亩，这一年收到的租谷共有45袋。庚子年（1900年）周作人忙于参加县试，日记中未见记载。辛丑年（1901年）7月日记中有四起佃户“告灾”的记载，楼下陈、六禾庄等处佃户来报告灾情。[①] 如按一袋谷一百斤计，每年就有四千五百多斤。这些谷子，按周作人的说法，在1893年时“四千多斤的谷子，一家三代十口人，生活不成问题”[②]。

这些租田究竟有多少？周建人有如下的回忆：“除公共的祭田外，兴房只剩下稻田二十亩，要靠它吃饭，不能再卖了。”[③] 这里“兴房”即指的鲁迅家里，周家还留有维持全家最低限度生活的田产，周建人的回忆也印证了这一点。

我们不很清楚丁家弄朱家曾经富裕到何种程度，覆盆桥周家也毕竟是大族，鲁迅家里即便遭受变故，迅速败落，但也还没有到山穷水尽的地步。两家缔结婚约是1899年，

---

① 祝肖因：《关于鲁迅旧式婚姻的几个问题》，载《鲁迅研究动态》，1987（9），24~30页。

② 周作人：《鲁迅的故家·晒谷》，见《鲁迅回忆录·专著》（中册），908页，北京，北京出版社，1999。

③ 周建人口述、周晔整理：《鲁迅故家的败落》，105页，福州，福建教育出版社，2001。

虽说其时鲁迅祖父尚在狱中，但也毕竟是一家之长，如果当初周家为了筹钱不得不为鲁迅找一个富裕的岳家，那么1901年祖父出狱后，就该马上操办婚事了，但实际上，周朱两家的婚事此后依旧迟迟没有动静。而且，从周作人后来的回忆看，这位晚景凄凉的祖父，回乡后脾气更加执拗乖戾，因为受衍太太挑唆，他对儿媳鲁瑞和蓝太太一家的交往十分不满，常常指桑骂槐，言语尖酸刻薄，弄得家中整日不得安宁。如果曾受惠于丁家弄朱家，祖父的这种态度就是不可理喻了。1902年鲁迅获得官费去日本留学的机会，祖父出乎意料地大加支持，而不是逼着孙子和朱家姑娘完婚，这也很能说明一些问题。

旧时绍兴风俗，男方要向女方家里送“头盘”“二盘”乃至“三盘”的彩礼，作为姑娘的身价钱、置办嫁妆费等，这一笔费用对当时败落的周家来说显然是不堪负担的。或许当时朱家同意免去一些彩礼，这是有可能的，但认为周家与朱家攀亲是为了经济资助，这显然没有充分的依据。

洞房——母亲的礼物

“养女不过二十六”

自1899年周朱两家订立婚约，婚事拖了又拖。1903年夏，鲁迅也曾回国探亲，但婚礼并没有举行。我们不知道朱安的父亲朱耀庭究竟去世于哪一年，他终年尚不到50岁，从朱安的年纪推算，大概就在这期间。如果是这样，那么这也给了鲁迅一个拖延的借口。1904年7月，祖父周福清病逝于绍兴，终年68岁，鲁迅并未回国奔丧。1906年，转眼又是两年过去了，绍兴向有“养女不过二十六”的规矩，而朱安已经28岁了。

朱家台门的情况我们所知甚少，但朱安的远房叔祖朱霞汀及父亲朱耀庭相继去世，对朱家台门想必是不小的打击。还有一点也是肯定的，安姑娘在年复一年的等待中蹉跎了岁月，在那个年代，到了她这样的年纪还没有出嫁，处境无疑是很尴尬的。

从朱安留下的不多的照片里，可以看到那一对窄而尖的三寸金莲。明清以来，在人们的观念中，“在精美小鞋装饰下的一双缠得很好的双脚，既是女性美，也是阶层区别的标志”[①]。当时一般绍兴女子都缠足，否则就嫁不出去。可以想象，在她大约 5 岁至 7 岁的时候，母亲或族中的妇女就为她缠足，以便将来嫁个好人家。却没有想到，有一天这双小脚会变得不合时宜。

据周冠五回忆，鲁迅曾从日本来信，提出要朱家姑娘另外嫁人，而鲁瑞则叫周冠五写信劝说鲁迅，强调这婚事原是她求亲求来，不能退聘，否则，悔婚于周家朱家名誉都不好，朱家姑娘更没人要娶了。作为让步，鲁迅又提出希望女方放足、进学堂，但朱家拒绝了。

鲁迅在日本时期，并没有特别交往的女性，但可以想见，他见到的日本女性都是天足，即便是“下女”，也都接受教育，能够阅读、写信。在西方和日本人眼里，留辫子、缠足都是野蛮的土人的习俗，这使许多留日学生深受刺激。

---

① 高彦颐：《闺塾师：明末清初江南的才女文化》，182 页，南京，江苏人民出版社，2005。

鲁迅断发照，1903 年
摄于日本东京

实际上，自康梁维新以来，国内也有逐渐形成戒缠足的舆论，放足思想已为很多新派人士所接受，各沿海城市纷纷成立不缠足会或天足会，响应者也很多。但在内地乡野，此种陋习要革除并非易事，清末的绍兴显得相对闭塞，朱家看来也是个保守的家族。应该说，鲁迅劝朱家姑娘放脚读书，也不是心血来潮，而是真心希望缩短两人之间的差距。如果朱家姑娘能写信，互相通通信，或许多少能培养出一些感情吧？可是，由于种种原因，朱安在这两方面都没能做到。

在当时，朱安的年纪确实很大了，朱家本来已经忧心忡忡，偏偏有传言说鲁迅已经和日本女人结婚，而且还有人亲眼看见他带着儿子在神田散步。这使朱家十分惊慌，也最终促使鲁瑞下决心把鲁迅召回国。多年以后鲁老太太怀着内疚对人说起她把鲁迅骗回国的事情：

> ……倒是朱家以女儿年纪大了，一再托媒人来催，希望尽快办理婚事。因为他们听到外面有些不三不四的谣言，说大先生已娶了日本老婆，生了孩子……我实在被缠不过，只得托人打电报给大先生，骗他说我病了，叫他速归。大先生果然回来了，我向他说明原因，他倒也不见怪，同意结婚。[①]

因为鲁迅迟迟不归，周朱两家的长辈都很焦急。不得已鲁瑞略施小计，托人打电报谎称自己病危，让鲁迅速归，同时开始重修家中的房屋，准备为鲁迅办婚事。

三弟周建人当时18岁，在离家很近的塔子桥边的马神庙里的小学教书，母亲是否曾托他写信或打电报给大哥呢？遗憾的是在他的回忆里全然没有提及。据他回忆，1906年

---

① 俞芳：《封建婚姻的牺牲者——鲁迅先生和朱夫人》，见《我记忆中的鲁迅先生》，143页，杭州，浙江人民出版社，1981。

夏初，他从学堂回到家，看见家里来了泥水匠、木匠，在修理房子了。这时他才知道，母亲急于修理房子，是因为准备给大哥办婚事了。修房一事，是家中的大事，周作人也曾有回忆："为什么荒废了几十年的破房子，在这时候重新来修造的呢？自从房屋被太平天国战役毁坏以来，已经过了四十多年，中间祖父虽点中了翰林，却一直没有修复起来。后来在北京做京官，捐中书内阁，以及纳妾，也只是花钱，没有余力顾到家里。这回却总算修好，可以住人了。这个理由并不是因为有力量修房子，家里还是照旧的困难，实在乃因必要，鲁迅是在那一年里预备回家，就此完姻的。楼上两间乃是新房，这也是在我回家之后才知道的。"[1]

按照周作人的说法："鲁迅是在那一年里预备回家，就此完姻的。"不过他也声明自己当时在外读书，对重修房屋与鲁迅结婚的事情并不十分清楚。值得注意的是，周冠五的回忆里也说："……后来把这情况又告诉鲁迅，结果鲁迅回信很干脆，一口答应了，说几时结婚几时到，于是定局结婚。定了日子，鲁迅果然从日本回国，母亲很诧异，又是高兴又是怀疑，就叫我和鸣山两人当行郎，他穿套袍褂，跪拜非

① 周作人：《知堂回想录》，171~172页，九龙，香港三育图书文具公司，1970。

常听话。”[①] 事情的进程当然不可能像周冠五说的那么简单，但他的说法和通常我们所知道的大相径庭，这也是值得注意的。

孙伏园[②] 是鲁迅的学生和好友，与鲁迅一家也有很深的交往，在 1939 年纪念鲁迅逝世三周年的会上他也说到这事："鲁迅先生最初是学医的。他受的是很严格的科学训练，因而他不相信许多精神生活。他常对人说：'我不知什么叫爱。'但是家中屡次要他回国去结婚，他不愿放弃学业不肯回去。后来家中打电报来了，说母病危，先生回国了，到家一瞧，房已修理好，家具全新，一切结婚的布置都已停当，只等他回来做新郎了。鲁迅先生一生对事奋斗勇猛，待人则非常厚道。他始终不忍对自己最亲切的人予以残酷的待遇，所以他屈服了。"[③]

在清末的中国，包办婚姻是天经地义，悔婚是很严重的事。鲁老太太把鲁迅骗回国，实为无奈之举。其实，这一

---

① 周冠五：《我的杂忆》，见《鲁迅家庭家族和当年绍兴民俗：鲁迅堂叔周冠五回忆鲁迅全编》，245 页，上海，上海文化出版社，2006。

② 孙伏园（1894—1966），浙江绍兴人，鲁迅任山会初级师范学堂监督时的学生。1921 年主编《晨报副镌》，与鲁迅交往密切。1928 年赴法国，1931 年回国后长期在河北定县从事教育工作。

③ 孙伏园：《关于鲁迅——于昆明文协纪念鲁迅逝世三周年大会席上》，见《孙氏兄弟谈鲁迅》，21 页，北京，新星出版社，2006。

天是迟早的事，逃避终究不是办法，鲁迅既然不忍拂逆母亲的意思，那么就只能牺牲掉个人的意志，默默地接受这命运。

假装大脚的新娘

1906 年农历六月初六，鲁迅与朱安在周家新台门的大厅举行了婚礼。从 1899 年与周家少爷订婚到二人举行结婚仪式，朱安等了七年，终于等来了这一天。她想必也隐约听说了，周家少爷对这桩婚事不太满意。也许，就是在长达七年的近乎绝望的等待中，她记住了长辈们常在她耳边说的那句话："生为周家人，死为周家鬼。"按当时绍兴风俗，如果姑娘被男家退聘，无异于被宣判了死刑，是家族的耻辱。既然和周家少爷订了婚，那么她死也要死在周家，她没有退路。这或许也注定了她日后凄风苦雨的一生。

参加婚礼的有三个台门里的本家，还有其他一些客人，老台门的熊三公公是族长，这天前来主持拜堂。对旧式婚礼种种烦琐的仪式，鲁迅均一一照办，没有任何违抗。他后来回忆当时的情景说："那时家里人因为听说我是新派人物，曾担心我可能不拜祖先，反对旧式的婚礼。可我还是默默地按他们说的办了。”[①]

结婚当天，周家少爷最惹人注目的是他头上的假辫子，对此，鲁迅的从弟周光义曾有一番绘声绘色的描述：“六月初六这一天，新台门周家办起喜事来。早上，新郎本来是剪掉辫子的，如今戴着一顶罗制的筒帽（有点像后来的拿破仑帽），装着一支拖出在帽下的假辫子，身上穿套袍褂，外面罩上纱套，脚上穿着靴子。礼堂不知道什么道理设在神堂下。新娘从花轿里走出来，看去全身古装，穿着红纱单衫，下边镶有棉做的绲边，下面是黑绸裙。一对新夫妇拜堂过后，被老嫚[②]等人拥挤地送进楼上的新房。”[③]

周光义出生于1906年，系周椒生长孙、周仲翔长子。周椒生是鲁迅的堂叔祖，曾把鲁迅、周作人等介绍到南京江南水师学堂读书。鲁迅结婚的场面显然是周光义从长辈那里听来的，或者是按照旧式婚礼的通常情况推想出来的。鲁迅

---

① 鲁迅对鹿地亘私下的谈话，见鹿地亘为日本版《大鲁迅全集》写的《鲁迅传记》。

② 旧时越中陋俗，堕民只能从事贱业，不得与四民通婚。女性堕民俗称“老嫚”，从事逢年过节到主人家道道喜，逢有庆吊诸事去帮帮忙之类的营生，从中得到若干赏钱、赏物。

③ 陈云坡：《鲁迅家乘及其佚事》（1958年未刊稿），转引自稽山：《鲁迅和朱安婚姻问题史料补叙》，载《绍兴师专学报》，1982（1），21~22页。

装一条假辫子的事，给参加婚礼的族人留下了深刻的印象，因此记得很清楚。鲁迅到日本不久就剪去了辫子，然而在婚礼上却须一切照旧，要装上一条假辫子，戴上红缨大帽。这对后来成为新文化运动先驱的鲁迅来说，无疑是不堪回首的一幕。

而大家也都注意到，新娘是假装大脚。据鲁老太太回忆，鲁迅曾从日本写信回来，要求朱家姑娘放脚："大先生不喜欢小脚女人，但他认为这是旧社会造成的，并不以小脚为辞，拒绝这门婚事，只是从日本写信回来，叫家里通知她放脚。"[①] 周冠五在《我的杂忆》里也说："鲁母知道我和鲁迅在通信，就叫我写信劝他，我写信后得到鲁迅回信，他说：要娶朱安姑娘也行，有两个条件：一要放足，二要进学堂。安姑娘思想很古板，回答脚已放不大了，妇女读书不大好，进学堂更不愿意。"从鲁迅这方面来说，最初似乎也试图和未婚妻有所沟通，缩短彼此的距离，可是朱家并没有理会他提出的条件。朱安的态度一定令他深感失望。

鲁迅留洋多年，接受了新学的洗礼，不仅自己剪了辫子，也很反对女人缠足。这一点朱家也明白，于是这天朱家

---

① 俞芳：《封建婚姻的牺牲者——鲁迅先生和朱夫人》，见《我记忆中的鲁迅先生》，143 页，杭州，浙江人民出版社，1981。

特意让新娘穿上大一号的鞋子，假装大脚。多年以后鲁老太太回忆婚礼的情景，说了这样一件事："结婚那天，花轿进门，掀开轿帘，从轿里掉出来一只新娘的鞋子。因为她脚小，娘家替她穿了一双较大的绣花鞋，脚小鞋大，人又矮小，坐在轿里，上不着天，下不着地，鞋子就掉下来了。……当时有些老人说这是不吉利的，我倒也不相信这些话，但愿这门亲事顺利。婚后没几天，大先生又回日本去读书。"[①]

朱家族人对当年婚礼上一些小小的闪失也始终耿耿于怀："鲁迅结婚那一次，我家和周家是亲上加亲（周玉田是朱先生[②]的亲姑夫），我不仅去做了送亲的舅爷，还接连地吃了好几天喜酒。那天晚上，新郎新娘拜过了堂，双双被人送入洞房，当新郎走上楼梯的时候，宾客拥挤，有人踏落了新郎的一只新鞋。又有一个贺客，被招待住在一间装有玻璃的房子里憩夜。第二天早晨他起床以后，讲话欠检点，向我说他在昨夜遇鬼。你想，这人冒失不冒失！"[③]

这是朱安的远房堂叔朱鹿琴多年以后的忆述。在朱家人看来，新郎的新鞋被踏落，以及周家贺客说话欠检点，这

---

① 俞芳：《封建婚姻的牺牲者——鲁迅先生和朱夫人》，见《我记忆中的鲁迅先生》，143页，杭州，浙江人民出版社，1981。

② 朱先生指朱鹿琴。

③ 陈云坡：《鲁迅家乘及其佚事》（1958年未刊稿），转引自稽山：《鲁迅和朱安婚姻问题史料补叙》，载《绍兴师专学报》，1982（1），21~22页。

都是不祥之兆。而在周家人看来，新娘鞋子掉下来，是很不吉利的。据周光义说，身为新郎的鲁迅，那时看上去是个英俊的青年，脸上生着白白的皮肤，身材比新娘高一点。而新娘显得身材矮小，面孔是长的马脸，别的外表的缺点似乎没有。这样的两个人，在老辈人眼里至少是可以过日子的，他们两个为什么婚后过不到一起？双方的家长都想不通，只好归因于婚礼中一些不好的兆头，互相埋怨，互相责怪。

新婚之夜

鲁迅和朱安婚后感情不和，形同陌路，这在新婚之夜就已经定局。

当晚，鲁迅像木偶一样任人摆布，进了洞房。周冠五当时 20 岁，他回忆那天晚上的情形："结婚的那天晚上，是我和新台门衍太太的儿子明山[①]二人扶新郎上楼的。一座陈旧的楼梯上，一级一级都铺着袋皮。楼上是二间低矮的房子，用木板隔开，新房就设在靠东首的一间，房内放置着一张红漆的木床和新媳妇的嫁妆。当时，鲁迅一句话也没有讲，我们扶他也不推辞。见了新媳妇，他照样一声不响，脸上有

① 明山，也写作鸣山，周作人日记也写作茗三。

些阴郁，很沉闷。”[①]

王鹤照从13岁起就在周家当佣工，前后近30年。1906年鲁迅结婚时，他已经18岁。他是第一次看到这位周家大少爷，据他的回忆：“这年夏天，鲁迅先生从日本回来与朱女士结婚的。这一次时间很短，我与鲁迅先生也没有讲话，他当时的穿着怎样我也记不大清楚了。但有一件事却还记得。鲁迅先生结婚是在楼上，过了一夜，第二夜鲁迅先生就睡到书房里去了，听说印花被的靛青把鲁迅先生的脸也染青了，他很不高兴。当时照老例新婚夫妇是要去老台门拜祠堂的，但鲁迅先生没有去。后来知道是鲁迅先生对这桩包办封建婚姻很不满意，故第二天就在自己的书房里睡了。”[②]

鲁迅新婚第二天，表现得很决绝。这一夜究竟发生了什么？像王鹤照这样一个佣工是不可能知道的，但他透露了一个不为人所知的细节：鲁迅新婚后的第二天早上，印花被的靛青染青了他的脸，让人想到他那晚很可能把头埋在被子里哭了。

---

① 周芾棠：《乡土忆录——鲁迅亲友忆鲁迅》，6页，西安，陕西人民出版社，1983。

② 周芾棠：《乡土忆录——鲁迅亲友忆鲁迅》，5页，西安，陕西人民出版社，1983。

绍兴鲁迅故居。楼下是小堂前，鲁迅接待来客的地方；楼上，那一排木板窗里就是朱安和鲁迅结婚的新房（作者摄于 2008 年 11 月）

王鹤照的回忆提供了令人回味的细节，只是缺少旁证。有人指出，当时是大夏天，在绍兴根本用不着盖被子。对新婚夜的情景，周光义也曾有追述，似乎没有这么戏剧性。据他说，当时新做阿婆的周伯宜夫人担心着新夫妇的动静，一到夜深，她亲自到新房隔壁去听，发现他俩很少谈话，儿子总爱看书，迟迟才睡。两三天以后，鲁迅住到母亲的房间里了，晚上先看书，然后睡在母亲的床边的一张床上。

王鹤照说因为鲁迅第二天早晨不高兴，“当时照老例新婚夫妇是要去老台门拜祠堂的，但鲁迅先生没有去”。鲁迅即便没有拜老台门，依照老例，新婚第二天也还是有许多烦琐的仪式：

首先是“送子”，天甫破晓，新娘盥洗完毕，吹手站在门外唱吉词，老嫚把一对木制的红衣绿裤的小人儿端进来，摆放在新娘床上，说“官官来了”，一面向新娘道喜，讨赏封。

接下来是“头箸饭”，新郎新娘第一次一起吃饭，自然也只是一个仪式而已。之后要“上庙”，新夫妇坐着轿，老嫚、吹手跟在轿后，先到当坊“土谷祠”参拜，照例还要再到宗祠去参拜祖先。

当天上午要“拜三朝”，在大厅里供两桌十碗头的羹饭，家中男女老少拜完后，新郎新娘并肩而拜，然后“行相见礼”，按辈分依次拜族中长辈、与平辈彼此行礼，最后接受小辈的拜礼。

新婚夫妇一般在第三天要“回门”，亦叫“转郎”，新夫妇往女家回门，在老嫚、吹手的簇拥下，坐轿来到女家，至大厅拜女家祖先，参拜岳父岳母，等等。之后，还要请新郎进入内房，坐在岳母身旁听她致照例的“八句头”，等八句头说完后新夫妇辞别上轿……

鲁迅“回门”一事，朱家房客陈文焕曾回忆道：“我10岁光景，听一个名叫刘和尚的泥水作讲起，说：‘朱家姑爷

绍兴鲁迅故居陈列的二楼婚房内景（董建成先生提供）

来回门，没有辫子的，大家很好奇，我也赶去看热闹。’”[①] 刘和尚讲的“朱家姑爷”就是鲁迅，前清时剪掉辫子，简直是特大号新闻，因此引来不少围观者看热闹。

虽然鲁迅像木偶似的走完了这一系列麻烦的仪式，可是新婚宴尔他却做得很决绝，搬出新房，睡到了母亲的房中。我们不知道新婚之夜究竟发生了什么，鲁迅为什么会

① 《陈文焕谈朱安家母等情况》，裘士雄记录整理（未刊稿，1990 年 11 月）。

这么失望。对此，周建人的解释是朱安既不识字，也没有放足："结婚以后，我大哥发现新娘子既不识字，也没有放足，他以前写来的信，统统都是白写，新娘名叫朱安，是玉田叔祖母的内侄女，媒人又是谦婶，她们婆媳俩和我母亲都是极要好的，总认为媒妁之言靠不住，自己人总是靠得住的，既然答应这样一个极起码的要求，也一定会去做的，而且也不难做到的，谁知会全盘落空呢？"[①]可是按照周冠五的回忆，朱安拒绝读书、放足，这都事先告知过远在日本的鲁迅，他不可能对此没有任何思想准备。

周作人则说"新人极为矮小，颇有发育不全的样子"。从照片来看，朱安的身材确实偏于矮小，但鲁迅不喜欢她，肯定还有更深刻的原因。这婚事是母亲安排的，他只能默默承受。结婚后他很少向外人诉说自己的婚姻生活，仅对好友许寿裳说过这么一句沉痛的话：

> 这是母亲给我的一件礼物，我只能好好地供养它，爱情是我所不知道的。[②]

---

① 周建人口述、周晔整理：《鲁迅故家的败落》，218页，福州，福建教育出版社，2001。

② 许寿裳：《亡友鲁迅印象记》，见《鲁迅回忆录·专著》（上册），261页，北京，北京出版社，1999。

鲁迅的这句表白很著名，曾被许多人引用，以证明他对朱安确实毫无感情，只有供养的义务。其实，这句话更深刻之处在于，它揭示了女性在婚姻中的地位，也揭示了朱安可怜的处境。“礼物”，《现代汉语词典》释为“为了表示尊敬或庆贺而赠送的物品，泛指赠送的物品”。朱安是一个人，怎么能说她是一件赠送给人的物品呢？然而，事实又的确如此。按照法国人类学者列维·斯特劳斯的说法，在原始社会或者说是野蛮社会中，“婚姻是礼品交换最基本的一种形式，女人是最珍贵的礼物”。“组成婚姻的交换关系不是在一个男人和一个女人之间建立起来的，而是在两群男人之间。女人仅仅是扮演了交换中的一件物品的角色，而不是作为一个伙伴……”[①] 在中国两千多年来一夫多妻制的社会里，女性向来只是一件附属品，一件等待被接受的“礼物”，她的命运取决于能否被赠送到一个好人家，能否被接受者喜爱或善待。

因为“母亲”（其实是母亲所代表的社会和家族）的要求，鲁迅被迫成为“礼物”的接受者。据孙伏园说，鲁迅虽然当新郎，穿靴、穿袍、戴红缨帽子，一切都照办，但那时

---

① 盖尔·卢宾：《女人交易——性的“政治经济学”初探》，见《社会性别研究选译》，36、38页，北京，生活·读书·新知三联书店，1998。

他心中已打好主意："结婚前一切我听你做主，结婚后一切我自己做主，那时你们可得听我。"[①] 很明显，鲁迅将朱安仅仅视为一件礼物，作为接受者，只要接受了礼物，那么就随便他怎么安置这件礼物了。从这一点说，他还是个主动者。婚后没几天，鲁迅就携二弟周作人去了日本，离开了母亲强加给他的女人。[②] 据周作人回忆鲁迅其时的考虑是这样的："经过两年的学习，鲁迅已经学完医学校的前期功课，因思想改变，从救济病苦的医术，改而为从事改造思想的文艺运动了。所以，决心于医校退学之后回家一转，解决多年延搁的结婚问题，再行卷土重来，作《新生》的文学活动。"[③]

可惜的是，作为"礼物"的朱安本人是无法意识到这一点的。没有人提到，朱安在这新婚的三四天里是怎么熬过来的。不知她是一动不动地呆坐在新房里呢，还是一边垂泪，一边听那些过来人现身说法，教她如何慢慢熬出头？也许，就是在那一刻，她想到自己就像一只蜗牛，只要慢慢爬，慢慢熬，总能等到周家少爷回心转意的那一天。

---

① 孙伏园：《关于鲁迅——于昆明文协纪念鲁迅逝世三周年大会席上》，见《孙氏兄弟谈鲁迅》，21页，北京，新星出版社，2006。

② 据周作人《知堂回想录》，此次赴日同行者共四人，另两人为邵明之和张午楼。

③ 周作人：《知堂回想录》，174页，九龙，香港三育图书文具公司，1970。

独守——婚后的处境

新妇

在绍兴，有一个故事大概是家喻户晓的，那就是陆游和唐琬的爱情悲剧。陆游 20 岁时娶唐琬为妻，婚后两人琴瑟相和，如胶似漆。不幸的是唐琬为陆母所不容，陆游被迫休妻。其后陆游再娶王氏，唐琬则改嫁赵士程。绍兴二十五年（1155 年）的春天，31 岁的陆游到禹迹寺旁的沈园踏青游玩，与唐琬不期而遇。这次见面，使陆游无限伤感，在沈园题写《钗头凤》词一阕。唐琬读后，衷肠寸断，也在沈园题词一首，不久郁郁而终。

此外，汉代朱买臣休妻的故事，也是发生在会稽。朱买臣是读书人，早年时运不济，打柴维持生计，妻子弃他而去。朱买臣后来做了会稽太守，衣锦还乡，其妻羞愧难当，一个月后自经而死。据说，周家老台门所在的覆盆桥，即当年朱买臣“马前泼水”的地方，朱买臣一朝富贵，崔氏想重修旧好，朱买臣让崔氏将泼在地上的水收集起来，要她明白覆水难收，已经不可能回头了。

唐琬和崔氏的悲剧固然不同，然自宋以至明清，这两个故事对于为人妇者无疑都是一种警戒。唐琬与丈夫耳鬓厮磨，亲昵过度，引起婆婆的不满，而最终导致夫妻离异的悲剧。崔氏嫌贫爱富，不能从一而终，不愿“嫁鸡随鸡，嫁狗随狗”，最终自取其辱，羞愤而死。在宋以前，妇女尚能改嫁，而到了明清，改嫁的妇女往往被视为不忠不贞之人，对妇女操守的要求也更加苛刻。这两个故事对后世的妇女来说，也就更具有引导性：身为人妇，首先要侍奉好长辈，讨得他们欢心；对丈夫的爱要表现得适当、克制，这份爱应表现为默默协助支持丈夫获得功名，无论其贫贱富贵都不离不弃，从一而终，这才是真正的“妇德”。

朱安婚后所努力体现的也正是这样一种“妇德”。当鲁迅回到日本，决定弃医从文，希望用文艺来改造国民的精神时，朱安则在家中承担着她作为儿媳的职责，照顾着年迈的长辈。绍兴人把刚嫁过来的媳妇称为“新妇”，作为“新妇”，她一刻也没有体会到新婚的甜蜜，刚嫁到周家就独守空房，这种日子近乎残忍。但不管怎样，她终于迈进了周家的大门，成了周家的人，只要她侍奉好长辈，恪守妇道，尽自己的本分，那么她终究还是个称职的妻子。

对这一时期周家新台门内的情况，周作人和周建人都有较详细的回忆，从他们的回忆中可知，经过了前几年的大震荡，这一时期家中相对平静，只是家中房屋的格局有了较大的改变。根据周作人的回忆，在1906年重修前，“兴房”派下（即鲁迅家）的房子是在东昌坊口新台门的西北角一带，是宅内的第四五进。第四进计有前后五大间，尽西头的一间出典给了吴姓；隔壁即是祖父居住的地方，中间隔了一个堂屋，东边的两间原为祖母和母亲的住房。路北的院子的对面即是第五进了。本来也有“立房”的一部分在内，后来“立房”的第十二世子京（1844—1895）身死无后，拟以鲁迅的小叔伯升承继，所以并到“兴房”了。原来偏东的两间窜归“仁房”，西头的两间归“兴房”。院子里对半分开，砌上了一个曲尺形的墙。

1906年，鲁迅结婚前，家中对房屋进行了大的改造。第五进子京住的这一部分经过改造后，东边是一间南向的堂屋，后面朝北的一间作为母亲的住所，西边朝南的是祖母的住房，后边一间是通往第六进的厨房的通路，以及楼梯的所在。楼上也都修复了，共有两间，则作为鲁迅的住房，也就是朱安婚后居住的地方。

这里原来是属于“立房”子京公公的，因为两扇门是蓝色的，故称为“蓝门”，今天我们去绍兴鲁迅故居还能看到这蓝色的门。这子京不是别人，就是鲁迅小说《白光》里陈士成的原型，他多年应试科举不中，在蓝门里教书，后来发了疯，举动异常，最终落水而亡。子京的死离奇而阴惨，他死后好几年，这一带无人居住，在孩子们眼里一度是阴森恐怖的地方。特别是楼上完全荒废着，隔墙又是梁姓的竹园，有种种鸟兽栖息在楼上的废屋里，周作人曾这样描述蓝门的凄凉景象：“蓝门紧闭，主人不知何去，夜色昏黄，楼窗空处不晓得是鸟是蝙蝠飞进飞出，或者有猫头鹰似的狐狸似的嘴脸在窗沿上出现，这空气就够怪异的。”[①]

这里也是朱安婚后居住的地方。当操持完一天的家务后，她要迈着小脚，一步一步走上逼仄的楼梯，回到楼上空荡的房间。白天她是娘娘[②]身边的一个伴儿，是“母亲的媳妇”，到了晚上，她是这里楼上房间的主人，楼上两大间，就她孤零零一个人，不知她是否也会感到一丝阴森恐怖？

这一时期，家中的确是有些冷清、寂寞的。此时鲁迅和周作人以及小叔周伯升都在外面，祖父周福清已于1904

① 周作人:《鲁迅的故家》，见《鲁迅回忆录·专著》(中册)，914页，北京，北京出版社，1999。

② 绍兴话，称呼婆婆为“娘娘”。

年夏去世。因此，家中仅剩下祖母蒋氏、母亲鲁瑞、刚嫁过来的朱安，以及在小学教书的三弟周建人，此外还有打杂的王鹤照等。可以说，家中主要是几个独居的女人。

朱安嫁过来时，祖母蒋氏已经60多岁。蒋氏是周福清的继室夫人，原配孙氏生有一子一女，是鲁迅的亲祖母，但很早就去世了。作为女人，蒋氏的一生是不幸的。她嫁过来后，因为周福清纳妾等，两人关系素不和睦，等于常年独居。作为后母，她只生了一个女儿康官，是她唯一的精神寄托，可是康官又于1892年因难产而死，这对她的打击很大，后

绍兴鲁迅故居陈列的周家新台门内的厨房间（作者摄于2008年11月）

半生变得更加消沉。就像鲁迅在《孤独者》中描写的，这位祖母的脸上常年少见笑容，终日坐在窗下慢慢地做针线，或者拜佛念经。其实她天性诙谐风趣，鲁迅儿时常听祖母讲故事，白蛇娘娘和法海，猫是老虎的师傅，等等，他长大后也一直记得。蒋氏于 1910 年去世，鲁迅亲自为她入殓。小说《孤独者》中有一幕是主人公魏连殳在祖母的葬礼上，当着族人的面突然失声痛哭："我那时不知怎地，将她的一生缩在眼前了，亲手造成孤独，又放在嘴里去咀嚼的人的一生。而且觉得这样的人还很多哩。这些人们，就使我要痛哭……"鲁迅在他后来的文章里几乎不提自己的祖父，却常常会提起他的这位祖母，大约也是因为同情祖母的遭遇。

另外，这个家中还有一个人不能不提，那就是祖父的小妾潘大凤。说起来潘姨太太也是朱安的长辈，但她在周家的地位是很尴尬的。据周作人回忆："她比祖父大概要小三十岁，光绪甲辰年（1904 年）祖父六十八岁去世，她那时才只有三十六七岁，照道理说本来是可以放她出去了，但是这没有做到，到得后来有点不安于室，祖母这才让她走了。"[①] 周福清一生除了明媒正娶原配孙月仙（1833—1864）、继配蒋菊花（1842—1910）外，先后纳妾三房：薛氏（1857—

① 周作人：《知堂回想录》，650 页，九龙，香港三育图书文具公司，1970。

1881）、章秀菊（1861—1887）和潘大凤（1869—？）。周福清的小儿子周伯升系章姨太太所生，她过世后，周福清又娶了这潘姨太太，潘姨太太是北京人，伯升自五六岁时就归她领着。1893 年 3 月周福清携潘姨太太和伯升回到绍兴，不久科场案发，周福清被羁押在杭州七年多，这期间主要是她和周伯升陪伴在身边。周福清释放后回到绍兴，也带她一起回来，自此家中时不时掀起风波，阖家鸡犬不宁，令鲁迅的祖母和母亲十分苦恼。

潘大凤在周福清去世后，没了着落，她提出想脱离周家台门，双方遂立下字据，一张是祖母蒋氏手谕，一张是周芹侯代笔的潘氏笔据，内容如下：

主母蒋谕潘氏，顷因汝嫌吾家清苦，情愿投靠亲戚，并非虚言；嗣后远离家乡，听汝自便，决不根究，汝可放心，即以此谕作凭可也。

宣统元年十二月初八日，主母蒋谕

立笔据妾潘氏，顷因情愿外出自度，无论境况如何，终身不入周家之门，绝无异言。此据。

宣统元年十二月初八日，立笔据妾潘氏

代笔周芹侯押

这是周家台门里可悲的一幕。据说她是跟了一个本地小流氓走的，可是后来那人的眼瞎了，所以，她的下落也就不得而知了。周作人早年在杭州花牌楼陪伴过祖父一段时间，他曾作诗纪念花牌楼的女人们，其中有几句就是咏这潘大凤的："主妇生北平，髫年侍祖父。嫁得穷京官，庶几尚得所。应是命不犹，适值暴风雨。中年终下堂，漂泊不知处。"[①]

潘姨太太离开周家，是朱安嫁到周家的第三年。次年，祖母蒋氏去世，家中只剩下朱安和"娘娘"鲁瑞相伴。若像魏连殳那样，把这几个女人的一生"缩在眼前"，则她们的人生都是值得痛哭的，她们婚后的生活都有种种的不如意，或因丈夫去世而寡居，或遭丈夫冷落而形同寡居，就这样走着凄凉的人生路。可话又说回来，旧时的女人，谁不是这样走过来的？能够毫无怨言地守在家中，不也是女人的本分？当然，同为台门里的女人，命运也是不同的。如果多子多孙，能够熬到做老太太的那一天，那是福气。如果不幸早早丧夫，或是被丈夫冷落，而又没有生下一儿半女，那就只能怪自己命运不济了。在台门里长大的朱安，大概就是抱着这种心态熬过婚后最初的三年的吧？她是否也曾在漫漫长夜里为自

① 周作人：《知堂回想录》，650页，九龙，香港三育图书文具公司，1970。

己的命运长吁短叹呢？在偌大的空屋里，她的叹息也只有自己听得见。

“两人各归各，不像夫妻”

1909 年 8 月，鲁迅结束了长达七年的留日生涯，回到故乡。一别三年，鲁迅终于归来，这无疑给了朱安一丝希望，然而，鲁迅的态度很快就让她心凉了。

鲁迅回绍兴一个月后，就去杭州担任了浙江两级师范学堂的教员，1910 年 6 月，他辞职回到绍兴，就任绍兴府中学堂教师，并兼任监学。辛亥革命后，他接受王金发的委任，担任山会初级师范学堂监督（校长），直至 1912 年 2 月离开绍兴。也就是说，只有一年半的时间他们夫妇同处一个屋檐下。

这一时期鲁迅没有留下日记，我们所了解的都是他的社会活动，对于他的家庭生活知之甚少。一般的说法是，由于鲁迅忙于学校的事情，所以他常住在学校里，就是回家也总是很晚。据说他晚上总是独自睡一屋。他于 1910 年 11 月 15 日写给许寿裳的信中写道：“仆荒落殆尽，手不触书，惟搜采植物，不殊曩日，又翻类书，荟集古逸书数种，此非求学，以代醇酒妇人者也。”他白天教书会友，晚上用抄写古籍来打发漫漫长夜，来代替他心目中的美酒和女人，这些应该都是事实。不过，即使再怎么回避，毕竟还是要常常碰面，还要维持着夫妻的名分，这反而更令双方痛苦。何况，周家和朱家的长辈们一定也会唇焦舌敝，劝说他们夫妇和好，希望他们多接触，渐渐亲密起来，而绝不会坐视不管。

然而，这些努力显然都白费了。据鲁老太太多年后回忆，她发现“他们既不吵嘴，也不打架，平时不多说话，但没有感情，两人各归各，不像夫妻”。她不明白，为什么他们总是好不起来，于是问儿子：“她有什么不好？”鲁迅只是摇摇头，说：“和她谈不来。”鲁老太太问他怎么谈不来，他的回答是：和她谈话没味道，有时还要自作聪明。他举了个例子说：有一次，我告诉她，日本有一种东西很好吃，她说是的，是的，她也吃过的。其实这种东西不但绍兴没有，就是全中国也没有，她怎么能吃到？这样，谈不下去了。谈话不是对手，没趣味，不如不谈……①

天天低头不见抬头见，鲁迅也曾试图跟朱安有所交流，可是朱安一开口，就让他感到话不投机半句多，从此再也不

① 俞芳：《封建婚姻的牺牲者——鲁迅先生和朱夫人》，见《我记忆中的鲁迅先生》，143~144页，杭州，浙江人民出版社，1981。

愿意跟她说话。他希望的是“谈话的对手”，可是在他面前，朱安的自卑感太深了，她除了对丈夫唯唯诺诺，连连附和，又说得出什么呢？其实，这也怪不得朱安，鲁迅刚从日本回来，谈的都是外面的事，都是朱安所不熟悉的，如果谈些熟悉的事，也许不至于如此吧。

鲁迅对母亲所说的理由，或许也只是一种敷衍之词。如果他对朱安的感情不是那么淡漠的话，也不至于为了说错一句话就反感。原指望鲁迅回来后夫妻关系能改善，可是实际的情况是“两人各归各，不像夫妻”，这种日子无异于精神的苦刑，对彼此都是一种折磨。鲁老太太眼看“他们两人好像越来越疏远，精神上都很痛苦”，可她也无能为力了。

这一时期鲁迅屡次在信中向许寿裳诉说心中的苦闷，一再地表示对故乡人、事的不满，希望老友能在外给他谋一个职位，在 1910 年 8 月 15 日的信中他写道：“他处可有容足者不？仆不愿居越中也，留以年杪为度。”1911 年 3 月 7 日的信中写道：“越中棘地不可居，倘得北行，意当较善乎？”又 7 月 31 日信中再一次请求老友为其觅一职位：“仆颇欲在它处得一地位，虽远无害，有机会时，尚希代图之。”他在故乡感觉到的只有憋闷、烦恼，他是下了决心要抛开故乡的一切，决意去过一个人的生活——只要能离开，“虽远无害”。

1912 年初，鲁迅终于如愿以偿，离开了令他失望的故乡和家庭。2月，他离开绍兴到南京临时政府教育部担任部员；5月初与许寿裳一同北上，就任北京教育部部员。从此，朱安又开始了长达七年的独居生活。

鲁迅到北京后，住在位于宣武门南半截胡同的绍兴会馆（也称为绍兴县馆）。今天我们看到的绍兴会馆俨然已经成了一个湫隘的大杂院，里面搭建了很多小平房，住了几十户人家。当年的绍兴会馆规模很大，原名山会邑馆，系由绍兴府辖的山阴、会稽两县在京做官的人出钱建立的，凡有同乡举人到京应试，或是同乡官员到京候补都借住在这里。鲁迅先是住在会馆西部的藤花馆，后来移到东部的补树书屋，这是个很安静的院子，《呐喊·自序》中曾写道："相传是往昔在院子里的槐树上缢死过一个女人的，现在槐树已经高不可攀了，而这屋还没有人住……"他在这里过着近乎独身的寂寞生活，一直到1919年。

一个人在北京，鲁迅与二弟周作人共同语言最多，通信也最勤，与三弟周建人、信子、芳子的通信也十分频繁，日记中常有记载。不仅如此，他与东京的羽太家里通信也很勤，羽太信子的母亲羽太近、弟弟重久、妹妹福子都和他通过信。日记中多次有他汇款给羽太家的记录，如1912年11月21日："午后赴打磨厂保商银行易日币。赴东交民巷日本邮局寄羽太家信并日银五十元……"1914年12月9

日：“晨至交民巷日邮局寄羽太家信，附与福子笺一枚，银二十五圆，内十五元为年末之用也。”

鲁迅日记里给羽太家汇款的记载不少，使人觉得他与羽太家，特别是与羽太信子关系不一般，但这很可能是因绍兴汇兑不便，周作人托大哥替他往岳家汇款。周作人作为羽太家的女婿，在绍兴期间的日记里，从没有汇款给日本的记录，这一点似也可证明。至于这钱究竟是谁出，当时三兄弟没有分家，也就无所谓了。

相比于这浓浓的兄弟情，鲁迅对朱安及其娘家人就显得格外冷淡。他一个人在北京的这几年里，几乎不与丁家弄朱家通信。

倒是朱家人曾给他写过信，可是他也没回信。一次是1913年4月4日他收到朱安弟弟朱可铭的信：“四日昙。上午得朱可铭信，南京发。”虽然日记中有朱可铭来信的记载，却没有鲁迅回信的记载。一般来说，他收到信都会马上回复并记在日记里，对朱可铭的信他却置之不理。另一次是1914年11月他收到朱安的信：“二十六日……下午得妇来书，二十二日从丁家弄朱宅发，颇谬。”这是日记里唯一一次记载收到朱安的信，朱安不识字，大概是托娘家人代笔的。朱安此信写了什么？有人做过一些猜测，下文中还会做一些分析，这里先搁下不提。“得妇来书”，鲁迅非但不感到高兴，反而说她“颇谬”，可见其对这位旧式太太的反感。

鲁迅除 1919 年返乡接家人去北京之外，仅在 1913 年、1916 年两次回绍兴探亲。但在回乡期间的日记里，他只字不提朱安。1913 年 6 月 24 日至 7 月 27 日，他在绍兴住了一个多月，可是看他的日记，仿佛根本不存在这样一位太太。不过，字里行间仔细体会，也能看出一些迹象。如 7 月 2 日的日记里：“午前陈子英来。夜不能睡，坐至晓。”鲁迅为什么一夜不睡，坐到天亮？是不是在母亲或族人的竭力劝说下，他被迫晚上来到朱安的房中，却宁可独自坐到天亮？又 7 月 11 日那天记载：“下午朱可铭来。”这位小舅子上门，对鲁迅而言也不是愉快的事吧？

至于 1916 年 12 月鲁迅回到绍兴，主要是为母亲祝寿。这年旧历十一月十九日为鲁老太太六十岁大寿，一连三天家中亲朋满座，连着两天请来戏班唱戏，祭祖、祀神，贺客盈门，场面十分热闹。鲁迅这次回家不到一个月，这期间他去了朱安娘家一次：“二十八日昙。……下午往朱宅。晚雨雪。夜陈子英来。”日记中没有说明是否与朱安同去，他这次出于礼节拜访了岳家，在朱家逗留的时间也不长。

从鲁迅冷冷的态度中，我们能感受到朱安婚后的处境是很可悲的，后面的日子也越来越没有了指望。据孙伏园说，有一次鲁迅回绍兴探亲，朱安备席款待亲友。席间朱安当着亲友指责鲁迅种种不是。鲁迅听之任之，一言不发，因此，平安无事。事后鲁迅对孙伏园说："她是有意挑衅，我如答辩，就会中了她的计而闹得一塌糊涂；置之不理，她也就无计可施了。"[①] 孙伏园没有说具体的年份，大概不是1913年就是1916年。如果真的像孙伏园所说，那么一向忍让顺从的朱安也终于爆发了，而这并不能挽回什么，反而使两人的关系更僵罢了。

自1912年至1919年，在这七年间，朱安以似弃妇非弃妇的不确定身份留守在周家新台门里，没有人知道，遭受这么多年的冷落，她的心理是什么状态，她有什么想法。

很多研究者指出，鲁迅在北京绍兴会馆那些年埋头抄古碑的生活，就像是个独身者或苦行僧，精神上很颓唐。其实，朱安这种等于守活寡的日子一定也很难过，只是今天我们已听不到她内心的声音，也不知道她以何种方式排遣心底的苦闷。从有些亲友的回忆可知，朱安在北京时，在闲下来的时间里常常默默地一个人抽着水烟袋。没有记载说她是什么时候开始抽水烟的，很可能是婚后因为寂寞苦闷而养成了这种习惯。清代妇女吸烟相当普遍，金学诗《无所用心斋

---

① 孙伏园：《朱安与鲁迅的一次冲突》，载《鲁迅研究月刊》，1994(11)，33页。

琐语》中就描述过苏州一带官绅之家女子吸烟之状。《秋平新语》记载静海吕氏之妻作戏咏长烟袋诗，诗云："这个长烟袋，妆台放不开；伸时窗纸破，钩进月光来。"写得够幽默的。张爱玲《金锁记》里曹七巧的女儿长白是吸鸦片的，尽管时间已经是20世纪了。

从前绍兴台门里的男女大多手拿一杆长烟袋，这种风气很普遍。鲁迅的堂叔周冠五曾指出："周氏三台门里的男人女人百分之九十都是吸旱烟的，并且一律都是长约三尺以外的长烟袋，只男子用的是花竹粗杆，妇女用的是乌木细杆，男子都上有烟嘴，女子一概不用烟嘴，只这一点不同。"[①]鲁迅的祖母蒋老太太就是吸旱烟的。鲁迅的父亲周伯宜因为病痛，受到衍太太夫妇的劝诱，后来也沉迷于鸦片。说起来，虽然鲁迅学生时代并不抽烟，但我们知道他后来抽烟是很凶的，几乎是一支接一支。朱家台门的人也不例外。周冠五在《三台门的遗闻佚事》中提到："有一年在祝福后，各房族大部都入睡乡，只廿五太太和她母家的一位陈景堂舅老爷及玉田公岳家的一位朱霞汀舅老爷都还吞云吐雾地吸大烟，未曾安睡，忽听得有蹑来蹑去的脚步微声，知有贼掩

---

① 周冠五：《三台门的遗闻佚事》，见《鲁迅家庭家族和当年绍兴民俗：鲁迅堂叔周冠五回忆鲁迅全编》，21页，上海，上海文化出版社，2006。

入。”这位朱霞汀舅公就是我们在前面提到过的丁家弄朱家台门的一位长辈。

从后来人们的回忆来看，朱安吸的是水烟。其实水烟和旱烟虽有所区别，但万变不离其宗，只是方式上的小小改变而已。不管是出于习惯也罢，出于无聊也罢，总之这水烟袋后来一直没有离过她的手。

周作人日记里的“大嫂”

鲁迅留下的日记，始于 1912 年 5 月到北京后，但在日记中他始终极力回避，很少提及自己的这位太太，给人的感觉是讳莫如深。倒是周作人回国后这几年的日记里，记下了大嫂的一些事情。

1911 年初，覆盆桥致中和三房周氏族人决议卖掉祭祀的“公田”，鲁迅参与讨论并画押。辛亥革命前鲁迅家里主要靠祖遗的田产收租来维持生计，如今售尽土地，尽管手头有了些闲钱，但想想将来，“足以寒心”。而此时周作人还打算继续在日本学法文，为劝说其回国，鲁迅于这年 5 月赴日本催周作人夫妇回国。11 月，周作人结束了在日本六年的留学生活，携已经怀有身孕的羽太信子回到故乡。

根据东京警方的档案资料，周作人与羽太信子于 1909 年 3 月 18 日在日本登记结婚，稍后在日本举行了婚礼。羽太信子 1888 年生，原籍在东京，母亲羽太近，士人出身。父亲石之助是一个染房工匠，他入赘于羽太家。羽太信子兄妹共五人，二妹千代和五妹福子均夭逝。由于家境贫困，羽太信子没有读过多少书，很小时候就被送到东京一个低级酒馆去当酌妇。[①] 对周作人的婚事，鲁瑞默默地接受了，并没有太多干预。她曾对人说："看到他们（指鲁迅与朱安）这样，我也很苦恼，所以二先生、三先生的婚事，我就不管了。"

周作人夫妇回到绍兴后，家中的改变是很明显的。不仅是人员的变化，生活方式上也发生了变化。羽太信子于 1912 年 5 月生下长子丰丸。她在绍兴语言不通，人地生疏，为了照顾姐姐，三弟重久和四妹芳子也来到绍兴。芳子自此一直留在姐姐身边。重久返回日本后，于 1914 年 7 月 29 日来到绍兴，至 1915 年 7 月 16 日才回国。周作人对日本的生活方式十分迷恋，娶了日本太太，又招来信子的娘家人，家中也越来越日本化。

不久，周建人与芳子朝夕相处，渐渐有了感情。周建

---

① 张菊香、张铁荣：《周作人年谱》，80 页，天津，天津人民出版社，2000。

人本来是有未婚妻的，对方是小舅父的四女儿招官，不料招官于 1912 年 10 月病故，年仅 18 岁。此事周作人日记里有记载："一日……午安桥头使来云，招官于昨下午八时去世，为之愕然。午后母亲及乔峰趁舟同去。""五日……下午乔峰往安桥，为理首七事。""廿八日晴。上午同乔峰往大街。晚雨。饭后乔峰往安桥头送招官葬。"日记中的乔峰即周建人，对他与芳子的婚事，鲁瑞没有干涉："对于这桩婚事，亲戚本家中，有说好的，也有不赞成的。因为这在绍兴是新鲜事，免不了人家有议论。我想只要孩子们自己喜欢，我就安心了。"[①]1914 年 2 月 28 日，周建人和羽太芳子举行了婚礼。

对家中的变化，作为大嫂的朱安似乎有些难以接受。有人曾就鲁迅夫妇的关系询问朱安远房堂叔朱鹿琴，当时朱鹿琴是这么回答的：

"鲁迅夫妇的情感怎么会冷淡？"我在某一天又问朱家姑丈。

"这事是这样造成的，周启明娶了东洋老婆回家，

① 俞芳：《我所知道的芳子》，载《鲁迅研究动态》，1987（7），28~30 页。

不久，周乔峰也有了日本爱人。鲁迅的二对弟弟和弟媳时常在家里作日本式的谈天，使鲁迅夫人看不惯这种常事。因此，鲁迅夫妇的意见越来越多了。”他告诉我。[①]

从这番谈话中我们能感受到朱家人的不满，也能体会到朱安面对“日本”这种异质文化所感到的惶惑乃至抗拒。她在嫁到周家前，肯定没有预料到这样的局面。小叔与芳子结婚，这意味着两位弟妇都是日本人，而且还是姐妹。看他们两家人热络地“作日本式的谈天”，作为大嫂，她不能不感到自己被孤立了。或许她为此和鲁迅有过不愉快，但她与鲁迅感情不和，这绝不是根本原因。

1912年至1917年，周作人大多数时候都在绍兴，他的日记里记下了这一时期周家台门里的变化，也记下了大嫂的一些行踪，看得出他对大嫂还是关心的。这是1912年12月25日那天的日记：

廿五日……下午母亲，大嫂，同信子姊妹、丰丸五人，应绸缎弄女教士耐之招，赴浸礼女校观クリス

---

① 稽山：《鲁迅和朱安婚姻问题史料补叙》，载《绍兴师专学报》，1982（1），21~22页。

マス（按：日文，圣诞节）。三时去，四时半归。晚又发寒热。

这天是西方的圣诞节，朱安跟着婆婆、二弟一家去浸礼女校观圣诞节。浸礼宗为基督教新教的一个宗派，教堂建在绍兴大坊口。民国时期还附设有学校、阅报所、福康医院等，当时主持者为第二任牧师陈芝珊。

福康医院于 1910 年由美籍医师高福林创办，位于绍兴城南街，离东昌坊口周家台门很近。医院设有小教堂，每星期日晚间，举行唱诗及简短的布道说教。周作人这一时期日记中常提到“往高先生处求药”等，他自己和信子等生了病，都去找这位高福林先生诊治，可能也因此与浸礼宗教徒结缘。

一向落落寡合的朱安，这次接受二弟一家的邀请，能和大家一起出行，而且是去参加新鲜时髦的圣诞节观礼，实在难得。可惜在周作人日记里，这样的事就出现过这么一回。

另外，1915 年 3 月日记有她去郦宅拜访的记载：“二日晴。……大嫂赴郦宅。”“七日阴，小雨。……丰丸往郦宅，随同大嫂归。”鲁迅的二姨母鲁莲嫁给了广宁桥郦家，也曾是绍兴著名的大族，但此时郦家也已败落。1915 年正月，族中将原来的台门出售，鲁迅二姨母一家迁居到了宝幢巷。

朱安前去郦宅，当是去探望迁到新居的二姨母一家。朱安虽得不到鲁迅的承认，但作为周家的成员，她和周家的亲戚也有往来。

不过，日记里最多的还是有关大嫂回丁家弄娘家的记载。1914 年的日记：

二月五日 阴。寄羽太函。上午雨，大嫂归去……

六月二十日 雨。上午收中校俸六十八元。下午得北京十五日函，大嫂归来……

十一月十五日 S，晴。……由大街归已午，大嫂归去。

又 1915 年日记：

正月十一日 阴。上午信子同二儿往郦宅，大嫂回去。

四月十四日 阴。……雨，大嫂归去。

四月三十日 阴。……下午雨霁。得北京二十六日函，大嫂归来。

八月一日 晴。……大嫂归去。

十月廿五日 雨。寄北京函。上午芳子进医院。下午，得羽太十六日函。大嫂归来……

十一月廿一日……下午，改四甲课本未了，信子同诸儿往医院看芳子，大嫂因拜寿归去。

廿五日……大嫂归来。

直到周作人 1917 年离开绍兴，日记里提到大嫂，都是关于她“归去”或“归来”的记载。朱安自 1914 年起频频回娘家，不能不让人感到这是一种无可奈何的逃避。从日记上看，她有时在娘家一待就是十几天，甚至更长。如 1915 年 4 月 14 日她回娘家，直到 4 月 30 日方才归来，在娘家足足住了半个月。8 月 1 日记载“大嫂归去”。到 10 月 25 日才见“大嫂归来”。如果不是中间漏记，那么这一次朱安在娘家竟住了两个多月。1916 年、1917 年亦如是。她回娘家的次数如此频繁，除了有一回是为了去贺寿，见 1915 年 11 月日记：“廿一日……信子同诸儿往医院看芳子，大嫂因拜寿归去。”“廿五日……大嫂归来。”而大多数时候，她回去似乎并没有特殊的原因。

丁家弄离东昌坊口鲁迅家很近，当年走过秋官第、大云桥、狮子街，就到朱家了。和 1899 年时相比，这一时期周作人日记里很少提到朱家人，朱安的弟弟朱可铭只来过周家一回，周作人和周建人也只去朱家拜访过两回。可见因为鲁迅对朱安的态度，两家人的关系也变得疏远。此时朱家又是怎样的情形呢？据朱吉人晚年回忆他父亲的情况：

在封建社会里，即使到了民国时期，男人稍有点钱或捞到一官半职，有了老婆还要去讨小，我的父亲也这样。他有明媒正娶的原配王氏，邻舍叫她“南京太太”，后来，父亲又去娶“河南太太”，很可能是他在河南做师爷时结婚的。父亲嫌“南京太太”没有给他生儿子，“不孝有三，无后为大”，父亲责怪她，她也无话可说。父亲娶“河南太太”，“南京太太”不敢吭声，家里其他事情也这样，她很少有发言权。久而久之，在邻里乡亲看来，“南京太太”不管事。其实，她心里肯定有想法，但又有啥发言权呢？她甚至在怨恨自己的肚子不争气。

我们四兄弟，我是老大，老二朱积功，老三朱积厚，老四朱积金，都是“河南太太”生的，好像都生在江苏六合。“河南太太”性格开朗，为朱家生了几个儿子，就话得响。[①]

朱安的弟弟朱可铭在南京跟着王姓师爷学幕，娶了老师的女儿，但王氏不能生育。后来他又娶了一位太太，是河

① 《朱吉人谈姑母朱安等情况》，裘士雄记录整理（未刊稿，1990年11月）。

南人，人称“河南太太”，“河南太太”生有四子一女，长子即朱吉人。据杨志华《朱吉人与朱安及鲁迅》一文：“朱吉人生活在三代同堂的大家庭，其父可铭有妻室二房，但唯有他母能生养，因而他从小就深受家人喜欢，博得姑母钟爱，姑母时常逗他玩耍，这可能是因他系朱家长孙的缘故。朱安嫁到周家后，还经常请鲁迅家用人阿福接他去玩。”这段话容易使人产生误解，让人以为朱安出嫁前朱吉人已经出生了，实际上，朱安于 1906 年就出嫁了，而朱吉人生于 1912 年。

从朱吉人的回忆来看，朱可铭与“河南太太”常年在外地，偶尔回绍兴。朱家平时除了母亲俞氏，剩下的就是王氏。朱安婚后不幸，没有子嗣，这一点也与王氏同病相怜。朱吉人这时两三岁，活泼可爱，给她单调的日子带来不少乐趣，这或许也是她留恋娘家的一个原因吧。

周作人日记里也留下了朱安带着丰丸的身影：“丰丸往郦宅，随同大嫂归。”“周妈发热。丰同大嫂宿。热已解退。”“上午丰丸往朱宅拜寿，下午归。”继长子丰丸后，信子又先后生下静子、若子两个女儿，可能有时忙不过来，让大嫂帮忙带一下丰丸。朱安结婚多年，却没有孩子，内心是很寂寞的，可以想象，在她寂寞的生涯里，是很希望有个孩子的。然而，随着时间的推移，这个希望越来越渺茫了。

“得妇来书”

在本章的最后略谈一下鲁迅在 1914 年 11 月 26 日所收到的朱安的信。朱安不识字，这封信自然是请家人代写的，鲁迅看后斥之为“颇谬”，显然对信中的内容很不以为然。信里写了些什么？这很令人好奇，可惜原信不存，无从知晓。有学者说朱安的这封信是劝鲁迅纳妾，但不知所据，似乎猜测的成分居多。周作人日记里有两则关于大嫂的记载，虽未必一定与此信有关，但时间恰好在此信发出之前，因此不能不让人产生一些联想。

〔1914 年 10 月〕三十日 阴。上午出校至大路一行，仍以轿归。下午在园中取艾，大嫂房中出一白花蛇，可丈许，捕而纵之鬼园中。晚阅《二童子传》了。

〔1914 年 11 月〕十八日 微晴。上午出校，在大路摊上，为大嫂购艹（原字涂去，改为艹，疑为“花”字）字钱一副，嘉泰等泉五枚，秘戏泉一枚，面文：“花月宜人”，背上：“得成比目不羡神仙”，共洋四角。

10 月 30 日下午，朱安住的房间里钻出一条大白花蛇，被人捉住后扔到了“鬼园”。这“鬼园”周作人也曾提到，位于百草园的北面，“那里种的全是桑树，枝叶都露出在泥墙上面。传说在那地方埋葬着好些死于太平军的尸首，所以称为鬼园，大家都觉得有点害怕”[①]。

11 月 18 日，周作人为大嫂购买艹字钱币一副，原文有涂改，看不清，不过从“秘戏泉一枚”可知，这绝不是普通的古钱币，被涂掉的那个字很可能是“花”字。“花钱”是一种不具备货币功能的非流通性钱币，雅称“花泉”，又称“厌胜钱”或“压胜钱”，最早出现于汉代，是在币面上铸有各种图案和文字的钱币，主要用于镇库、开炉、祝寿、赏赐、祈福、佩戴等。“花钱”跟中国的民俗民风紧密相连，“秘戏钱”即花钱之一种，主要表现男女性爱生活，自唐至宋、元、明、清，历代都有冶制。这种钱一般正面书“风花雪月”“花月宜人”“明皇御影”或历代钱文等字样，背面铸着男女性交的各种姿势。研究者大多认为，秘戏钱“可能是旧时长者授于新婚子媳作为传授房事以求子孙绵延之用”。周作人买的这枚秘戏钱，面文正是“花月宜人”，背面则是“得成比目不羡神仙”的男女嬉戏图。

周作人为什么会为大嫂买这种花钱呢？周作人的好友、

① 周作人：《鲁迅的故家·百草园》，见《鲁迅回忆录·专著》（中册），903 页，北京，北京出版社，1999。

民俗学家江绍原曾指出，一方面，民间不少地方有用春宫避邪破法的习俗，如包头一带很多人家把春宫图裱成横幅，悬挂在厅堂，在营口地区灶神图系一男一女污秽之形，贴在厨房，名曰避火图，等等。另一方面，自古以来人们用种种特制的钱来避邪，甚至普通的钱币也可以有厌胜之用。秘戏钱正是二者的结合："又两种阿堵物既然各自能避邪，聪明的人便把它们'合一炉而冶之'，造出一种双料阿堵。"[①]也就是说，这种秘戏钱也被人们用来作为避邪之物。

朱安为什么会需要这种钱呢？这多半与之前她的房中发现一条大蛇有关。在民间，蛇往往被视为淫物。江绍原《淫哉蛇也》短文中收录了一些关于蛇的民间传说，如《听雨轩笔记》中记载两广有一种蚺蛇"性最淫，妇女山行者，皆佩观言藤一条，否则必为其所缠，以尾入阴死……"又有清水先生指出，他们当地传说世俗所常见的"男蛇"，"常常要追人，且能淫妇人。妇人独行山径中，遇得它，每被缠住，以尾穿裤入阴而死。即不死，自被淫后，每多黄黄肿肿的，一点血红的颜色都没有了"。此外，蛇精和染过蛇气的手帕，也能够迷惑妇人；若人见到蛇性交，俗以为不吉，也要想办法驱邪避祸……在鲁迅的《从百草园到三味书屋》中，有长

① 江绍原：《民俗与迷信》，57页，北京，北京出版社，2003。

妈妈讲的一个关于美女蛇的故事，这条蛇“能唤人名，倘一答应，夜间便要来吃这人的肉的”。这说明，在绍兴也流传着蛇精能蛊惑人的说法。想来朱安也听说过类似的故事。

这一时期朱安并非独自住着楼上两间房。据周作人《鲁迅的故家》：“楼上两间为鲁迅原配朱氏住处，后来在海军任职的叔父的夫人从上海回来，乃将西首一间让给她住。这是1905至1919年的情形。”小叔周伯升仅比鲁迅小一岁，他的婚事也是由鲁瑞包办的，结果也很不幸。对方是绍兴城松林傅家的姑娘，他们于1912年11月结婚，周伯升在海军军舰上任职，婚后傅氏随他同往，生有一女，但不久夭折，1913年10月傅氏回到绍兴。

此时鲁迅家里人口增加了不少，故只能把二楼西面一间让给了傅氏居住。朱安与傅氏二人均形同寡居，楼上平时很冷清，房间里有蛇出没，也属正常。但朱安却可能联想到关于蛇的种种传说，相信有蛇出入自己的卧房是晦气的，或昭示了什么，心中颇感不安。故特地托二叔买来避邪之物，以消除晦气。

对于大嫂的请求，周作人虽然知道这只是一种迷信，但为了安慰她，还是为她买来了一副“花钱”。鲁迅收到朱安的信是在11月26日，从时间上看，就在这之后不久。鲁迅日记里记载朱安从绍兴的来信，仅此一回。她为何偏偏这时托人写信？肯定是有特别的原因，或受到某种刺激。从买花钱避邪一事来看，“白花蛇事件”对她心理上有不小的影响，她的信里很有可能提到了这件不寻常的事，并加上她一番迷信的解释，以为这是一种征兆，不能不告知远在北京的“大先生”云云。而鲁迅读完此信，只觉得言语荒谬到了极点，完全是愚妇之见，连回信都懒得。当然，这也只是推测，原信已不存，朱安到底对她的大先生说了些什么？对后人来说这始终是一个谜。

惜别——举家迁居北京

1919年，朱安的生活面临着一个大的转变。周家台门卖掉了，住在台门里的每一个人都不得不考虑自己今后的出路。

东昌坊口的周家新台门卖给了当时绍兴有名的大户朱阆仙。鲁迅在《故乡》中曾提到："我们多年聚族而居的老屋，已经公同卖给别姓了。"这"别姓"就是指的朱阆仙。在《从百草园到三味书屋》中他又一次提到："我家的后面有一个很大的园，相传叫作百草园。现在是早已并屋子一起卖给朱文公的子孙了。"这"朱文公的子孙"也是对朱阆仙的戏称。朱阆仙生于1873年，其父朱仁滋在沪行医30年，赚钱甚多，后"以母老归里，移居城南"，成为周家新台门也就是鲁迅家的邻居。朱阆仙继承父业，曾担任绍郡育婴堂董事、绍兴同善局董事等职务。他在绍兴购置了许多田产，1918年他又把附近王姓房屋、傅澄记米店、王生记箔铺和整个周家新台门的房产买进。周作人1915年3月18日的日记中就有卖房的记载：“十八日晴。……里三房售后园之半与朱宅，价千元。”之后，整个台门也卖给了这朱阆仙，交房的时间就在1919年的年底。

又一个台门败落了。原先住在台门里的本家从此各自走散，有的去上海谋生路，有的另外找地方住下。鲁迅则在北京买下了八道湾的宅子，准备回来把家人接去同住。

这年冬天，鲁迅最后一次回到故乡。在他的小说《故乡》中，说明了他这次回乡的意图：

> 我这次是专为了别他而来的。我们多年聚族而居的老屋，已经公同卖给别姓了，交屋的期限，只在本年，所以必须赶在正月初一以前，永别了熟识的老屋，而且远离了熟识的故乡，搬家到我在谋食的异地去。

鲁迅12月4日回到故乡，逗留了20天时间。这短短的20天，他向亲友告别，处理家中事务，把该卖的卖掉，该寄存的寄存，该送的也送掉，其余的东西，则干脆统统烧掉了。从陈年流水账、婚丧喜事礼品簿、家庭和亲友之间来往的书信、三兄弟的习字纸和课本，到祖父从江西带回的万民伞、父亲进秀才时的诗文《入学试草》……所有这一切，都一股脑儿放进铁盆，霎时在火苗中化为灰烬。祖父的日记有桌子般高的两大叠，周建人亲眼看见祖父临终前一天还在记日记，有些舍不得，但鲁迅还是把它烧了。这两大叠日记本，就足足烧了两天。还有曾祖母、祖母的两幅诰命，也被摘下来扔进铁盆，付之一炬……

据周建人回忆，鲁迅执意要烧掉祖父的日记，因为他认为里面记的都是姨太太的事情，没什么意思。对于祖父娶妾，鲁迅是极为反感的，据周作人回忆，鲁迅住在北京绍兴会馆补树书屋时，听差是老长班的儿子，这老长班对鲁迅祖父的事情也知道不少，“鲁迅初来会馆的时候，老长班对他讲了好些老周大人的故事。家里有两位姨太太，怎么打架，等等。这在老长班看来，原是老爷们家里的常事，如李越缦也有同样的事情，王止轩在日记里写得很热闹，所以随便讲讲，但是鲁迅听了很不好受，以后便不再找他去谈……”祖父给家人带来太大的痛苦，虽然别人只是闲谈周老太爷的一些趣闻逸事，却不能不触动鲁迅内心的创痛，“听了很不好受”。

在熊熊的火光中，那些陈年旧物化成了纸灰，昔日的一切也渐渐远去了……对鲁迅来说，这么做不无与旧时代诀别的意味，借此与过去彻底做个了断：“老屋离我愈远了；故乡的山水也都渐渐远离了我，但我却并不感到怎样的留恋。”虽然离别故乡不免伤感，但从此也可以迈向新的生活了，特别是对于下一代，不必再重蹈台门里的悲剧，做无谓的牺牲了：“他们应该有新的生活，为我们所未经生活过的。”

老屋卖掉了，对有些人是新生活的开始，而对有些人则是恐惧和茫然。小叔周伯升已于 1918 年去世，他留在台门里的傅氏太太，没有子女，卖去宅子后，分了钱走散了（他的另一位徐氏太太带着一个孩子，并且还有一个遗腹子，不知所终）。对朱安来说，她的心情也很复杂：从此要离开故乡去一个完全陌生的地方，这无异于和娘家人生离死别；可是，她又不能不跟着一起去，不能放弃她在周家的地位——尽管是极其可悲的地位。

这一年朱安 40 岁，要想生下一儿半女，恐怕已经无望。即便追随丈夫一起去异地生活，未来也很可担忧。这一点朱家人不是不知道，可是，嫁出去的女儿是泼出去的水，也只能随她去了。在她留下的照片中，有一张与娘家人的合影。这张合影，曾经请朱吉人辨认过：

（裘士雄出示一帧朱安等 5 人在绍兴丁家弄母家的合影，请朱吉人辨认）你们倒还保存这张照片，中间的小人就是我呀。从左边排过去，第一个人是我的

朱安和娘家人，自左至右：朱可铭太太、朱安之弟朱可铭、朱可铭长子朱吉人、朱安之母俞氏、朱安（摄于1918或1919年）

生母；第二个人是父亲，头上戴着秋帽；第三个人是我，只有六七岁的样子；第四个人是祖母俞氏，已经六十多岁了；第五个人就是姑母朱安，穿着斜襟衣裳。她们三个女的都裹小脚，从这张照片中就可看得清清楚楚。[①]

① 《朱吉人谈姑母朱安等情况》，裘士雄记录整理（未刊稿，1990年11月）。

朱家房客陈文焕看到这照片，立即认出了它的背景："这张照片应该是在朱家照厅前拍的，好在房子还在，我们一道去看看就清楚了。照片里左右有一对小石狮子，还放在我的房间里。因为这间房子是朱家的灶间，低矮潮湿，又是泥地，我用这石狮子来垫搁被柜了。"[①] 这两只石狮子如今就保存在绍兴鲁迅纪念馆里。

这张合影应该是朱安离开绍兴前特意拍摄的，从左至右依次为：朱可铭的"河南太太"、朱可铭、朱吉人、朱安的母亲俞氏、朱安。当时朱吉人六七岁，推算起来大约是在1918年或1919年。从照片中人物的衣着看，时间是在深秋或冬季，大概在鲁迅回乡前，朱安就已经提前和娘家人合了影，作为临别的纪念。因为12月19日鲁迅日记中记载"上午得朱可铭信"，22日记载"寄朱可铭信"。鲁迅返乡时，接到朱可铭的信并回信，说明他这时在外地，可能为了姐姐的事情才特意写信给鲁迅。

周家台门要卖掉早就在酝酿中了，随着交房期限的迫近，虽然对娘家依依不舍，但是朱安也只能做临行前的准备了。留下这张合影，也是为了在日后思念的时候可以拿

---

① 《陈文焕谈朱安母家等情况》，裘士雄记录整理（未刊稿，1990年11月）。

朱安的母亲俞氏，约生于1856年十月十七（阴历），卒于1932年，这帧照片系朱安遗物。在北京期间，她一直收藏着母亲的照片

出来看看。在她去世后的遗物中，还有一张母亲俞氏的单人照，这张椭圆形轮廓的照片与朱安的那张单人照看起来是同一时期拍的。从此，想念的时候，只能看看照片，来填补离别的岁月。自1919年冬母女分别后，她们再也没有见过一次面。

俞氏还一直保存着一张鲁迅东京时期的西装短发照，这张照片摄于日本，上面有“东京神田”与“江木照相馆”字样，很可能是1909年鲁迅自日本回国时，将照片赠送给

鲁迅西装短发照，摄于东京神田，可能是1909年鲁迅回国时，将照片赠给了岳母。1987年由朱吉人将这幅照片赠给了上海鲁迅纪念馆

岳母的。俞氏作古后，照片传给子媳保管，直至1967年“文化大革命”期间，朱吉人的母亲怕被抄家，以防照片丢失，才将此照从绍兴带往上海，交由朱吉人保存。俞氏不识字，唯有珍藏着女儿女婿的照片，看到照片，如见其人，心里多少得到一些安慰。

这一次全家迁居，鲁迅肯定也考虑过这位太太的去留问题。当然，他也明白，在绍兴这地方，要让一个女人离开夫家，几乎是不可能的。按照不成文的规矩，如果妇女离开了夫家，或者丈夫死了改嫁，那么即便有儿子，也“不得母之”，不允许载入家谱中，死后也就得不到归宿。她们不仅不容于家族，也不容于社会，被人们看不起，很难找到活路，结局往往比守节还要悲惨。

1918 年，他在《新青年》上发表了《我之节烈观》一文，可以看出他对妇女问题的关注。他深知那些节烈的女人是很苦的 ：“精神上的惨苦，也姑且弗论。单是生活一层，已是大宗的痛楚。”而那些不节烈的妇女，也一样很苦 ：“社会公意，不节烈的女人，既然是下品 ；他在这社会里，是容不住的。”在此文中，他自始至终谴责的是那些抱有多妻主义的男子，对女性唯有同情和哀悼，认为“他们是可怜人 ；不幸上了历史和数目的无意识的圈套，做了无主名的牺牲。可以开一个追悼大会”。

触发鲁迅写作《我之节烈观》的，从文章中看，乃是复古派的康有为和“那一班灵学派”。然而，真正触动他的，恐怕还是故乡妇女们的境遇。1916 年孙中山去绍兴，曾感慨“绍兴有三多”：石牌坊多、坟墓多、粪缸多。有很大一部分牌坊是官府专门为了表彰节妇、烈女而设立的。绍兴的贞节牌坊特别多，联想到节妇们凄苦惨烈的一生，令人不由得心情沉痛。在《绍兴县志采访稿》中，收录了民国时期绍兴一些家族向官府呈报节妇烈女的文书，从中我们看到，

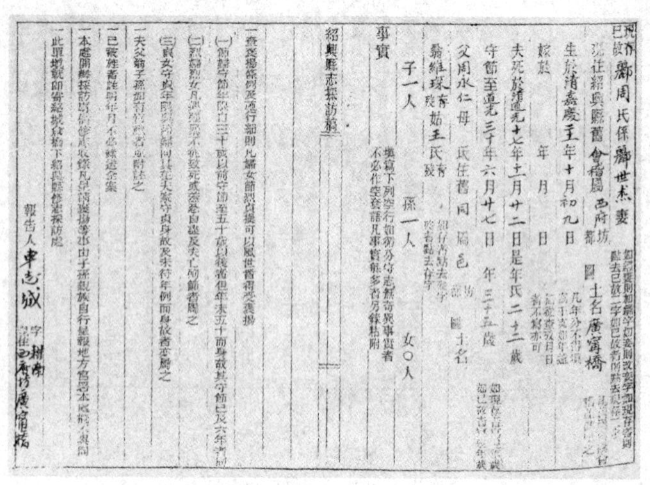

现住/已故 鄉周氏係鄉世杰妻 圖 土名廣寧橋
现住紹興縣舊會稽屬 西府坊 都
生於清嘉慶壬年十月初九日
嫁於 年 月 日
夫死於道光十七年十二月廿二日是年氏二十二歲
守節至道光三十年六月廿七日 年三十五歲
父周永仁 母 氏住舊 同 屬 邑 坊 都 圖 土名
翁維琛 存殁 姑王氏 存殁
子一人 孫一人 女〇人
事實 填寫下列空行如祇分守志無奇異事實者不必作空套語凡事實繁多者另錄粘附
紹興縣志採訪稿
一查褒揚條例及施行細則凡婦女節烈貞操可以風世者得受褒揚
(一)節婦守節年限自三十歲以前守節至五十歲以後者但年未五十而身故其守節已及六年者同
(二)烈婦烈女凡遇强暴不屈致死或羞忿自盡及夫亡殉節者屬之
(三)貞女守貞年限與節婦同其在夫家守貞身故及未符年例而身故者並屬之
一夫父翁子孫如有官職者亦附錄之
一已被旌者請明年月不必錄送全集
一本處開辦採訪時所錄凡呈請褒揚等事由子孫親族自行呈報地方官署本處概不與聞
一此單繳就即寄紹城 下紹興縣修志採訪處
報告人 車志斌 字耕南 住西府坊廣寧橋

民国时期绍兴旌表节妇贞女的申报表格，报告人为车耕南，即鲁迅二姨母之婿。表格左侧为节妇贞女的申报标准

即便是在辛亥革命后，在绍兴，依旧有那么多妇女甘心情愿地承受着“于人生毫无意义的苦痛”，依旧有人乐此不疲地申报节妇烈女的事迹，以得到表彰。而官方，也依旧在提倡妇女这种无意义的牺牲。这是申报文书上所附的条款，在此抄录如下：

一查褒扬条例及施行细则，凡妇女节烈贞操可以风世者得受褒扬：

（一）节妇守节，年限自三十岁以前，守节至五十岁以后者。但年未五十而身故，其守节已及六年者同；

（二）烈妇烈女凡遇强暴不从致死或羞愤自尽及夫亡殉节者属之；

（三）贞女守贞年限与节妇同，其在夫家守贞身故及未符年例而身故者亦属之。

……

这就是官府明确规定的节妇烈女的标准。在修于民国时期（1937年）的《绍兴县志资料》中，辟有专门的“列女传”，其中收录了诸多节妇烈女的事迹，这里列举二则：

常雨膏妻杨氏，年二十夫亡，殓之日被发碎首。母怜其少无子，强之嫁，氏求死益切，或酷暑衣棉絮暴烈日中，或隆冬着单衣握冰。竟以忧愤卒。

朱氏言仁思妻，二十二而寡，族无可继。因为翁续娶继姑。翁年近六旬，双目俱瞽，生一子伦思。未几，继姑亦瞽，氏抚养积二十余年，糟糠不继，而高堂供养不少缺。为夫弟娶妇，生子言浩，继为夫后。守节五十三年，乾隆五十三年旌。

如上二则中杨氏和朱氏的事迹，充分说明旧时妇女受封建礼教毒害之深。杨氏年纪轻轻丧夫，又没有后代，母亲劝她改嫁，本来也是怜惜自己的女儿，却更坚定了杨氏求死的心，她夏天穿厚厚的棉衣站在烈日下暴晒，冬天穿单薄的衣裳，手里握着冰块，最终如愿以偿追随夫君而去。更有甚者，那位朱氏，自己丈夫死了，竟想出一个办法，替年近六旬、双目失明的公公续娶女人，生下儿子。她二十余年不辞辛劳，供养两位高堂，亲手把小叔子抚养成人。小叔子娶妻生子后，让他的儿子过继给自己的丈夫，于是朱氏及其丈夫也有了后嗣。虽然，受到旌表的妇女的事迹有的平淡有的曲折，有一点却是完全一致的，那就是立誓“从一而终”，生为夫家人，死为夫家鬼。这是迫于无奈，也是一种历史的惯性。

在周家台门这些年，虽然看不到任何希望，但朱安显然抱定了一个信念——从一而终，决不离开周家。即便没有任何感情，但鲁迅是她名正言顺的丈夫，也是她生活的唯一归宿。她必须追随他，做他的影子。

在鲁迅的小说《故乡》中，在他的日记中，均没有明确提到同行的人中还有他的太太，王鹤照等人的回忆中也都回避了，其实，这一趟旅程自然也是包括朱安在内的。12月23日午后，鲁迅“画售屋押”。24日下午，他雇了两艘船，

“奉母偕三弟及眷属携行李发绍兴”。在他的日记里，往往用“眷属”将朱安一笔带过。尽管他不愿承认这位母亲娶来的媳妇，但还是不得不带着她一起上路。

在深冬的寒风中，船渐渐离岸，朱安挥别了前来送行的娘家人，目送故乡的风物一点一点远去……这一次的旅程异常艰辛，而绝非像《故乡》中所描写的：“我躺着，听船底潺潺的水声，知道我在走我的路。”现实中的旅途一点也不诗意，据鲁迅日记，他们一行人24日傍晚从绍兴坐船出发，25日晨抵达西兴，再渡钱塘江，住宿在钱江旅馆。26日晨乘杭沪列车，到南站因路轨损坏，只好住在一家上海楼旅馆，还被敲了竹杠，至半夜坐上了从上海发往南京的快车。27日早晨抵达南京，中午渡扬子江，又遇大风雪，下午从浦口坐上了北上的列车。28日晚上抵达天津，住宿在大安旅馆。29日晨从天津出发，中午抵达北京前门车站。这次北上的人员，我们知道的至少有鲁老太太、朱安、三弟周建人和芳子，以及他们的孩子周鞠子、周丰二,一个仅两三岁，一个还在襁褓中。此外，还有王鹤照一起前往。想象一下鲁迅要带着一家老幼和一大堆行李，其中还有小脚的女人，这情景是何等的狼狈。

这一趟旅行的经验，对于足不出户的朱安来说，是前所未有的。和鲁迅一样，她从此再也没有回到故乡。其实，鲁迅后来并不是没有机会返乡，只是对故乡的人事已无所留恋罢了。但对一双小脚、行动不便的朱安来说，也许她跟随鲁迅北上的那一刻，就已经做好了再也回不来的准备……

落地的蜗牛

我好比是一只蜗牛，从墙底一点一点往上爬，爬得虽慢，总有一天会爬到墙顶的。可是现在我没有办法了，我没有力气爬了……

——朱安

死寂——名存实亡的家

搬出八道湾

作为鲁迅的“眷属”，朱安来到北京，开始了她在北京八道湾的生活。今天，八道湾 11 号在人们的印象中是周作人的“苦雨斋”，当年却是鲁迅满怀热情，一手构筑起的新家。为了找到适合全家老少居住的房屋，鲁迅自 1919 年 2 月开始四处奔走，看了不下十几处房子，最后才选中了这所三进的大宅院。八道湾的房间，大大小小有二十几间，还有宽敞的院子。鲁迅的老友许寿裳曾有这样的描述：

> 他原来在一九一九年把绍兴东昌坊口的老屋和同住的本家公同售去以后，就在北平购得公用库八道湾大宅一所，特地回南去迎接母太夫人及全眷来住入，

八道湾11号。朱安自1919年12月至1923年8月1日居住在此（作者摄于2009年4月）

这宅子不但房间多，而且空地极大。鲁迅对我说过："我取其空地很宽大，宜于儿童的游玩。"我答："诚然，简直可以开运动会。"鲁迅那时并无子息，而其两弟作人和建人都有子女，他钟爱侄儿们，视同自己的所出，处处实行他的儿童本位的教育。[①]

① 许寿裳：《亡友鲁迅印象记》，见《鲁迅回忆录·专著》（上册），71页，北京，北京出版社，1999。

鲁迅最初的打算是希望一大家子人统统住在一起，兄弟永不分家。鲁迅和周作人都是当时新文坛上的风云人物，兄弟二人感情甚笃，在人们的心目中，这是个值得钦羡的大家庭。可惜好景不长，1923 年 7 月 14 日鲁迅日记里出现了这样一条记载：

……是夜始改在自室吃饭，自具一肴，此可记也。

许羡苏[①]1920 年从绍兴来到北京投考学校，曾在八道湾住了一段时间，据她回忆：当时八道湾上上下下的人都称呼鲁迅三兄弟为大先生、二先生、三先生，而女方则称大太太、二太太、三太太，鲁迅的母亲自然就称为老太太。这时候老太太已经不再当家，当时八道湾的家长是鲁迅先生（房屋也是用他的名义买的），内当家是二太太（即羽太信子）。鲁迅原来是在第二进和老太太、大太太同桌吃饭的，1920 年夏许羡苏住了进去后，吃饭时周建人便让她跟老太太和大太太同桌，鲁迅改在后进和二先生、三先生及他们的家人同

① 许羡苏（1901—1986），字淑卿，浙江绍兴人，许钦文之四妹，周建人在绍兴女子师范学校任教时的学生。1924 年北京女子高等师范学校数理学系毕业。1926 年夏鲁迅南下后，她长住京寓，帮助鲁迅母亲理家，至 1930 年春到河北大名第五女子师范任教时为止。

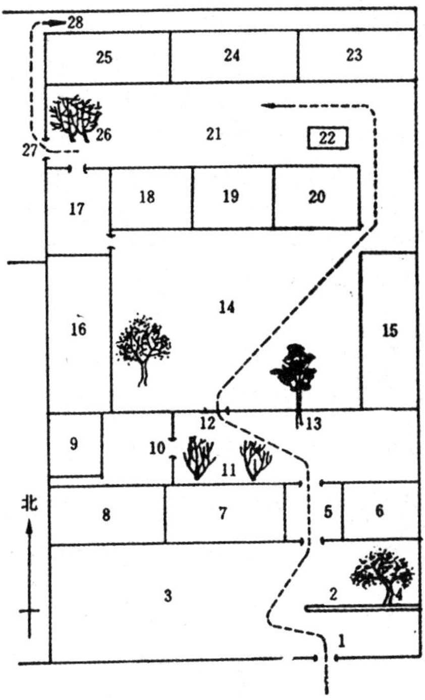

八道湾 11 号院内布局平面示意图。图内部分编号说明：7 鲁迅创作著名小说《阿Q正传》的住屋；16 西屋三间，鲁迅初时在这里住过。鲁迅迁走之后，周作人即将此室用作书房，取其名为“苦雨斋”；18 鲁迅母亲的住室；19 正房堂屋，平时家人在这里吃饭；20 朱安住室；24 羽太芳子一家的住室；25 周作人与羽太信子的住室（据孙瑛《鲁迅故迹寻访记事》）

桌吃饭去了。也就是说，近乎三年的时间，鲁迅是和周作人、羽太信子等一起吃饭的。可从这夜起鲁迅又回到中院，和母亲及朱安一桌吃饭。原本是兄弟怡怡，现在竟然闹到不能在一个桌子吃饭的地步。过了几天，周作人交给鲁迅一封绝交信，信里写道：

> 鲁迅先生：
>
> 我昨日才知道，——但过去的事不必说了。我不是基督徒，却幸而尚能担受得起，也不想责难，——大家都在可怜的人间。我以前的蔷薇的梦原来都是虚幻，现在所见的或者才是真的人生。我想订正我的思想，重新入新的生活。以后请不要再到后边院子来，没有别的话，请你安心，自重。
>
> 作人
>
> 七月十八日

周作人的信写得很决绝，但是具体什么原因又含糊其词，内中似有难言的隐情。鲁迅接到信后，曾请周作人过来说说清楚，然而周作人却拒绝了。在此情况下，鲁迅决定搬出八道湾。鲁迅的这一举动恐怕也是周作人始料未及的。两兄弟的分手竟是如此决绝，没有留下一点可以回旋的余地。

对于“失和”的原因，鲁老太太也感到奇怪：“这样要好的兄弟却忽然不和，弄得不能在一幢房子里住下去，这真出乎我意料。我想来想去，也想不出个道理来。我只记得：你们大先生对二太太当家是有意见的，因为她排场太大，用钱没有计划，常常弄得家里入不敷出，要向别人去借贷，是不好的。”[①] 从种种迹象看，周氏兄弟分手与羽太信子确乎有着直接的关系。但也要看到，在一个大家庭里要保持各方面的平衡是一件非常困难的事。在外人眼里，八道湾是以周氏兄弟为核心的一个新式大家庭。但是，在家庭内部，情况其实复杂得多。八道湾毋宁说是个新旧参半的大家庭，住在里面的鲁老太太和朱安是典型的绍兴旧式妇女，信子和芳子姐妹也只是普通的家庭妇女。恐怕三兄弟当初表示要“永不分家”时，谁都没有预料到要维持一个大家庭是如此费神费力，其复杂的局面足以使人身心俱疲，以至于最终失控，三代同堂的大家庭才维持了三年多就宣告失败了。

朱安作为八道湾内一个微不足道的角色，没有人注意到她对于兄弟决裂这件事抱着什么样的态度，但是，当鲁迅决定搬出八道湾时，她也做出了一个决定：离开八道湾，

① 俞芳：《太师母谈鲁迅兄弟》，见《我记忆中的鲁迅先生》，101~102页，杭州，浙江人民出版社，1981。

朱安在八道湾故居

和鲁迅一起搬出去住。对此，当年和朱安一起住在砖塔胡同的俞芳曾有这样的回忆：

在砖塔胡同同住了一个时期，我们和大师母渐渐熟悉起来了。有一次，不知怎么一来，她和我谈起大先生，她把自己的心扉略略打开，向我说了几句心里话。她告诉我，大先生要搬离八道湾前，曾向她说：自己决定搬到砖塔胡同暂住，并问大师母的打算，留在八道湾，还是回绍兴朱家？又说如果回绍兴他将按月寄钱供应她的生活。大师母接着对我说：我想了一想回答他，八道湾我不能住，因为你搬出去，娘娘（太师母）迟早也要跟你去的，我独个人跟着叔婶侄儿侄女过，算什么呢？再说婶婶是日本人，话都听不懂，日子不好过呵。绍兴朱家我也不想去。你搬到砖塔胡同，横竖总要人替你烧饭、缝补、洗衣、扫地的，这些事我可以做，我想和你一起搬出去……就这样，大先生带我来了。[1]

这大概是鲁迅与朱安之间最长的一次对话，也是决定了朱安后半生的一次重大的抉择。很多研究者认为，这是鲁迅希望休掉朱安的一种委婉的表达，让她选择留在八道湾或回绍兴，真实的希望是要她回绍兴娘家去。这样的分析是不错的，但是，除此之外，鲁迅是否还有其他的考虑呢？

鲁迅征询朱安的意见时应当预料到，她是不可能同意回绍兴的。不光是主观上，朱安不会轻易离开夫家，就是在客观上她也回不去了。此时的朱家台门已经败落，朱安家的

① 俞芳：《封建婚姻的牺牲者——鲁迅先生和朱夫人》，见《我记忆中的鲁迅先生》，139~140 页，杭州，浙江人民出版社，1981。

房子已经卖给了陈家。以下是朱家房客陈文焕的回忆：

> 我们陈家是民国十一年（1922 年）买进鲁迅原配朱安娘家房子的，房产证号是中都 1561 号。这个地方土名叫“竹园里”，王鹤照也有数咯。朱可铭他们后来搬到离此地不远的叶家弄去住。朱家败落了，把自家的房子卖掉，另外租赁别人家的房子居住。叶家弄在辛弄和老鹰弄（今耀应弄）之间，朱可铭住的门牌号码已记不得了。[1]

朱安到北京后，朱可铭曾来北京探望过姐姐，通过鲁迅，与在北京的朱安保持着书信联系。有关绍兴丁家弄的情况，鲁迅和朱安都不会不清楚。1922 年朱家困窘到只能租房子住，可以说，朱安已经没有娘家可回了。

八道湾是三兄弟共同的住宅，朱安既然不肯回绍兴，那么让她留在八道湾陪伴老太太也不失为一种办法。在绍兴的时候，她们和周作人、周建人及其眷属住在一起多年，应该说继续生活在一起也不成问题。鲁迅看来也有此意，但

① 《陈文焕谈朱安母家等情况》，裘士雄记录整理（未刊稿，1990 年 11 月）。

朱安中年半身像。移居北京时，她已经四十多岁了

他最终同意了朱安跟他一起搬出去的请求，是出于怎样的考虑呢？如果理解为出于人道和同情，或是单纯出于一种义务感，则把朱安留在八道湾，负担她生活费也是一样的，又何必带她一起出来？单凭朱安的恳求，鲁迅就会改变自己的心意带她走吗？

孙伏园与鲁迅同乡，在北京期间因为担任编辑的关系，与鲁迅私交甚笃。鲁迅去世后，他曾在一些座谈会上以朋友的身份讲起鲁迅与朱安的事情，关于鲁迅搬出八道湾一事，他有这样的回忆：

> 结婚使他不满，但因他为人忠厚，所以他始终不忍把他名义上的太太逐出周氏之门，因为她毕竟是用他的名义娶来的。他们兄弟三个，本来都住在八道湾的，我在北平时，常到那儿坐坐。那房子本来是鲁迅先生出钱买的，兄弟三人夥住。后来因为兄弟间的意见不甚合，鲁迅决定搬出来，便说："凡归我负责的人，全随我走。"这意见即指带着名义上的太太一块出来，自然还接出老太太来。[①]

根据孙伏园所说，鲁迅有过这样的表态："凡归我负责的人，全随我走。"就是说他打定主意要带走与他有关的一切，从此不再走进八道湾一步，不想再与八道湾有任何瓜葛。在兄弟感情破裂时，朱安表示随他一起走，至少也是对他的无声的支持，与他站在同一立场上。对于那些猜测鲁迅对羽太信子不敬的人来说，是不是也算一个回答呢？

就在鲁迅改在自己房间吃饭后半个月，即 1923 年 8 月

---

① 孙伏园：《关于鲁迅——于昆明文协纪念鲁迅逝世三周年大会席上》，见《孙氏兄弟谈鲁迅》，22 页，北京，新星出版社，2006。

2日，鲁迅日记记载：

> 二日雨，午后霁。下午携妇迁居砖塔胡同六十一号。

鲁迅仅有两次在日记中直接提到朱安（前一次是1914年11月26日的日记），均称她为“妇”，这绝不是偶然的。“妇”的本义是“已婚的女子”，又指“妻”“儿媳”等，也泛指女性。在传统的语境中，“妇”具有服从的意思，《说文解字》中对“妇”的解释是：“服也。从女持帚洒扫也。”《尔雅·释亲》：“子之妻为妇。又女子已嫁曰妇。妇之言服也，服事于夫也。”“妇”虽然也有妻的意思，但比“妻”所指更宽泛，往往指一般的妇女，例如“节妇”“妇孺”“妇道人家”等。鲁迅在书信或文章中提到朱安，曾用过“贱内”“内子”“太太”“大太太”等称谓，这是他对第三者不得不提到朱安时，不得不使用的一种自我解嘲的口吻。尽管他不得不在世人面前承认这桩婚姻，但从心底里他始终排斥着这个事实。在日记里，当真正面对自己的时候，他只是含糊地用一个“妇”字来称呼朱安，而从来没有像称呼许广平或别的女性那样，直呼其名。从这样的称谓中不难窥见他对朱安的态度。

砖塔胡同位于今北京西四路口以南，离新街口的八道

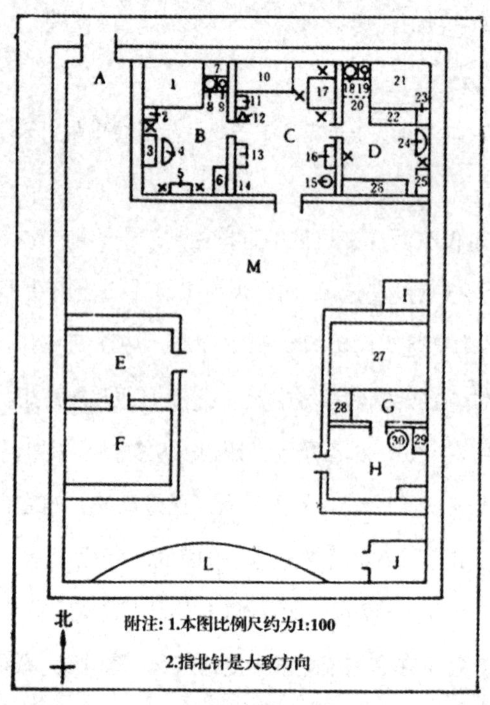

鲁迅先生住北京砖塔胡同 61 号时院内全貌及室内陈设平面示意图。图内部分编号说明：A 大门；B 大师母（朱夫人）的卧室；C 鲁迅先生的会客室、卧室、夜里工作兼全家吃饭的屋子；D 太师母（鲁太夫人）的卧室；E、F 俞芳姐妹三人的住屋；G 鲁迅先生家的保姆王妈和俞家保姆齐妈的卧室；H 两家合用的厨房；I 鸡窝；J 厕所；L 小土堆；M 天井（据俞芳《北京砖塔胡同六十一号》）

湾不远。它因胡同口的万松老人塔而得名。这座塔修建于元代，据说万松老人是金末元初著名的佛学大师，在他圆寂后，后人为他修造了这座塔。砖塔胡同被认为是北京城里最为古老的胡同之一，在元明清三代，这里曾是“勾栏”集中之所。

砖塔胡同61号的房子，原是俞芬父亲俞英崖的朋友的房产，由俞芬三姐妹等合住，当时俞芬同院那家正好搬走，空出三间北屋。俞芬也是绍兴人，其时在北京女子高等师范附中读书，与许羡苏既是同乡又是好友。因为这一层关系，鲁迅暂时借住在这里。据许羡苏回忆：“鲁迅在砖塔胡同61号租住的三间北房，面积要比八道湾的三间小得多，又小又矮，他自己一间，朱安一间，中屋洗脸吃饭之外就不能多放东西，老太太也没有可住的房间了，她常白天来，晚上回到八道湾，或者偶尔在大太太房里挤一两天，因而鲁迅先生又急于找房子。”[①] 这只是一个暂时过渡的住所，从8月16日起，鲁迅又马不停蹄地去各处看房子，共看了菠萝仓、宣武门、都城隍庙街、半壁街、针线胡同等附近不下十几处房屋，于10月30日确定买下阜成门内三条胡同的一处旧屋六间。在《伤逝》里，就有涓生和子君寻觅住所的描述，显然也是

① 许羡苏的回忆与俞芳的回忆有出入，但砖塔胡同住房拥挤的确是事实。

鲁迅自己亲身经历过的：

寻住所实在不是容易的事，大半是被托词拒绝，小半是我们以为不相宜。起先我们选择得很苛酷，——也非苛酷，因为看去大抵不像是我们的安身之所；后来便只要他们能相容了。看了二十多处，这才得到可以暂且敷衍的住所……

北京砖塔胡同故居。1923年8月2日至1924年5月24日鲁迅和朱安租住在此。61号如今成了84号，不过上面已经写了大大的“拆”字。这四合院和八道湾比，要小很多，但现在也住了起码四五户人家。鲁迅当时住的北房已经翻造过了，屋子很小很暗（作者摄于2009年4月）

自1919年起，鲁迅搬了三次家，朱安也跟着一次次地迁居。搬家是一件既琐碎又麻烦的事，寻觅到合适的住所后，还要办契约手续、找工匠、买材料、买家什等等，这一大堆事情都落在他一个人头上。周作人在八道湾住下后，就再也没有搬迁过，甚至在抗战时期，他也不愿挪窝，宁可“苦住”。而鲁迅则不同，一旦环境不合心意，他就会毫不犹豫地另觅新居，决不眷恋旧地。在这方面，兄弟两人迥然不同。

西三条原为一所老旧的独门小院，有陈年老屋六间，经过一番改修后，建成北屋三间、南屋三间、东西厢房各两间，组成了一座整齐小巧的四合院。鲁迅的表兄阮和孙[①]曾住在西三条鲁迅家隔壁，后来还租住了鲁迅家的部分房屋，据他回忆：“鲁迅对母亲很孝顺，北京西三条胡同的房子就是为母亲能安度晚年并在百年之后有个归宿而购的。那里西面的二间很狭，做厨房。东西二间较宽，可以住住人。鲁迅把后面园子里的三间拆到前面，成了东南西北房。这样园子也大，母亲百年之后就可在这里祭奠举丧了。”[②]

---

① 阮和孙（1880—1959），名文同，字和孙，鲁迅的大姨母鲁琪之子，鲁迅在日记里又写作“和森”“和荪”。阮和孙长期在山西等地做幕友，辛亥革命后，他曾到北京活动谋求做县知事。在阮氏四兄弟中，要数阮和孙与鲁迅的关系最为密切，特别是他的家搬到北京阜成门内西三条与鲁迅家为邻后，往来更多。

② 张能耿：《鲁迅亲友寻访录》，598页，北京，党建读物出版社，2005。

北京砖塔胡同故居（摄于 2017 年 4 月）

1924 年 5 月 25 日晨，鲁迅携母亲、朱安迁居到西三条胡同 21 号的住宅，开始了他们在新家的生活。

夫妇之间

兄弟失和，鲁迅带着朱安一起搬出去过，这使她重新看到了希望，以为他终于回心转意了。孙伏园讲到这样一件事：

北京西三条故居，朱安自1924年5月搬进来，一直住到1947年6月去世，共23年（作者摄于2009年4月）

到了新房子，这位太太忽然以为鲁迅先生要同她要好了。一天鲁迅先生对我说："你说奇怪不奇怪？今天早上醒来，一睁眼，一个女人站在我的门口，问我大少爷七月拜那一天在什么时候拜？"（七月拜是绍兴一个节日，有的人家在七月十四日拜，有的人家在七月十五日，但鲁迅先生从来不曾参加过。）无疑地，这位太太误解他之所以带她出来是由于鲁迅先生已经觉悟了从前对她的不好，现在要改变态度了。从这一点我们也可知道这位太太实在不够机灵的。[1]

鲁迅似乎常向孙伏园私下里抱怨他的这位旧式太太。七月十五是盂兰盆会，即中元节，按绍兴风俗，有祭祖先（俗称“做七月半”）、扫孤坟（没有后代的坟）、寺院营斋供、民间作盂兰盆会等，皆与鬼事有关，为一年之中的祭祀盛典。此时已是1920年间的北京，朱安却还是满脑子“七月拜”“大少爷”，那口吻，那神情，不能不让鲁迅感到心寒。鲁迅没有说他是怎么回答朱安的，恐怕除了报以沉默，也没什么可说的。

朱安对鲁迅在生活上的照顾是无可挑剔的。鲁迅迁入砖塔胡同不久，就病倒了，她对“大先生”的照顾可以说是无微不至。鲁迅当时不能吃饭，只能吃粥，据俞芳回忆：“大师母每次烧粥前，先把米弄碎，烧成容易消化的粥糊，并托大姐到稻香村等有名的食品商店去买糟鸡、熟火腿、肉松等大先生平时喜欢吃的菜，给大先生下粥，使之开胃。她自己却不吃这些好菜。”在砖塔胡同，鲁迅的书桌是放在朱安的屋子里的，鲁迅白天的案头工作，一般就在这张桌上进行，

---

① 孙伏园：《关于鲁迅——于昆明文协纪念鲁迅逝世三周年大会席上》，见《孙氏兄弟谈鲁迅》，23页，北京，新星出版社，2006。

因为这里光线好，安静，朱安白天常在厨房里张罗饭菜等事，轻易不去打扰他的工作。有时同院的俞家姐妹有些吵闹，朱安也提醒她们不要吵大先生，有时甚至是恳求她们：大先生回来时，你们不要吵他，让他安安静静写文章……这一刻的朱安，终于有了一点女主人的样子。

作为女主人，朱安做菜的手艺相当不错。据许羡苏回忆："他们家的绍兴饭菜做得很不差，有酱过心的蚌蟹蛋，泡得适时的麻哈，但也有很多干菜。"不过，鲁迅在外生活多年，对于绍兴菜也有些不满的地方，特别是干菜太多，觉得单调。但或许也有某种感情因素在内。据阮和孙的女儿回忆说，在北京的时候，朱安只能从饭菜的剩余来判断鲁迅喜欢吃什么，假使这道菜吃剩得不多或吃光了，她便揣摩鲁迅一定很喜爱，下一次做菜时，就多做一些。

每逢家里有客人来访，朱安也是尽心尽力地招待。初搬到砖塔胡同时，有一天鲁迅的学生常维钧[①]来，那时天很热，扇着扇子还出汗，而朱安除泡了两杯热茶外，还送去两碗热气腾腾的藕粉当点心。客人接了点心，很尴尬，热上加

① 常惠（1894—1985），字维钧，北京人，在北京大学法文系学习时选修过鲁迅的中国小说史课程。1924年毕业后任北京大学出版部干事，主编《歌谣周刊》，并请鲁迅为该刊设计封面。鲁迅1926年南下后，常托他代为收购一些古籍。

热，怎么吃呢？鲁迅对常维钧摇摇头，苦笑着说：既然拿来了，就吃吧，无非是再出一身汗而已。这件小事，给常维钧留下很深的印象，后来也常向别人说起。查鲁迅日记，1923年8月8日有“下午常维钧来并赠《歌谣》周刊一本”的记载，大概就是这一次。他们刚搬进来不到一星期，正是大热天。作为女主人，朱安端茶递水，十分卖力，然而做事不够得体，反而有时落得吃力不讨好。据俞芳说，这样的例子还有不少。

朱安总抱着一丝幻想，以为只要好好地服侍好丈夫，孝敬婆婆，终有一天对方能幡然悔悟，发现从前是错待了她。对朱安在生活上给予自己的照料，鲁迅也是清楚的，可是，他可以同情她，供养她，却无法对她产生那种“爱情”。

此时的鲁迅，已然成为公众人物，他的住所不断有学生、朋友前来拜访，也就难免触及他私生活的领域。在八道湾时，由于家中人口众多，朱安的存在或许并不那么引人瞩目，但是，自从与周作人决裂，搬到砖塔胡同那个狭小的四合院，以及后来定居西三条后，他和旧式太太之间的关系，就一下子被凸显出来，引来了朋友们好奇的窥探的目光。这一时期有不少人回忆到鲁迅那冷冰冰的家庭生活。

俞芳是俞英崖的二女儿，当时年仅12岁，还是个小学生，鲁迅夫妇搬到砖塔胡同后，她看到大先生和大师母虽在同一屋檐下，却过着各归各的生活："白天大先生上班或在家做自己的工作，大师母则在厨房料理饭菜，有时在自己屋里做针线或休息，或吸水烟，晚上则各到各的屋里睡觉。我所看到的他们之间的关系，如此而已。"而在西三条，鲁迅就住在那间被称为"老虎尾巴"的屋子里，既是书房，又是卧房。又据许羡苏回忆，鲁迅在八道湾时也是独居一室。总之，即便把朱安接到北京后，鲁迅仍独自一人居住。

据俞芳回忆，鲁迅很少主动跟朱安说话，在砖塔胡同九个多月的时间里，她甚至连他们之间当面如何称呼都不知道，大概是没有称呼的，背后则随着孩子们的称呼，如朱安称鲁迅为大先生；鲁迅称她为大师母或大太太，有时称太太。另据俞芳的观察，她发现为了省得开口，大先生甚至想出来这样一个办法：把一只柳条箱的底和盖放在两处，箱底放在自己的床下，里面放着换下来的要洗涤的衣裤；箱盖放在朱安的屋门右手边，即桌式柜的左边，盖子翻过来，口朝上，里面放着他替换的干净衣裤；箱底、箱盖上面各盖着一块白布，外人是不易知道其中的奥秘的。这样，彼此间连说话也不必了。

荆有麟[1]住的地方离西三条很近，自鲁迅搬到西三条后，他是这个家里的常客，鲁迅日记从1924年12月起频频提到他。当时他虽然只有20多岁，却对鲁迅的家庭观察得可谓细致入微，连家里用几个老妈子，老妈子的工钱都打听得清清楚楚。他这样描述鲁迅家里的气氛：

> 一九一九年，先生三十九岁时，因在北平买了西直门公用库八道湾的房屋，始将家眷接京。但在北平所表现的，却完全是分居，夫妻各住一间房，因家庭人口多（当时先生之二弟三弟皆住在一块），先生算比较活跃些。殆后，周建人赴沪，先生又与周作人分居。那家庭，可就太怕人了。
>
> 家庭是三个主人，一个老太太，鲁迅夫妻二人。两个女用人，一个王妈，一个胡妈。除老太太年纪更大外，其余都是三四十岁的人（曾记他家王妈年纪稍轻，但已在三十岁以外），因为没有青年同小孩，家庭

① 荆有麟（1903—1951）日记又作"有林"、"织芳"，山西猗氏（今临猗）人。1924年在北京世界语专门学校读书时与鲁迅结识。1925年春世界语专门学校停办后，经鲁迅介绍任京报馆校对，并参加《莽原》周刊的出版工作。在此前后，编过《民众文艺周刊》和《每日评论》。荆有麟著《回忆鲁迅断片》（1943年在桂林出版），提供了鲁迅北京时期生平活动的诸多史实。

便显出寂静来。老太太保守着旧式家规，每天只看书，鲁迅太太依照着旧式家规，除每早每晚向老太太请安外，还得下厨房，因为两个女用人，王妈是专门服侍老太太的。胡妈除买菜、煮饭、打扫之外，关于烧菜的事儿，总是鲁迅太太自己动手。……

鲁迅先生当时除任教育部佥事外，还担任北京大学、高等师范等校讲师。倘若上课钟点是在上午，那么，下午总要到教育部转一转。如果上课时间是在下午，那么，上半天也许到教育部转一转，因此，他的家庭，更加寂静。而鲁迅常年四季除例话外，又不大与太太谈天。据他家老妈讲："大先生与太太每天只有三句话，早晨太太喊先生起来，先生答应一声'哼'，太太喊先生吃饭，先生又是'哼'，晚上先生睡觉迟，太太睡觉早，太太总要问：门关不关？这时节，先生才有一句简单话：'关'，或者'不关'，要不，是太太向先生要家用钱，先生才会讲着较多的话。如'要多少？'或者再顺便问一下，什么东西添买不添买？但这种较长的话，一月之中，不过一两次。"①

---

① 荆有麟：《鲁迅回忆断片》，见《鲁迅回忆录·专著》（上册），167~168页，北京，北京出版社，1999。

几乎所有去过砖塔胡同或西三条的人，都能感觉到这个家笼罩在一种异样的氛围下，压抑得令人窒息。荆有麟还举了一件他亲眼见到的事，以说明他们夫妇关系不佳：1925年夏天，朱安忽然生病了，住在日本人山本开的医院里。有一天上午，荆有麟夫妇去山本医院看她，到了不一会，鲁迅也来了。一进门，就问："检验过了没有？"朱安说："检验过了。"鲁迅就往外走，嘴里还说着："我问问医生去。"过一刻，鲁迅回来了。一进门就对荆有麟夫妇说："走吧，到我家里吃中饭去。"他们走出病房时听见朱安在问："医生怎么说？"鲁迅只简单地回答："没有什么，多养几天就好了。"说完，就匆匆走出了病房。

朱安生病的事，鲁迅1925年9月29日给许钦文[①]的信里也曾提及："……内子进病院约有五六天出（现）已出来，本是去检查的，因为胃病；现在颇有胃癌嫌疑，而是慢性的，实在无法（因为此病现在无药可医），只能随时对付而已。"看来，这次朱安的病不轻，甚至有胃癌的嫌疑，荆有麟去探望的时候，检查结果已经出来了，幸而没有大碍。但正如荆有麟的观察，鲁迅只是对朱安尽了义务，却不愿在病房多逗

---

① 许钦文（1897—1984），名绳尧，笔名钦文，浙江绍兴人，作家。1920年间在北京大学旁听鲁迅讲课，1923年初经孙伏园介绍与鲁迅结识。他的短篇小说集《故乡》由鲁迅编选，收入《乌合丛书》。

留一刻陪伴她，也不愿多说一句安慰温存的话。

在亲友们的回忆中，都提到鲁迅几乎不跟朱安说话，他们之间的交流只限于日常的几句问答。这大概就是他们婚姻的常态。当他们两个单独相处的时候，整个屋子里既无语言的震荡，也无情感的流淌，空气是冰冻而凝固的，这个家如同一个冰窟，令身处其中的人不寒而栗。

Wife——性

鲁迅生前很少向外人诉说他的婚姻生活，显然，他并不希望自己不幸的婚姻成为他人的谈资，因此三缄其口。鲁迅对朱安为什么这么冷淡，甚至到了厌恶和她说话的地步？两人之间一新一旧，差距实在太大，这自然是主要原因，但是否还有其他原因呢？他对太太冷淡到令外人难以理解的地步，婚后也一直过着苦行僧般不合情理的生活，这不能不引起人们对他们夫妇关系的好奇。

郁达夫是创造社的元老，以《沉沦》等自我暴露式的小说蜚声文坛，因为鲁迅冬天不穿棉裤，他自然就联想到性心理的压抑：

同一个来访我的学生，谈起了鲁迅。他说："鲁迅虽在冬天，也不穿棉裤，是抑制性欲的意思。他和他的旧式的夫人是不要好的。"因此，我就想起了那天去访问他时，来开门的那一位清秀的中年妇人。她人亦矮小，缠足梳头，完全是一个典型的绍兴太太。[①]

鲁迅从日本回来后，一直保持着冬天穿单裤的习惯。这究竟是否为了禁欲，姑且不论，他和朱安之间缺乏正常的夫妻生活，这一点是肯定的。这里也涉及一个颇为敏感的问题，那就是鲁迅与朱安生活了这么多年，他们之间究竟有没有夫妻之实？有人断然否认，认为鲁迅对朱安没有感情，而没有爱情的性是不道德的、不洁的，因此他们之间不可能有性生活，他们从来都只是形式上的夫妇。

荆有麟在《鲁迅回忆断片》中指出，"终鲁迅一生，他的太太没有生产过"，主要是因为他们夫妇关系极其疏远和冷淡。但在这篇回忆文字中，他又提到了鲁迅本人的自述：

因为鲁迅先生对于家庭——其实是对整个旧社

① 郁达夫：《回忆鲁迅》，见《回忆鲁迅——郁达夫谈鲁迅全编》，15页，上海，上海文化出版社，2006。

会——的悲苦。在先生思想上，增加了不少的凄惶成分，先生对于自己的太太，认定只是一种负担义务，毫无恋爱成分在里边。无论是在先生谈话里、文章里，都很难看到或听到先生提到他太太的事情。我记得在北平时代，先生谈话而讲到 Wife，多年中，也仅仅一两次。而文章中，除了"连累贱内都改了国籍"对旁人辩的话外，再没有关于他太太的事情。

鲁迅曾对荆有麟说："Wife，多年中，也仅仅一两次。"这里的 Wife，显然是有特定的含义，指的是性生活，而不仅仅是妻子的意思。否则，"多年中，也仅仅一两次"就很难说得通了。鲁迅与朱安的关系，向来被认为是徒具形式的，彼此从无肉体的接触。但如果荆有麟所言是事实，那也并不能改变他们婚姻不幸的事实。作为夫妇，性是正当的，而作为西方文化意义上的有着实质性关系的 Wife，多年来也仅仅一两回，这恰恰证明了一个万分可悲的事实——作为夫妇，他们从灵魂到身体都是隔阂的，无法融合，无法结为一体。

关于朱安为何婚后没有生育，张铁铮与晚年的周作人有过交往，他曾打听过这个问题：

我接着问"琴瑟不调"的原因。周先生说，可以说是新旧思想上的冲突，鲁迅那时（指婚期）正在日本留学。我又问，朱夫人何以多年不生育。周先生说，朱夫人有侏儒症，发育不全。“侏儒”二字字音我听不准，周先生用我的钢笔，把这两个字写在纸上。[①]

这是张铁铮转述周作人的话，其真实性如何已无法考证。但《知堂回想录》中的确说过“新人极为矮小，颇有发育不全的样子”。我们知道，在20世纪初，许多人虽不满父母包办的婚姻，与原配妻子没有感情，但也都生了孩子，至少在形式上是一个完整的家庭。鲁迅与朱安结婚多年而没有孩子，究竟是因为道德上的极端的洁癖，还是有不得已的苦衷，有着外人所无法参透的隐秘的苦痛？这就不得而知了。

1925年女师大风潮中，他针对独身的女师大校长杨荫榆，写了一篇《寡妇主义》，其中有一段话：

至于因为不得已而过着独身生活者，则无论男女，精神上常不免发生变化，有着执拗猜疑阴险的性质者居多。欧洲中世的教士，日本维新前的御殿女中（女

① 张铁铮:《知堂晚年轶事一束·鲁迅原配朱安女士》，见陈子善:《闲话周作人》，280页，杭州，浙江文艺出版社，1996。

内侍），中国历代的宦官，那冷酷险狠，都超出常人许多倍。别的独身者也一样，生活既不合自然，心状也就大变，觉得世事都无味，人物都可憎，看见有些天真欢乐的人，便生恨恶。尤其是因为压抑性欲之故，所以于别人的性底事件就敏感，多疑；欣羡，因而妒嫉。其实这也是势所必至的事：为社会所逼迫，表面上固不能不装作纯洁，但内心却终于逃不掉本能之力的牵掣，不自主地蠢动着缺憾之感的。

鲁迅对独身者的变态心理看得这么透，人们不由联想到他自身，因为他的生活也等同于独身。他骂杨荫榆是“寡妇主义”，而他的敌手则骂他是“准鳏夫”。顾颉刚在1973年补写的日记里仍意犹未尽地指摘鲁迅：“彼与徐氏[①]结婚，出于父母之命，远在清末，尚无反抗之觉悟，仅为无感情之同居而已。然性欲者，人类与一切生物所同，感情者，人类之所以异于其他生物。既两不相协，名为同居而实无衾枕之好，其痛苦何如？闻孙伏园言，鲁迅晨起未理床，徐氏为之叠被，彼乃取而投诸地，其感情恶化如此，故绝未生育。鲁迅作文诋杨荫榆，谓其独身生活使之陷于猜疑、暴躁之心

① 徐氏应为“朱氏”，下同。

理状态，故以残酷手段施诸学生，虽非寡妇而有寡妇之实，故名之曰‘准寡妇’。以此语观鲁迅，则虽非鳏夫而有鳏夫之实，名之曰‘准鳏夫’可也。”[①]

鲁迅的这种不自然的家庭生活，不仅朋友们看不下去了，就连他的对手也不惮以恶意去揣测他的私生活。而从另一方面来看，朱安不也可名之为“准寡妇”吗？

婆媳之间

来到人地生疏的北京，朱安唯一可以依赖的人就是“娘娘”了。在这个家里，鲁迅唯一听从的就是鲁老太太。俞芳亲眼看到：“大先生住在砖塔胡同时，遇到太师母来，他们三人同桌吃饭，太师母说说笑笑，一餐饭吃得热热闹闹。太师母回八道湾去时，大先生和大师母两人同桌吃饭，饭桌上谈话就很少。大师母如果开口，无非是问问菜的咸淡口味是否合适，大先生或点头，或答应一声，这类‘是非法’的谈话，一句就‘过门’，没有下文。然后他们两人静静地

① 郭晶：《顾颉刚晚年对与鲁迅矛盾的声辩》，载《温故》，2009（14），78~81页。

各自吃饭。”也只有鲁老太太在场的时候，这个家里才会有点生气，打破这沉默的僵局。

鲁迅与母亲感情非同一般，这一点常为人津津乐道。据周氏族人的叙述，在绍兴教书时，鲁迅回到家，总是先到母亲的房门口，亲切地喊声“妩娘！”然后跨进母亲的房里，谈谈时事新闻，直到老太太说“休息去吧，老大！”这样鲁迅才回到自己的房间休息。在北京，鲁迅也是一样，常陪母亲聊聊天。许羡苏、俞芳、常维钧等均用温馨的笔调描述了这种令人羡慕的母子关系。鲁迅 13 岁时家道中落，母亲独自一人苦苦支撑，抚养三个儿子长大成人。身为长子，鲁迅最体谅母亲所受的苦，在任何时候，他心里最放不下的就是母亲了。可以这么说，在婚后的许多年里，鲁迅感情寄托的对象不是名义上的妻子朱安，而是他的母亲。对母亲的感情，直接影响并左右了他的生活。即便母亲为他包办的婚姻很不幸，他也从没有对母亲有任何埋怨。

在人们的印象中，鲁迅就是这样一个极其体恤母亲的孝子。但是，在荆有麟的笔下，母子关系也呈现出不为人知的苦涩的另一面：

……另外，鲁迅与老太太谈天，比较话长些，但也多半是关于老太太看书问题。一谈到家庭事务，母子俩意见就相左。鲁迅便往往不开口了。因为据鲁迅先生自己讲:“在改良家庭方面,我是失败者。常常费了九牛二虎之力,稍微改变一点,一遇有什么意外或者不如意的事,她们马上抱怨了。抱怨之后,觉得还是她们老法子好。一下子又恢复原状了。”

因此,鲁迅先生不愿意伤老年母亲的心,对于家事,便不想过问了。本来就是旧式的先生的太太,又一直守着老规矩,事事秉承老太太的意旨。鲁迅对于家庭,格外悲苦了。[1]

从这段记述看,母与子的关系并不像人们所看到的那么理想化。一旦涉及实际生活,“母子俩意见就相左”,这时候婆媳俩往往结成同盟,站在他的对立面,而“他”不得不迁就“她们”的意见,只得承认“在改良家庭方面,我是失败者”。据阮和孙回忆,“鲁迅在家里,别的人说啥东西都不肯做的,但只要老太太一说话,他就没有二话。因此,朱女士就往往通过老太太再给鲁迅去说话的”。这说明,在家庭事务上,鲁老太太和朱安往往立场更接近,鲁迅不愿违

① 荆有麟:《鲁迅回忆断片》,见《鲁迅回忆录·专著》(上册),168页,北京,北京出版社,1999。

背母亲的意思，只能委曲求全。

从某种意义上说，在这个家里，朱安与婆婆在日常生活中或许反而更有默契。鲁迅和朱安住在砖塔胡同期间，鲁老太太当时还没有搬出八道湾，但她三天两头来砖塔胡同，鲁迅日记常常有“上午母亲往新街口八道湾宅去”的记载，由此我们不禁猜想，鲁老太太这样一个上了年纪的人，这么辛苦奔波，与其说是离不开鲁迅，不如说她在生活上更离不开朱安。自 1906 年鲁迅和朱安结婚后，她一直都跟长媳一起生活，只是砖塔胡同的这九个月短暂地分开了。这次分离，使老太太在生活上感到不习惯，很难适应。虽然朱安不是鲁迅理想的妻子，但她显然是鲁老太太的好媳妇。说她是母亲的媳妇，并非虚言。

朱安与婆婆相处融洽，这是亲友们有目共睹的。就连朱家的人也承认 :“朱安与鲁老太太的婆媳关系倒还好，鲁老太太吃的东西都要朱安做的。姑母服侍鲁老太太一辈子，是她最贴心的了。”[①] 鲁老太太喜欢吃朱安做的菜，这在许钦文的回忆中也得到印证 :“西三条二十一号的正屋，东面的一间是最好的，请他的母亲住。还有西面的一间，是差不多

---

① 《朱吉人谈姑母朱安等情况》，裘士雄记录整理（未刊稿，1990 年 11 月）。

的，给朱夫人做房间，自己将就在小小的‘老虎尾巴’里。我在鲁迅先生家里第一次吃了饭以后，就感觉到朱夫人是很细心的，她煎炒的蔬菜，切得很均匀，老太太要和她生活在一起才觉得舒适，看来不仅由于习惯的相同，她做的饭菜味美可口，总也是个原因。实在，为着安慰母亲，这和朱夫人也是分不开的。”[①] 许钦文也是绍兴人，他认为饭菜味美可口，说明朱安做的绍兴菜的确是很地道的。

在多年的相处中，鲁老太太习惯了和儿媳一起生活，她把朱安看作自己身边贴心的人，很希望儿子儿媳有一天能好起来。可以说，鲁老太太是维系着这样一个家庭的纽带，据孙伏园说：有一次老太太要他去劝劝鲁迅，因为鲁迅身上穿的西服裤是单的，无论冬夏都没有换过。老太太实在看不过去了，嗔他名义上的太太说："无怪乎他不喜欢你，到冬天了，也不给他缝条新棉裤。"于是朱安奉老太太的命令做了一条新棉裤，等鲁迅上衙门的时候（鲁老太太的原话），偷偷地放在他的床上，希望他不留神能换上，万不料竟被他扔出来了。老太太没办法，认为孙伏园的话也许鲁迅会比较信任，托他去劝劝，结果鲁迅给了他这样的回答："一个独

① 许钦文：《〈鲁迅日记〉中的我》，56页，杭州，浙江人民出版社，1979。

身的生活，决不能常往安逸方面着想的……”

这条被扔出来的棉裤，恐怕不仅使朱安心灰意冷，更使鲁老太太感到难堪，因为这媳妇是她娶来的。

又据孙伏园回忆，鲁迅曾对他说到这样一件事：“全家迁北京后，一次逢鲁老太太寿诞，请些宾客来家宴。开席之前朱夫人忽然穿戴整齐走出来，向亲友下了一跪，说道：‘我来周家已许多年，大先生（指鲁迅）不很理我，但我也不会离开周家，我活是周家的人，死是周家的鬼，后半生我就是侍奉我的婆母（指鲁迅母亲）’，说完话，叩了头，退回房去。鲁迅说，中国的旧式妇女也很厉害，从此所有的同情，都被她争取了去，大家都批评我不好。”张铁铮曾将孙伏园这番话相询知堂老人。周作人回答说：这是实有的事，朱夫人在家中是得到大家的同情的。[①]

孙伏园曾两次讲到朱安在家宴上向鲁迅发难的事，一次是绍兴，一次是北京。看来在忍无可忍的情况下，她也会抗争一下。张铁铮说这件事周作人也亲历，则应当是发生在八道湾时期，朱安到北京没多久。可以想见，在寒意的包围下，朱安活得越来越瑟缩，也越来越明白了自己的处境。

---

① 据张铁铮《鲁迅原配朱安女士》中所记载，这是孙伏园 1949 年后在一次小型座谈会上转述鲁迅的话。

她知道已经没有希望使丈夫回心转意，只能怀着一腔怨气，当着众人的面宣布“我活是周家的人，死是周家的鬼，后半生我就是侍奉我的婆母”。这口吻，堪比那些节妇烈女，有几多无奈。当时赴宴的应该是鲁迅身边的同事和老友，朱安用这样一个激烈的举动，争取到了大家的同情，也算是将了鲁迅一军。她宣布一辈子侍奉娘娘，恐怕这也是她所能退守的底线了。

深渊——落地的蜗牛

新女性

日本作家中村龙夫曾这样描述北京时期的朱安："鲁迅兼任北京大学、北京师范大学、北京女子高等师范学校的讲师，西三条的新住所女学生来访的很多。朱安观察着来访的新时代姑娘们的活泼举止，和她们相比自己真是个乡下佬，一个老太婆。"[①]

中村龙夫的记载，也许是从朋友那里听到一些传闻，但他对朱安心理的揣摩大致是可信的。

鲁迅早期的小说中很少写到"新女性"，因为在他此前

① 中村龙夫著，周良儒译：《封建婚姻的牺牲者——朱安》，见《万里风》，3~29页，杭州，浙江文艺出版社，1995。

的生活中，几乎很少与这样一类女性打交道。鲁迅笔下的女性，给人印象最深刻的是《祝福》中的祥林嫂、《故乡》中的豆腐西施杨二嫂、《离婚》中的爱姑、《明天》中的单四嫂子等等，她们都是以故乡的妇女为原型。《呐喊》《彷徨》中也有几篇描写了北京知识分子家庭里的“太太们”，如《端午节》中方玄绰的太太、《肥皂》中的四铭太太、《幸福的家庭》中的主妇等。这些“太太们”几乎都不大有知识，面色是灰黄的，所关心的无非是柴米油盐、丈夫的薪水，偶尔还会撒撒泼。他描写起这些太太们，信手拈来，十分生动，如训斥孩子的主妇的神态：“腰骨笔直，然而两手插腰，怒气冲冲的似乎豫备开始练体操。”又如方玄绰拿不到薪水被方太太鄙夷：

> ……但比起先前来，方玄绰究竟是万分的拮据，所以使用的小厮和交易的店家不消说，便是方太太对于他也渐渐的缺了敬意，只要看伊近来不很附和，而且常常提出独创的意见，有些唐突的举动，也就可以了然了。到了阴历五月初四的午前，他一回来，伊便将一叠账单塞在他的鼻子跟前，这也是往常所没有的。
>
> “一总总得一百八十块钱才够开消……发了么？”伊并不对着他看的说。

在方太太身上，无疑有着八道湾里太太们的影子，从羽太信子到芳子、朱安，她们都是依靠着男人的薪水过日子的主妇。许羡苏曾指出，《幸福的家庭》里所描写的床底下堆着劈柴、墙角堆着大白菜的那种局促的生活，正是鲁迅与朱安在砖塔胡同生活的写照。《伤逝》中的子君是作为新女性的形象而出现的，但正如不少研究者所指出的那样，在子君的身上，也分明有着朱安的影子。最初的子君是无畏的、大胆的，有着新女性的姿态，但和涓生同居后，她关心的范围局限于每日的三餐、小油鸡和一只叫阿随的狗，与同院官太太之间的明争暗斗，她的神情不再活泼，一张灰黄的脸，神色凄然，"只知道捶着一个人的衣角"。

荆有麟曾写道："鲁迅先生笔下，无论是论文，是杂感，或者散文与小说，很少写到恋爱同温暖的家庭。在《野草》上虽有《我的失恋》，在《彷徨》上虽有《幸福的家庭》，但那'恋'与'家'，是充满了怎样失望与狼狈的气氛，便不难想象鲁迅先生的婚姻同家庭生活了。"

从1906年结婚起，到1926年，整整20年，鲁迅的家庭生活是和朱安这样一个旧式女性联系在一起的。鲁迅对旧女性太熟悉、太了解了，因为她就真真切切地在他眼前，形影不离，时时刻刻让他体会到"浓黑的悲凉"。正如有研究者所指出的那样，朱安"作为一个旧式女性，在不断追求着新社会的丈夫的心中，她像一片无法医治的病灶一样牢牢地驻扎下来”[①]。虽然他称她为“妇”，当她不存在，可是他提笔的时候，盘旋在他脑海的正是那个整日愁眉苦脸操持家务的主妇，“两只阴凄凄的眼睛恰恰钉住他的脸”，将他逼到墙角，无路可逃。

然而，情况也在发生变化。20世纪20年代的北京，是新文化的发源地，这里聚集着大批的知识分子，其中也包括从各地来到北京求学的女学生。这一时期比起五四新文化运动初期，社会上对于自由恋爱、男女社交有了更大的包容度。此时的鲁迅有机会接触到更多的女性。查鲁迅日记，从八道湾到西三条，特别是他担任北京女子高等师范学校的讲师后，常有一些女学生登门拜访，她们都是与朱安迥然不同的新女性。

最早出现在鲁迅家里的女性有我们前面提到过的许羡苏，俞芬、俞芳、俞藻三姐妹等。此外还有一位王顺亲[②]，1925年元旦的鲁迅日记里记载他们一起去吃饭、看电影：

---

① 岸阳子：《超越爱与憎——鲁迅逝世后的朱安和许广平》，载《鲁迅世界》，2001（4），18页。

② 王顺亲（1899—1947），本名王纯卿，浙江绍兴人，鲁迅日记中写作“王顺亲”。1925年为北京女子师范大学学生，毕业后先后在武昌女中、浙江金华八婺中学等校执教。抗战爆发后，全家逃难到绍兴会稽山腹地汤浦，在舜阳中学任教。抗战胜利后，在绍兴县立初级中学任教。

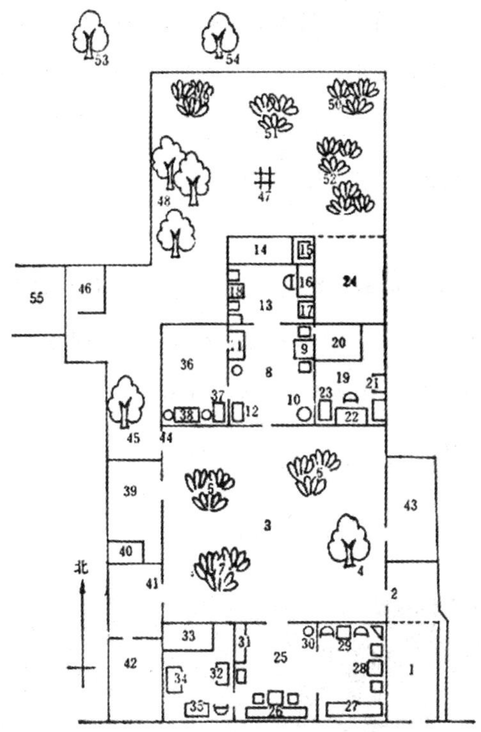

西三条鲁迅故居房屋布局及室内陈设状况平面示意图。图内部分编号说明：8 北房三间，中为堂屋，是鲁迅一家日常起居所用之地；13 鲁迅自己的卧室与工作室，即“老虎尾巴”；19 鲁迅母亲的住室；25 南屋三间，靠东两间一室用作客厅，靠西一间是准备留客住宿用的；36 朱安住室；39 厨房；42 杂物堆放室；43 女工住室；44 通往后园的小角门（据孙瑛《鲁迅故迹寻访记事》）

一日　晴。午伏园邀午餐于华英饭店，有俞小姐姊妹、许小姐及钦文，共七人。下午往中天看电影，至晚归。

不久鲁迅家里又回请孙伏园等：

二十五日　晴。星期休息。治午餐邀陶璇卿、许钦文、孙伏园，午前皆至，钦文赠《晨报增刊》一本。母亲邀俞小姐姐妹三人及许小姐、王小姐午餐，正午皆至也。

许羡苏与俞氏姐妹都是绍兴人，她们都是鲁迅家的常客。左起：俞藻、俞芳、鲁迅的母亲鲁瑞、许羡苏

以上这几位小姐，除了王顺亲有点陌生，其余几位都是鲁迅家里的常客。王顺亲本名王纯卿，也是浙江绍兴人，考入北京女子师范大学后不久，与许羡苏、俞芬等结识。这几位小姐，因为同乡之谊，所以与鲁迅一家来往密切。特别是鲁老太太初到北京时，听不懂北京话，也吃不惯北方菜，处处都不习惯，因此非常喜欢她们来串门。据许羡苏自述，她们还常给老太太和大太太代买物品："以后我和俞芬无形中成了老太太和大太太的特约采购员，每到星期日去八道湾的时候，把上一星期她们二位嘱买的东西送去，临走时她们又把要买的东西告诉我们。……这使我和俞芬成了每周必去的访客，尽量地讲绍兴话，吃家乡菜，临走还用口袋装走吃不完的点心。"

俞芳也有类似的回忆："这之前，常听我大姐和她在绍兴读书时的老同学许羡苏姐姐谈到太师母，知道太师母从绍兴搬到北京，话听不懂，生活不习惯，每遇到绍兴人，听到乡音，她就非常高兴。特别是许羡苏姐姐和大姐，在绍兴读书时是三先生（周建人）的学生，所以太师母待她们格外亲热，平时常托她们代买些东西，戏称她们是她老人家的'活脚船'。"

鲁瑞爱看古典小说，也常常嘱托王纯卿代购。鲁迅开设中国小说史课程，有的讲稿曾请王纯卿誊抄。据说后来鲁迅与许广平的结合，王纯卿穿针引线，起了不小的作用。[①]

鲁老太太是个喜欢热闹的人，因此很欢迎这些绍兴籍女学生来做客。不过，自 1924 年前后，鲁迅接触的女性范围不再限于绍兴籍。这一时期在他日记中常出现的女性访客中，不乏朋友的恋人或太太，如吴曙天[②]，当时是章衣萍的恋人，也是一位才女。1924 年秋，他们由孙伏园介绍与鲁迅相识，经常访问鲁迅。此外，如荆有麟和金仲云夫妇也常双双上门拜访。而更多的是女师大的活跃分子，如陆晶清[③]、吕云章[④]、林卓凤[⑤]等。自然，还有一位许广平，从

---

① 裘士雄：《鲁迅作品中的人物介绍》，载《鲁迅研究月刊》，2008(7)，3 页。

② 吴曙天（1903—1942），原名吴冕藻，山西翼城县人，章衣萍之妻。1924 至 1926 年，他们经常去西三条鲁迅家里。吴曙天是《语丝》周刊十六位发起人之一。

③ 陆晶清（1907—1993），原名秀珍，云南昆明人，作家。1922 年考入北京女子高等师范学校，与许广平同学。1925 年兼任《京报》副刊《妇女周刊》编辑。因女师大风潮常与鲁迅来往。1926 年秋毕业，年底离京，先后在南昌国民党江西省党部妇女部和武汉国民党中央党部妇女部任职。1927 年 7 月宁汉合流后赴沪。

④ 吕云章（1891—1974），字倬人，别名沄沁，山东蓬莱人，北京女子师范大学国文系学生，许广平的同学。在女师大风潮中与鲁迅联系较多，后任国民党浙江省党部委员、中央党部妇女部干事等职。

⑤ 林卓凤（1906—？），广东澄海人，1925 年时为北京女子师范大学国文系学生，后转入北京师范大学，1928 年毕业后曾任中学教员。

1925 年 3 月第一次与鲁迅通信起，她不仅成了这家中的常客，后来有一段时间还住在了这里。

1924 年 9 月至 1925 年，鲁迅日记里还多次提到一位胡萍霞。1924 年 9 月 14 的日记提到一位胡人哲："十四日昙。星期休息。上午杨荫榆、胡人哲来。"杨荫榆时任女师大校长，这天是来送聘书的[①]，胡人哲当时为该校舍监，又名萍霞，湖北孝感人，1920 年北京女子高等师范学校保姆讲习科毕业。从日记看，胡萍霞有一段时间常给鲁迅写信，还寄文稿向鲁迅求教。关于这位胡人哲，徐伏钢《张友松：藏在鲁迅日记里的翻译大家》一文里顺带也提到了她：

> ……我原来以为，张友松早年的南洋之行是因了郁达夫的介绍。直到后来我举家移民新加坡后，在新落成的新加坡国家图书馆九楼中文图书部查阅资料时才发现，其实张友松是在 1921 年夏天中学毕业后，受了当时在苏门答腊教书的一位叫作林熙盛的中学同学邀请，同大姐一道来南洋的，比郁达夫早了整整 20 年。
>
> 他们这趟下南洋，随行带了张挹兰的大学同学、

① 俞芳：《跟杨荫榆之流的斗争》，见《鲁迅生平史料汇编》，第 3 辑，239 页，天津，天津人民出版社，1983。

一位叫胡人哲的女教员，原本是要介绍给林熙盛做太太的。不想到达苏门答腊后，林嫌胡人哲人“太丑”，而胡也嫌林熙盛“不懂文学”，结果两人恋爱没有成功。

后来胡人哲在当地嫁给同一所学校的一位“自命为文学家”的青年同事，此人姓李。谁知结婚不到三个月，新郎官“李文学”就死了。胡人哲为此在精神上受到很大刺激，以后回中国写了一些伤感的诗文发表，引起鲁迅同情和抚慰。张友松回忆说，以后她病重时，鲁迅还曾两次亲自上门探望。

胡人哲与张友松的姐姐张挹兰是同学，1927 年张挹兰与李大钊等被杀害后，胡人哲在《中央副刊》上发表了《念挹兰》(诗)、《所不能忘怀的惨死者——挹兰》及《李大钊同志之被捕》等纪念性文章，她还在《中央副刊》第十五号（1927 年 4 月 5 日）发表《企望我们的领导者——鲁迅先生》，署名“萍霞”，可见她也是鲁迅的崇拜者之一。1924 年 12 月 20 日的鲁迅日记中有这样的记载：“下午访胡萍霞，其病似少瘥。”可见鲁迅确实去探望过病中的这位才女。

以上我们对鲁迅 1923 年至 1926 年间接触较多的女性做了一个粗略的扫描。她们大多是 20 岁出头的在北京求学的知识女性，是时代的佼佼者。她们剪短发、穿黑布裙，态度落落大方，浑身上下散发着清新的气息。相比之下，当时的朱安，已经四十多岁，从外表到着装都显得暮气沉沉、过时落伍：

> 大师母个子不高，身材瘦小；脸型狭长，脸色微黄，前额、颧骨均略突出，看上去似带几分病容。眼睛大小适中，但不大有神，而且有些下陷，梳发髻。脚缠得很小，步履缓慢不稳。她当时虽只有四十多岁（比大先生大两岁），可是穿着打扮比较老式，除夏天穿白夏布大襟短衣，下系黑色绸裙外，其他季节的衣服都是色泽较深较暗的，朴素整洁。从外形看，是旧式妇女的典型模样。平日少言寡语，少有笑容。[①]

来到北京后的朱安，就是以这种“老式”的形象出现在访客的面前。女学生们打量着鲁迅的这位旧式太太，怀着一丝好奇和些许的同情，那眼光仿佛是打量一件老古董。许广平在给鲁迅的信里直言不讳地称其为“遗产”：“旧社会留给你苦痛的遗产，你一面反对这遗产，一面又不敢舍弃这

---

① 俞芳：《封建婚姻的牺牲者——鲁迅先生和朱夫人》，见《我记忆中的鲁迅先生》，135页，杭州，浙江人民出版社，1981。

遗产，恐怕一旦摆脱，在旧社会里就难以存身，于是只好甘心做一世农奴，死守这遗产。”①

其他进出这个家的女学生们，对于鲁迅的这位旧式太太，照理应该有一些印象，但从陆晶清、吴曙天等的回忆录里，我们看不到她们的任何观感。许广平的话，基本代表了她们这批新女性的观点。也许，对反抗旧家庭跑到大城市来的女学生们来说，朱安这样的小脚女人实在是太煞风景了！许羡苏与这个家庭有着非同一般的关系，但她后来的回忆录只是客观叙述鲁迅一家的生活，几乎不流露自己对于“朱氏”的看法或评价。因此，除了俞芳那篇展示朱安内心的充满同情的文字，我们竟找不到其他同性者来见证朱安当年的生存状态。

生活在北京的朱安是寂寞的，因为不被丈夫所爱，她不可能像别的太太那样拥有自己的交际圈子，她的生活空间极其狭窄和封闭，生活极其单调。对她来说，所谓外面的世界就是那些来来往往的客人们。即便是足不出户，从来访的客人身上，朱安也本能地察觉到鲁迅的生活正因她们而发生着变化。

---

① 许广平：《1926年11月22日许广平致鲁迅的信》，见《鲁迅全集》，第11卷，224页，北京，人民文学出版社，2005。

在中村龙夫的文章里有一段描述朱安对于许羡苏的感受：

在女学生中最为频繁来访的是许羡苏。羡苏是俞芬的同学。到西三条来的时候，买点东西开始，把朱安泡好的茶送到鲁迅房间里，有时也帮做琐碎的家务。

有时候晚上很迟了还在鲁迅房间里，在这样的时候，鲁迅就叫常来拉车的车夫送她到校舍里去。

在鲁迅的日记里，每行开头有H字的是有关许羡苏的事情，因为许羡苏的音标记号是Hsnu的缘故。在师生之间，好像有了秘密关系，朱安用女人的感觉也是可察觉的。

有时候，鲁迅带着羡苏回来的情况也有。

“师母！我把这买来啦！”她说后把一包东西交给了朱安。这是朱安从来没有看到的西洋点心，有时朱安把沏好的茶拿到丈夫房间里去时，两人就急忙把话停下来了，羡苏斜着眼看窗外。朱安在这个女学生身上有看到女人的感觉。[①]

① 中村龙夫著，周良儒译：《封建婚姻的牺牲者——朱安》，见《万里风》，3~29页，杭州，浙江文艺出版社，1995。

中村龙夫说“H”代表许羡苏，这是不准确的，而且他的描述更像是在创作。但也可以想象，当女学生踏进家门时，朱安的心情必定是很复杂的。作为一个没有知识、没有谋生能力的家庭妇女，她的自卑是双重的。在男性面前，她已经习惯了低头。在新女性面前，她又一次发现了自己的缺陷，陷入更深的自卑。在她们面前，她本能地封闭起自己的内心。就像是蜗牛的触角，遇到异物，立即把身体缩回到黑暗的壳里，从此活得越来越瑟缩。

身为旧女性，朱安对于新女性抱有一种本能的排斥和敌意，这是可以理解的。也许，对于所有来访的女学生，她都会因为自卑而对她们抱着一种戒备。当她目送家中那些穿着竹布短衫、玄色短裙的女学生，当她端茶递水时，见大先生正在读着不知是什么人的来信，她的心情大约是很沮丧的。以她的能力，她无法了解大先生心里在想些什么，只是在一旁担心地窥伺着，“失掉了她往常的麻木似的镇静，虽然竭力掩饰，总还是时时露出犹疑的神色来……”

落地的蜗牛

不知是从哪一天起，她发现大先生的神情发生了某种

1925 年的鲁迅

变化。中秋节的时候，大先生和女学生们一起喝酒，在朦胧的醉意中拍打一个个女学生的头；又某晚，大先生替借住在家中的许广平剪头发……她第一次发现，一向冷峻的大先生竟然也有柔情的一面。而这，都是因为一个新女性的出现。

察觉到这一点，朱安的内心肯定有种说不出的落寞。而鲁迅这方面，内心也经历着前所未有的挣扎。鲁迅对于女性的看法一度是万分悲观的。1923 年 12 月他在女高师文艺会上发表《娜拉走后怎样》的演讲，指出娜拉离开家庭后的两

青年时代的许广平，摄于1926年左右

条路——“不是堕落，就是回来”“还有一条，饿死了”。

据俞芳回忆，曾有不少人劝说过鲁迅放弃朱安：“当时大先生的朋友、学生们都是经过五四运动洗礼的，大多思想进步，特别是孙伏园、章川岛、常维钧等人，思想都很解放。他们都曾劝过大先生，有的直言不讳地说，既然没有感情，就送她回娘家，负担她的生活费，这是很客气也很合理的办法，何必为此苦恼着自己，和她一起做封建婚姻的牺牲品呢？”

确实，在对待婚姻的问题上，鲁迅跟同时代知识分子如胡適、陈独秀、徐志摩等相比，都要更为彷徨，更为矛盾。在巴金的小说《家》中，觉新身为高家的长子长孙，不得不牺牲掉个人的自主选择，按照家族长辈的意思走进婚姻生活。“接受了新思想，却生活在旧式的空气中”——这正是鲁迅那一代人命运的写照。然而，就拿鲁迅和胡適来说，他们的做法也不尽相同。作为五四时期名噪一时的新人物，鲁迅与胡適的婚姻都是全凭媒妁之言，父母之命，是地地道道的旧式婚姻。但胡適与江冬秀的婚姻，在五四时期，曾经获得社会上各种人物的赞许，特别得到许多旧人物的恭维，被认为是旧式婚姻中罕见的幸福的例子。对此，胡適在写给好友胡近仁的信中曾有如下表白：“吾之就此婚事，全为吾母起见，故从不曾挑剔为难。（若不为此，吾决不就此婚，此意但可为足下道，不足为外人言也。）今既婚矣，吾力求迁就，以博吾母欢心。”[①] 胡適出于对母亲的孝心，对江冬秀的同情，奉母命成婚。这一点与鲁迅并无不同。但他于婚后又“力求迁就”，极力表现闺房之爱，强以恩爱的外表，来掩饰无爱的内心，这是鲁迅绝对做不到的。

① 胡適：《胡適书信集》（上），156页，北京，北京大学出版社，1996。

鲁迅的矛盾在于，他决定陪着无辜的女性做一世的牺牲，可同时他又不愿意迁就朱安的那些缺点，不愿违心地表示“虚伪的温存”。当然，可能也因为这是“母亲娶来的媳妇”，碍于母亲的情面，考虑到母亲的感情，他也很难有所决断。20 年的时光，他就这样带着压抑痛苦的心情步入中年，心里承受着巨大的煎熬，也把自己逼到了一个死角。但也许，就是在这样的困境下，反而能获得转机。在 1925 年写作的《伤逝》中，他反反复复地念叨着“新的路的开辟，新的生活的再造，为的是免得一同灭亡”。正如小说的主人公涓生，他的内心在苦苦地挣扎：

> 我同时豫期着大的变故的到来，然而只有沉默。
>
> 我突然想到她的死，然而立刻自责了，忏悔了。
>
> 新的生路还很多，我必须跨进去，因为我还活着。

1925 年的鲁迅，内心交战着。“他”曾想到“她的死”，不想被“她”捶着衣角，一同灭亡。虽然他马上萌生了一种罪恶感，自责而且忏悔。但毕竟，他曾希望过“她的死”，在心底里宣告了“她的死”。

我们知道，最终促使鲁迅“向着新的生路跨进第一步去”的人，是许广平。经历了女师大学潮、三一八惨案后，鲁迅对女性的评价明显发生了变化。在发表于 1926 年 4 月的《记念刘和珍君》中，他写道：“我目睹中国女子的办事，是始于去年的，虽然是少数，但看那干练坚决，百折不回的气概，曾经屡次为之感叹。至于这一回在弹雨中互相救助，虽殒身不恤的事实，则更足为中国女子的勇毅，虽遭阴谋秘计，压抑至数千年，而终于没有消亡的明证了。倘要寻求这一次死伤者对于将来的意义，意义就在此罢。”这意义，不只是证明了中国女子的勇毅，而且也让鲁迅重新认识了女性的美好。

1926 年 8 月 26 日，鲁迅在日记中记下了他离开北京，走向新生活的那个时刻：

> 二十六日　晴。……子佩来，钦文来，同为押行李至车站。三时至车站，淑卿、季市、有麟、仲云、高歌、沸声、培良、璇卿、云章、晶清、评梅来送，秋芳亦来，四时二十五分发北京，广平同行。

他是和许广平一同出发的。北京车站上送行的人群中，没有母亲和朱安。她们站在西三条的门口，目送他远去的身影，直到消失在胡同尽头。这一幕就像鲁迅 18 岁的时候离开故乡，不忍回头看年迈的母亲流泪的样子。也许他也有一点怕看见站在母亲身旁的那个矮小的身影，她那落寞的神情……

鲁迅离开后的西三条里更寂静了，幸而有许羡苏一起帮忙管理家务事，还有俞家三姐妹也常常过来，陪老太太说说话。许羡苏深得老太太的喜欢，她在西三条，完全就像是这个家庭中的一员。有人认为，如果鲁老太太还能选择一次媳妇，她一定会选择许羡苏。但是，鲁老太太一定也明白，这种事只能由本人做决定。

鲁迅 1927 年 1 月 11 日致许广平的信里提到“令弟”，即许羡苏 :“我托令弟买了几株柳，种在后园，拔去了几株玉蜀黍，母亲很可惜，有些不高兴，而宴太即大放谣诼，说我在纵容着学生虐待她。力求清宁，偏多滓秽，我早先说，呜呼老家，能否复返，是一问题，实非神经过敏之谈也。”

“宴太”即羽太信子，意指他当年是被日本女人赶出家的。鲁迅与许广平在上海同居一事，也是由这位二太太告知了朱安。1929 年 5 月鲁迅只身一人回到北京看望母亲，才知道关于他和许广平同居的事，在京城已经传得沸沸扬扬 :“关于咱们的故事，闻南北统一以后，此地忽然盛传，研究者也很多，但大抵知不确切。上午，令弟告诉我一件故事。她说，大约一两月前，某太太（指朱安）对母亲说，她做了一个梦，梦见我带了一个孩子回家，自己因此很气愤。而母亲大不以气忿之举为然，因告诉她外间真有种种传说，看她怎样。她说，已经知道。问何从知道，她说，是二太太告诉她的。我想，老太太所闻之来源，大约也是二太太。而南北统一后，忽然盛传者，当与陆晶清之入京有关。我因以小白象（指许广平已经怀孕）之事告知令弟，她并不以为奇，说，这是也在意中的。”[①]

朱安从羽太信子那里听说这消息后，并不是直接说出来，而是对婆婆称自己做了一个梦。她气愤的心情不难理解，但她向来都是听婆婆的，这一次也不例外。

鲁老太太听说许广平怀孕的事，自然是喜出望外。鲁迅给许广平的信里写道：“……前日到家，母亲即问我害马为什么不一同回来，我正在付车钱，匆忙中即答以有些不舒服，昨天才告诉她火车震动，不宜于孩子的事，她很高兴，说，我想也应该有了，因为这屋子里早应该有小孩子走来走去了。这种‘应该’的理由，虽然和我们的意见很不同，

① 鲁迅：《1929年5月17日鲁迅致许广平信》，见《鲁迅全集》，第12卷，165页，北京，人民文学出版社，2005。

但总之她非常高兴。”[①]

在北京，可以设想，朱安身边几乎没有能吐露心事的人，也没有人能为她纾解内心的烦闷。有一回鲁迅自上海寄来照片，告知与许广平同居的消息，虽然早就预料到了，但朱安还是很难过。当俞芳问她“那你以后怎么办呢？”她一下子被触动了心事，显得相当激动：

> “过去大先生和我不好，我想好好地服侍他，一切顺着他，将来总会好的。”她又给我打了一个比方说：“我好比是一只蜗牛，从墙底一点一点往上爬，爬得虽慢，总有一天会爬到墙顶的。可是现在我没有办法了，我没有力气爬了。我待他再好，也是无用。”她说这些话时，神情十分沮丧。她接着说：“看来我这一辈子只好服侍娘娘（太师母）一个人了，万一娘娘‘归了西天’，从大先生一向的为人看，我以后的生活他是会管的。”

俞芳听了很意外，她久久地看着大师母，但一时想不

① 鲁迅：《两地书·一一七》，见《鲁迅全集》，第 11 卷，293 页，北京，人民文学出版社，2005。

出一句合适的话来安慰她。她想不到一向沉默寡言的大师母会对她说这些话，感觉眼前好像真有一只蜗牛落地跌伤了，再也爬不起来了。她记得大师母曾偷偷跟她们学体操，曾经也在老太太的劝说下剪去了发髻，不错，她一直都在努力，努力向上爬，希望有一天能接近大先生，可是，最终还是落空了……

这是朱安唯一一次对外人诉说自己悲哀的心境。大概实在是无人诉说吧，她竟然向比自己年纪小三十多岁的邻家女孩儿敞开了心扉。可是，她马上又觉得自己失言了，连忙叮嘱俞芳："我也是随便说说的，你不要把话讲出去。"俞芳忙向她保证不会说出去，她一本正经地回答："是的，是的，我相信你口紧，才和你说的。"[①]或许，她觉得自己流露了某种妒忌的情感，这是不妥当的。

据荆有麟回忆，有一回，朱安曾有过这样的抱怨：

> 据先生太太朱女士在北平时，对内人讲："老太太嫌我没有儿子，大先生终年不同我讲话，怎么会生儿子呢？"先生的婚姻生活，可见一斑了。

① 俞芳：《封建婚姻的牺牲者——鲁迅先生和朱夫人》，见《我记忆中的鲁迅先生》，142页，杭州，浙江人民出版社，1981。

荆有麟的太太名金仲云，根据鲁迅日记，她自 1925 年 7 月起曾多次和荆有麟一起到西三条拜访。大概就是这一时期朱安向她吐露了心事。从这抱怨中，我们可以感觉到，因为没有生儿育女，朱安感觉到自己被婆婆嫌弃，她的内心承受着不小的压力。

1929 年 9 月 27 日海婴出世了。据俞芳说，消息传来，太师母十分高兴。当大师母得到这个喜讯时，也十分高兴。她为什么高兴呢？原来她思想上已考虑过：当时她自己已是五十出头的人了，过去常常暗自思忖，此生此世是不可能有孩子了。按绍兴习俗，没有孩子，也属妇人的一个“过错”。现在有了海婴，他是大先生的儿子，自然也是她的儿子。整个社会，包括她自己无端加给她的“罪名”，现在赫然得到“赦免”，怎么不高兴呢？而且，生是周家的人，死是周家的鬼，她想到有了海婴，死后有海婴给她烧纸、送羹饭、送寒衣……阎罗大王不会认为她是孤魂野鬼，罚她下地狱，让她挨饿受冻的。于是她精神上得到了安慰，所以很高兴。

因为有了这样的想法，或者也是出于无奈，朱安的态度发生了变化，鲁迅 1932 年 11 月回京探望生病的母亲，这期间他给许广平的信中提到：“某太太于我们颇示好感，闻当初二太太曾来鼓动，劝其想得开些，多用些钱，但为老太太纠正。”[1]这“某太太”，就是指的朱安，她的“好意”里面无疑有着把许广平作为“第二夫人”而表示接纳的意思。对朱安的顽固的旧式思维，鲁迅采取的是不置可否的态度吧。

① 鲁迅:《1932年11月15日鲁迅致许广平信》，见《鲁迅全集》，第12卷，340页，北京，人民文学出版社，2005。

家用账——真实的重担

鲁老太太和朱安婆媳俩在北京的生活状况，从现在留存下的家用账中可窥一斑。家用账在时间上可分为三段：一、1923年8月2日至1926年2月11日，由鲁迅自己记账；二、1926年9月1日至1930年2月18日，由许羡苏代为记账，1930年3月2日《鲁迅日记》记载："收淑卿所寄家用账簿一本。"三、1930年2月20日至1935年7月，由俞芳代记，至1935年7月以后则为另一人笔迹，因这时俞芳已离开了北京。

第一阶段的家用账[①]，虽只有35页，时间仅有两年半，但时间跨度恰好是鲁迅迁居砖塔胡同到他离开北京之前。鲁迅与朱安虽没有感情，但两人毕竟是要天天一起吃饭，一起

---

① 叶淑穗：《家用账》，见《鲁迅研究资料》，第22期，2页，北京，中国文联出版公司，1989。

过日子的。因此，这家庭流水账是对这两年半生活的忠实记录，虽记录的是经济支出，却透露出他们夫妇生活的一些细节，反映了他们生活的一个侧面。

鲁迅所记家用账采用农历日期，研究者指出，之所以用农历，可能是因为家庭生活和农历关系较密切，一则为了附和家人的习惯，再则，也由于农历便于掌握传统节日的安排。如《家用账》中每逢春节、端午、中秋等节日的前夕均有对女工或车夫进行“节赏”的记载。“房租”的付款日期也在农历月初等。另外，鲁迅的《家用账》只记大项的用钱数，不记具体的零碎的用项；在钱数的记法上与现今的也不同，小数点后面有三位数，代表着“角、分、厘”，说明当时的币制，那时还有铜圆，还以“吊”计价，如癸亥年六月二十日记有“煤球百斤八吊”。

许羡苏回忆他们夫妇这一时期的生活：“在砖塔胡同鲁迅先生的生活更朴素，连女工的工资（每月二元，当时一般是一元或者一元五角，他家的比别家多些），房租八元，另外柴米油盐菜、朱氏的零用，一切都算在内，每月支出平均不超过卅元。”[①] 鲁迅家里女工工资比别家多，据荆有麟说，这是因为他们家里有一个特殊规矩：“就是两个老妈子，除

---

① 许羡苏：《回忆鲁迅先生》，见《鲁迅研究资料》，第3辑，203页，北京，文物出版社，1979。

拿工钱，吃白饭之外，是不许吃菜的。每天由鲁迅太太发给老妈每人四百钱——即四个铜板，老妈自己另外买菜吃。这在普通家庭，是很少看见的。”① 可见，鲁迅也不是平白无故多给女工工钱。

这一时期鲁迅在教育部任佥事，按规定月薪三百六十元，当时教育部经常欠薪，这是事实，即便如此，其支出也是远远低于收入。在癸亥年年末记有“本年陆月另十日共用钱二百四十九元七角另四分[二百五十一元八角另九厘]”“平均每月用钱三十九元四角三分[三十九元七角六分]”，甲子年末记有“平均每月用泉四八·〇六一元”，乙丑年年末记有“平均每月用泉六六·六四五”。他们每月用钱最多时也就六十多元。这说明，离开了八道湾大家庭后，鲁迅与朱安及鲁老太太这三口之家的生活相对简单，他们秉承着勤俭持家的传统，不任意铺张，同时也安排得井井有条，过着安定舒适的生活。

第二阶段的家用账②，时间跨度为三年半，当时鲁迅在厦门、广州，1927年10月后定居上海，西三条寓所当时住

---

① 荆有麟：《鲁迅回忆断片》，见《鲁迅回忆录·专著》（上册），167页，北京，北京出版社，1999。

② 许羡苏记录，吴长华整理：《鲁迅家用收支账》，见《上海鲁迅研究》，第7辑，39~56页，上海，百家出版社，1996。

着两位女主人，婆婆鲁瑞和媳妇朱安，还有就是许羡苏。这段时间，鲁迅的经济情况是稳定的，厦门大学、中山大学基本按时发薪，不拖欠。在上海，收入的稿费、版税较多，而且从 1927 年 12 月至 1931 年，经蔡元培提名，鲁迅任大学院特约撰述员，每月有 300 元撰述费。从账本看，这一时期鲁迅北京寓所的经济收入来源是北新书局支付的稿费及北大、北师大、教育部等支付的工资（欠薪），账本所记每月给西三条寓所的费用约 200 元；到 1929 年 9 月后，可能是因为海婴出生，家中多了一口人，改由鲁迅每两个月向北京寓所寄 300 元，平均每月 150 元。北京寓所每月的支出约在 120 至 150 元之间，少数几个月超出 150 元，基本上每月有结余。至许羡苏交出账本，共结余了 1066.510 元。据俞芳的回忆，鲁迅离京前还留下一笔钱给宋子佩，以备母亲不时之需。

从账本看，鲁迅给北京寓所的两位女主人提供了较好的经济条件，她们的生活是宽裕的、安定的。除每月固定家用 110 元外，老太太每月有零用钱，开始是每月 5 元，后来逐步增加到 15 元、20 元。还每月订阅《世界日报》，并不定时订阅《顺天报》，前者是成舍我于 1925 年在北京创办的，后者是日本人在北京创办的中文报纸。可见，每天读报也是老太太的一个习惯。从家用账上所记的银钱来往看，

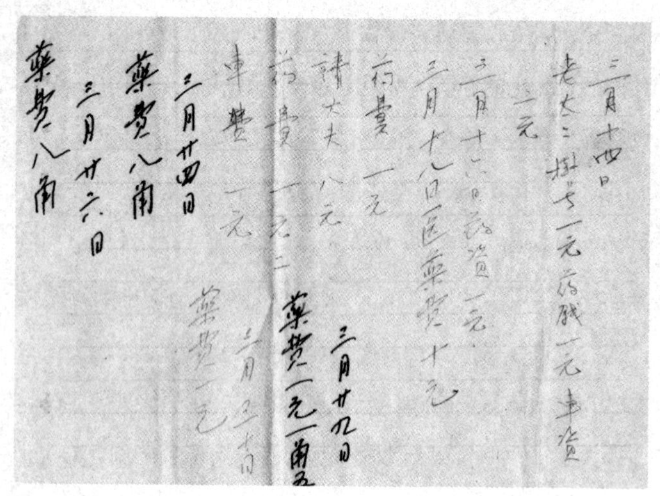
三月十四日
老太太掛号一元 藥錢一元 車資
一元
三月十六日 診資一元
三月十八日 医藥費十元
藥費 一元
請大夫 八元
藥費 一元二
車費 一元
三月[illegible]
藥費一元
三月廿九日
藥費一元一角五
三月廿四日
藥費八角
三月廿六日
藥費八角

朱安保存的鲁老太太的药费清单

这个家来往的客人不多，一般是鲁迅原来的朋友和学生，如送许寿裳的内兄沈仁山礼十余元，送吴曙天婚礼礼金 1 元等，但随着鲁迅离开北京时间长了，这方面的来往在账本中也就很少见了。两位女主人来往较多的主要还是周、朱两家的亲戚，如周家亲戚阮和孙、车耕南，朱安的兄弟朱可民（即朱可铭）等。

家用账上有关于朱安的个人支出，主要有这么三项：其一是每月的零用钱，先是 5 元，后来增加到 10 元。其二是药费开支，这期间朱安身体基本健康，没有什么大病，仅在 1927 年 5 月、10 月有大太太在山本医院看病的记录，以及她购买保背丸、仁丹、泻药的一些费用记载。其三是与朱可铭的来往，朱可铭这时经济拮据，曾于 1927 年和 1929 年两次向西三条借款，分别为 40 元和 50 元，账本中也有他分两次还款共计 40 元的记录。1928 年 11 月 22 日，收入要目中记载，收到朱可民给大太太的礼金 10 元，这在当时是一份大礼，账本中没有写明是什么礼，有研究者认为这是朱安五十寿诞的贺礼。从账本上所反映的朱安的生活来看，她的生活是平静的，除与娘家人的往来，一般没有特别的开销。

第三阶段的家用账，时间跨度为五年零十个月。俞芳曾说到这个家的开支情况："大先生除供应大师母的全部生活费外，每月还给她零用钱十元。一九三二年十一月后，因为大师母的身体常觉不适，要加强些营养，零用钱每月加到十五元（太师母的零用钱每月二十元，没有加过）。此外京寓家用钱每月一百元，全由大师母当家开支。账目一度（1930 年至 1935 年 7 月）由我登记，我每星期代她记一次账。"

这一时期鲁迅每月支付费用从 150 元改为 100 元，可能因为许羡苏离开了西三条寓所，家中仅婆媳二人的缘故。从账本看，最初是从邮局提取汇款，自 1932 年 7 月起基本上由北新书局支付鲁迅版税作为北京寓所的家用。从每月的收入和支出看，这 100 元基本够用，但也不像过去那么富

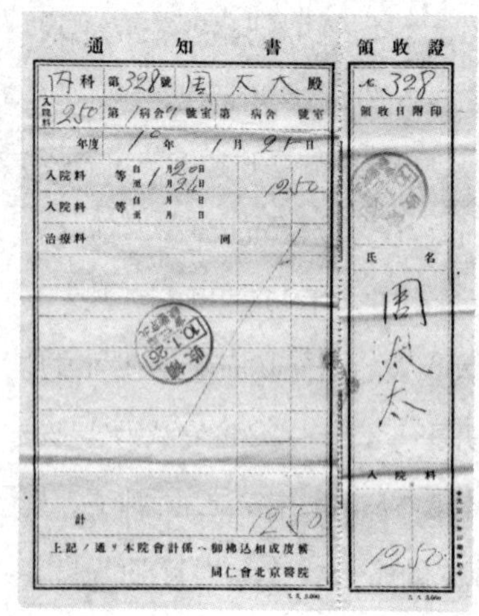

通知書

内科 第328號 周太太 殿

入院料 250 第1病舍9號室 第 病舍 號室

年度 10年 1月21日

入院料 等 自1月20日 至1月21日 12.50

入院料 等 自 月 日 至 月 日

治療料 回

計 12.50

上記ノ通リ本院會計係ヘ御拂込相成度候

同仁會北京醫院

領收證

№328

領收日附印

氏名

周太太

入院料

12.50

朱安保存的药费单据

裕，因为此时鲁老太太年纪也大了，医药费、女工费就是一笔不小的开销。

鲁迅一人负担两处家庭，其为难之处也不少，偶尔也会发点牢骚。如 1933 年 7 月致母亲的信里写道："前一信也收到了。家中既可没有问题，甚好，其实以现在生活之艰难，家中历来之生活法，也还要算是中上，倘还不能相谅，大惊小怪，那真是使人为难了。现既特雇一人，专门伏待[①]，就这样试试再看罢。男一切如常，但因平日多讲话，

① 服侍。

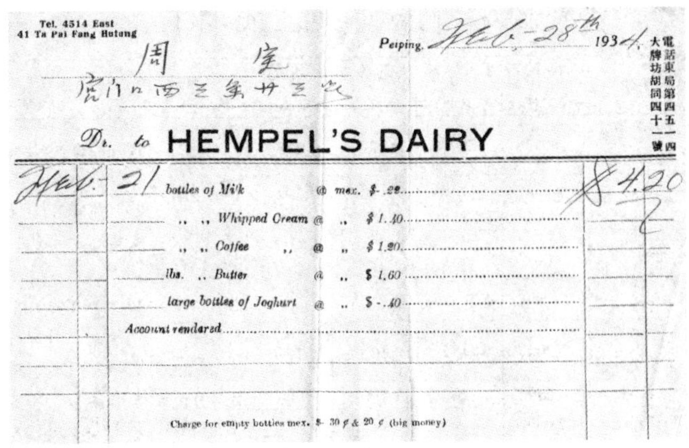

Tel. 4514 East
41 Ta Pai Fang Hutung

Peiping, Feb. 28th 1934

電話東局第四五一四
大牌坊胡同四十一號

周宅

Dr. to **HEMPEL'S DAIRY**

Feb. 21 bottles of Milk @ mex. $-.20 .... $4.20
,, ,, Whipped Cream @ ,, $1.40 ....
,, ,, Coffee ,, @ ,, $1.20 ....
lbs. ,, Butter @ ,, $1.60 ....
large bottles of Joghurt @ ,, $-.40 ....
Account rendered ....

Charge for empty bottles mex. $- 30 ¢ & 20 ¢ (big money)

乳品店收据，1934 年

毫不客气，所以怀恨者颇多，现在不大走出外面去，只在寓里看看书，但也仍做文章，因为这是吃饭所必需，无法停止也，然而因此又会遇到危险，真是无法可想。”① 在 1934 年 8 月 12 日给母亲的信中又提到：“老三是好的，但他公司里的办公时间太长，所以颇吃力。所得的薪水，好像每月也被八道湾逼去一大半，而上海物价，每月只是贵起来，因此生活也颇窘的。不过这些事他决不肯对别人说，只有他自己知道。男现只每星期六请他吃饭并代付两个孩子的学费，

① 鲁迅：《1933 年 7 月 11 日鲁迅致母亲信》，见《鲁迅全集》，第 12 卷，418 页，北京，人民文学出版社，2005。

家用账统计（1926 年 9 月至 1935 年 12 月）

年份	本年收到款（元）	本年支出款（元）	月均收入（元）	月均支出（元）	记录者	支出要目
1926 年 9 至 12 月	887	724	222	181	许羡苏 结余款：1066.510	A.1926年9月至1929年10月：每月固定家用110元及其他零用项。 B.自1929年12月开始：每月固定家用100元，老太太零用20元、大太太零用10元（1932年11月后增加到15元）及其他零用项。
1927	2112	1639	176	137		
1928	1884	1588	157	132		
1929 至 1930 年 2 月	1906	2182	159	182		
1930 年 2 至 12 月	1200	1182	109	107	俞芳（至 1935 年 8 月开始字迹不同，系另一人所记）	
1931	1200	1200	100	100		
1932	1430	1350	119	112		
1933	1300	1300	108	108		
1934	1200	1177	100	98		
1935	1300	1330	108	110		
合计	14419	13672				
备注：精确到元						

此外什么都不帮，因为横竖他去献给八道湾，何苦来呢？八道湾是永远填不满的。”[1] 周建人经济不宽裕，八道湾周作人的家累也很重，因此，有时本该三兄弟分摊的费用，鲁迅一个人就负担了，还劝母亲不要去问八道湾要钱了，“省得淘气”。作为大家庭的长子，鲁迅的家庭责任感是很重的。

可以说，最后十年，鲁迅与朱安就是以这“家用账”

---

① 鲁迅：《1934 年 8 月 12 日鲁迅致母亲信》，见《鲁迅全集》，第 13 卷，196 页，北京，人民文学出版社，2005。

维持着彼此的关系。生活在北京的朱安，从鲁迅每月按时提供生活费这一点，感觉到自己没有被彻底舍弃，证明她对大先生的看法没有错——至少，大先生会维持她的生活。

本书最后附录了鲁迅亲自记录的家用账（见附录二），时间从农历癸亥年六月二十日至乙丑年十二月二十九日（即公历1923年8月2日至1926年2月11日）。原件共三册，35页，本色竹纸，开本为13厘米×16.5厘米；是用自制的纸绳装订的，每册封面上均写有“家用账”三字，并书明该册年份。[①]

家用账一开始就有这样的记载：“民国十二年旧历六月二十日迁居砖塔胡同六十一号。”自迁居到砖塔胡同后，鲁迅开始亲自记账，直到他离开北京。在家用账甲子六月初四日后，记有“以下失记”。这是公历的1924年7月5日，此时鲁迅正做赴西安讲学的准备，于7月7日离京赴西安，直到8月11日才返京。农历八月初一（即公历8月30日）又开始记他的家用账。

鲁迅亲自记录的这本家用账虽不像他的小说、杂文那样生动，但是，透过柴米油盐，透露出他们夫妇生活的丰富信息，从这枯燥琐碎的账目中，或许更能体会无爱婚姻的痛苦和悲哀。

---

① 叶淑穗：《家用账》，见《鲁迅研究资料》，第22期，3~19页，北京，中国文联出版公司，1989。

年月日		收入要目	收入總數	支出要目	支出總數	結存
24	1/10	北新支付	100.000	付家用	60.000	40.000
				付老太太零用	20.000	20.000
				付太太零用	10.000	10.000
				付兒藥	2.700	7.300
				付報費	1.000	6.300
	20	郵局提	50.000			56.300
		上年剩餘	43.000			99.300
				付太太醫藥費	110.000	-10.700
	2/10	北新	100.000	付家用	60.000	40.000
				付老太太零用	20.000	20.000
				付太太零用	10.000	10.000
				付兒藥	2.700	7.300
				付報費	1.000	6.300
				補上月虧空	10.700	-4.400
	3/10	北新	100.000	付家用	60.000	40.000
				付老太太	20.000	20.000
				付太太零	10.000	10.000
				付報費	1.000	9.000
	12			付兒藥	[illegible]	7.800

年月日		收入要目	收入總數	支出要目	支出總數	結存
19/2	20	許小姐轉	10.000	[illegible]	5.150	4.850
				世界報	.600	4.250
				郵票	.500	3.750
				房租	5.000	-1.250
	26			世界報	1.200	-2.450
				信紙郵票	1.000	-3.450
19/3	1	郵局提	100.000	家用	60.000	40.000
				老太太零用	20.000	20.000
				太太零用	10.000	10.000
				補上上虧空	3.450	6.550
	3			世界報	1.200	5.350
		郵局提	20.000	修房	20.000	5.350
	20			房租	5.000	.350
				藥費	1.850	-1.500
19/4	1	郵局提	100.000	家用	60.000	40.000
				老太太零用	20.000	20.000
				太太零用	10.000	10.000
19/4	25	郵局提	15.000	醫生費	5.400	19.600
				藥費	2.650	16.900

俞芳所记 1930 年家用账

书信——与上海的距离

日本学者增田涉[1]在他的回忆录《鲁迅的印象》中写道：

听说，鲁迅最初的夫人，在北京和他的母亲同住。因此，他每月都向北京寄送生活费。关于那位最初的夫人，他说过："因为是母亲娶来的，所以送给母亲了。"我开玩笑说："凯撒的东西还给凯撒。"他好像说"对呀"，点点头笑了。[2]

① 增田涉（1903—1977），日本汉学家。1929 年在东京帝国大学文学部中国文学科毕业。1931 年 3 月到上海，由内山完造介绍认识鲁迅。归国后，他将《中国小说史略》译成日文出版，并写作出版回忆录《鲁迅的印象》。

② 增田涉：《鲁迅的印象》，56 页，长沙，湖南人民出版社，1980。

增田涉1931年3月到上海，由内山完造介绍认识了鲁迅。从3月至12月，鲁迅每天下午抽出三四个小时向他讲解《中国小说史略》及自己的其他作品。大概就是这一时期，他们有了这样的对话。

鲁迅在闲谈中告诉增田涉，当他被北京段祺瑞政府通缉，在公使馆区的医院等地方忍着饥渴逃来逃去的时候，偶然也回到家里，家里人感到为难，叫他不要回家。这让增田涉产生一种想法，认为“那恐怕就是他决心舍掉家，进而决心舍掉妻子的缘故吧”。“被通缉的人就是政治犯（？），相信‘自己是正确的’鲁迅，却不容于自己的家人，在家里也像被追捕那样不能不离开，那时候家人对他的态度，不是对他的决心起着作用吗？……总之，当时我只能那样想。因而我解释他舍弃最初的夫人，或者‘舍弃也好’的心情是从此时产生的。”

姑不论增田涉的感觉是否准确，总之，借着爱的力量，鲁迅终于逃逸了，获救了，他终于挣脱了旧式婚姻的羁绊，把母亲的礼物还给了母亲。从他和日本友人的谈话中可以感觉到，他的语调是明快的，他的心情有说不出的轻松。1932年底他编成了《两地书》，里面收集了他和许广平自1925年至1929年间的往来书信，并在序言里写道：“回想六七年来，环绕我们的风波也可谓不少了，在不断的挣扎中，相助的也有，下石的也有，笑骂诬蔑的也有，但我们紧咬了牙关，却也已经挣扎着生活了六七年。其间，含沙射影者都逐渐自己没入更黑暗的处所去了，而好意的朋友也已有两个不在人间，就是漱园和柔石。我们以这一本书为自己记念，并以感谢好意的朋友，并且留赠我们的孩子，给将来知道我们所经历的真相，其实大致是如此的。”

《两地书》中的书信诚如他所言，“其中既没有死呀活呀的热情，也没有花呀月呀的佳句”，但是，里面的每一行文字都真实地记录着他和许广平之间的爱情。总之，他在上海的 10 年，有妻子、有孩子，拥有了平凡而温馨的家庭生活。在后期弟子们的回忆中，他的形象变得更为饱满，更为生动：他不仅是战士、作家，是他们敬仰的“先生”，同时也是一个细心体贴的丈夫，一个偶尔也会娇宠孩子的父亲，一个幽默慈祥的老头儿……相比于朱安时期，许广平时期的鲁迅，在心态上更为从容自由，从精神状态到外观形象都不可同日而语。

而在遥远的北平，西三条寓所，朱安从此与婆婆相伴，默默地度着她的余生。她一如既往地侍奉着婆婆，手脚依旧勤快，态度依旧恭敬，可是她的神情更加委顿了。从俞芳的回忆可知，她对自己的处境是很清楚的，她知道这次自己是跌到了谷底，再也爬不起来了。她只能怅然地接受现实，

鲁迅1933年5月1日摄于上海，他身上所穿毛衣为许广平亲手织就

至少，婆婆还是需要她照顾的，还维护着她这个周家的长媳。这一辈子也只有婆婆对她不离不弃，认她是周家的人，一直把她带在身边。另一方面，她也看到，婆婆晚年也忍受着同长子分居之苦，这其中很大一部分也是因为自己吧？

对住在西三条的婆媳俩来说，一个月中最高兴的是收到大先生的来信，知道他最近在忙些什么，身体怎样，孩子怎样……自鲁迅1926年离京后，十年间只有两次北平之行，一次是1929年5月，另一次是1932年11月他接到母亲病重的电报。两次都是独自一人北上，且都来去匆匆。鲁迅和母亲感情甚笃，可是十年间他们母子一共只有两次短暂的团聚，平日的联系全靠书信来维持。这些通信的数量很可观，平均下来，鲁迅和母亲之间的通信每月少则一封，多则两三封。通过一封封书信，这一对母子交流着北京和上海的情况，也互诉着思念之情。

当然，鲁老太太的信都是请人代笔的。鲁迅临行前，虽然旁边就有老二周作人一家，但他还是对于京寓的生活做了周到的安排。宋琳[①]作为鲁迅的学生和老友，一直关照着鲁迅在北平的家属，有时也会代写书信。许羡苏则有较长一段时期住在西三条代为管理家中事务。许羡苏，即鲁迅日记中的“淑卿”，据日记所载，鲁迅从1926年8月离京，到许羡苏1930年3月离京，这三年半时间，共给许羡苏写了155封信，许羡苏给鲁迅写信也有百余封。许羡苏与鲁迅的通信数量之多曾引起了一些人的猜测，感觉他们关系非同一般，其实当时鲁迅与母亲的通信大都是由她代写代转的，

① 宋琳（1887—1952），字子佩，浙江绍兴人，是鲁迅在绍兴府中学堂任教时的学生，又曾在绍兴府中学堂做过同事。绍兴光复后参加《越铎日报》工作，后办《民兴日报》《天觉报》。1913年到北京，由鲁迅介绍入京师图书馆分馆，有一段时间任北京第一监狱教诲师。1949年后宋琳仍然在北京图书馆工作，于1952年去世。

多数是家信，有这么多通信并不很奇怪。可惜的是，这批信件不知所终了。据她本人回忆，鲁迅 1929 年底探亲回沪后不久，适逢大名河北第五女师缺少教员，一位同学邀她同去，于是她离开了北京[①]。临行前，她把鲁迅的来信，捆成一包交给了朱氏，以备有事要查查。但这批书信没有保存下来，1949 年后她在整理故居的时候，在朱氏箱内，并没找到。许羡苏与鲁迅之间的通信就这样遗失了，她的离开，又是在鲁迅 1929 年回到北京，向家人坦白了他与许广平同居的事实之后。这使得许羡苏与鲁迅的关系多了一层神秘感，有人认为，这批书信的下落很蹊跷，甚至认为“可能至今仍在世上……希望有朝一日它们终于会被公布于世”[②]。

许羡苏走后，代写书信的事，鲁老太太找了俞芳来帮忙，1930 年 3 月 12 日鲁迅日记：“上午得俞芳信，代母亲写。”俞芳代笔替鲁老太太写信，直至 1935 年 6 月她离开北平，到杭州工作为止。当然，有时俞家姐妹可能没空，老太太也只好请其他人代笔了。

鲁迅写给母亲的信，完全按照传统格式，口气十分恭

---

① 许羡苏去河北教书后，不久与同校教师余沛华结婚。1931 年去浙江萧山、杭州教书。1932 年初在上海小住，同年 4 月去成都。

② 南江秀一：《关于许羡苏的几点思索》，载《书城》，1994（11），43~45 页。

朱安和俞家二姐妹合影

敬，让我们想到鲁瑞出身书香门第，曾经也是一个大家闺秀。母亲给鲁迅的信现已不存，但据俞芳回忆，开头称呼是“豫才”，署名则是“母”。鲁迅给母亲的信，内容一般是报告自己的近况，周建人的近况，以及许广平和海婴母子的情况等。以下是 1932 年 7 月 2 日他写给母亲的信：

母亲大人膝下敬禀者，顷接到六月二十六日来信，敬悉一切。海婴现已全愈，且又胖起来，与生病以前相差无几，但还在吃粥，明后天就要给他吃饭了。他很喜欢玩耍，日前给他买了一套孩子玩的木匠家生，所以现在天天在敲钉，不过不久就要玩厌的。近来也常常领他到公园去，因为在家里也实在闹得令人心烦。附上照片一张，是我们寓所附近之处，房屋均已修好，已经看不出战事的痕迹来，站在中间的是害马抱着海婴，但因为照得太小，所以看不清楚了。上海已逐渐暖热，霍乱曾大流行，现已较少，大约从此可以消灭下去。男及害马均安好，请勿念。老三已经回到上海，下半年去否未定，男则以为如别处有事可做，总以不去为是，因为现在的学校，几乎没有一个可以安稳教书吃饭也。专此布达，恭请

金安。

男树 叩上 害马及海婴随叩 七月二日

他的每封信里总不忘汇报海婴的近况，因为他知道母亲很爱自己的孙子，很关心他的成长。当然，他也知道，“某太太”一定也会在一旁，默默地听人家读他的来信。除了书信外，鲁迅有时也会寄去海婴的照片，以慰藉老人家思念的心。而上海这边也时常收到从北京寄来的土特产，如酱鸭、

朱安与周家三姐妹合影。周作人和羽太信子有女儿静子和若子，周建人与羽太芳子育有一女鞠子。周若子于1929年11月病故，年仅15岁。此照当摄于1929年11月之前

干菜等，还有特意买给孙儿的衣服等。有时因为路途遥远，寄来的食物都霉掉了。

在上海的近十年间，鲁迅从没有给朱安写过信。只有一回，他在信里提到“太太来信”：“十六日函中，并附有太太来信，言可铭之第二子，在上海作事，力不能堪，且多病，拟招至京寓，一面觅事，问男意见如何。可铭之子，三人均在沪，其第三子由老三荐入印刷厂中，第二子亦曾力为设法，但终无结果。男为生活计，只能漂浮于外，毫无恒产，

真所谓做一日，算一日，对于自己，且不能知明日之办法，京寓离开已久，更无从知道详情及将来，所以此等事情，可请太太自行酌定，男并无意见，且亦无从有何主张也。以上乞转告为祷。”①

不知出于何种考虑，朱安于1934年5月16日给鲁迅写信，提出欲将内侄招至京寓做养子。据朱吉人后来回忆，其实朱安想要招的养子是他，因为那时朱积功已经去世。朱安离开绍兴时，朱吉人年仅7岁，姑侄感情很好，关系甚密，因此姑母希望他能去做伴。过着寂寞生活的朱安，产生这样的想法也很自然。鲁迅并没有直接回信答复她，只是让母亲转达他的意见：“京寓离开已久，更无从知道详情及将来，所以此等事情，可请太太自行酌定，男并无意见，且亦无从有何主张也。”其不赞成的态度显而易见。

不过，无论是在北京，还是在上海期间，对于朱家人，一般而言，鲁迅都是以礼相待、能帮则帮的。也许，这是唯一让朱安感到安慰的地方。

1914年，朱安的远房兄弟朱舜丞来到北京，鲁迅就热心接待了他。对朱舜丞的情况，我们所知甚少，估计1914

① 鲁迅：《1934年5月29日鲁迅致母亲信》，见《鲁迅全集》，第13卷，128页，北京，人民文学出版社，2005。

1933 年全家合影

年他在北京求学或因事逗留，鲁迅日记中有时也写作朱舜臣。1914 年 2 月 7 日，鲁迅收到朱舜丞来函并馅儿饼一盘，此后朱舜丞曾多次拜访鲁迅，鲁迅还请他吃过饭，4 月 15 日鲁迅日记："朱舜丞及其弟来，邀往便宜坊饭。"5 月 30 日，鲁迅和同事吃饭，把朱舜丞也一起带上了："晚常毅箴招饮其寓，同席徐吉轩、齐寿山、许季上、戴芦舲、祁柏冈、朱舜丞，九时归邑馆。"朱舜丞也和鲁迅有过几次通信，8 月 30 日的日记中记载："晚得朱舜丞来函假去四元。不甚愉，似伤风，夜服金鸡那小丸两粒。”不知朱舜丞借去四元是否用作回乡的路费？从这以后，他的日记中再也没有提到朱舜丞的事。

1919年底鲁迅全家迁居北京后，朱家由朱可铭出面写信，而朱安给弟弟的回信则是由鲁迅出面回复的，故他的日记中常有“得朱可铭来信”及“寄朱可铭信”的记载。1920年9月和1921年9月，朱可铭曾两次到北京看望姐姐。从鲁迅日记所记载的他的行踪，有时去了“许州”，有时又在“东阳”，看来，他也跟他的父亲一样，为了谋生而到处奔波。北京时期，鲁迅日记里有两次汇款的记载：一次是1924年9月2日“寄朱可民信并泉五十”。还有一次是1925年11月13日“下午寄朱宅贺礼泉十元”。1925年11月可能是朱安母亲做寿，因此寄上礼金。

1930年前后，朱家的境况进一步恶化。如前所述，1922年，朱安家的老宅已经卖掉了，只能在别处租房子住，可见此时朱可铭的境况已经很惨淡。朱可铭生有四子一女，长子朱吉人（又名朱积成、朱稷臣，1912—1995）；第二子朱积功（1915—1933？）；第三子朱积厚，生卒年不详；第四子朱积金（1923—1994）；女儿朱晚珍（1930— ）。[①]据

① 杨志华：《关于朱可铭及朱氏兄弟》，载《鲁迅研究动态》，1988（11），65~66页。

朱吉人后来回忆，他们全家当时处境十分艰难，兄弟几个不得不放弃学业到上海谋生。

1926年，朱吉人15岁时，因家庭经济困难停学，由母亲托亲友介绍准备到上海当学徒。当时，二弟在杭州浙江省立第五中学读书，三弟在县二小学读书，四弟未入学，妹年幼，家庭老少八口生活困难，想求鲁迅帮助，终因难以启齿而未果。

1931年，朱可铭在绍病故。朱吉人学徒还没满师，二弟学费发生困难，于是通过姑母朱安，请周建人（当时在上海商务印书馆工作）帮助解决二弟学费直至中学毕业。

1932年，祖母中风去世。同年满师后，工资收入难以维持家计，只得央求华洋袜厂老板照顾二弟朱积功到上海，在厂内栖身谋职，并通过周建人设法，等候商务印书馆招收练习生。不料，经考试落选，二弟抱病回绍，忧郁病故。周建人后来介绍他的三弟朱积厚到民友印书社等处工作。[1]

朱可铭患病及病故后，朱家的家政就由长子朱吉人主持。朱家与周家的通信也就理所当然地由他继续，《鲁迅日记》1930年9月至1931年6月间，鲁迅与朱家的礼仪交

① 杨志华：《朱吉人与朱安及鲁迅》，载《上海鲁迅研究》，1991（1），4页。

朱吉后，即朱积厚，朱可铭的第三子。此照系朱安遗物

往与经济援助等记载有六次，都是朱吉人出面，遗憾的是，这些信件现均无保存。从鲁迅日记中，可以看到他曾在朱家有困难时，多次汇款予以援助：

〔1930年9月〕六日……托三弟由商务印书馆汇绍兴朱积成泉百。

〔1931年5月〕二十八日　晴。午后得朱稷臣信，言其父（可铭）于阴历四月初十日去世。

二十九日 晴。上午由中国银行汇朱稷臣泉一百。

〔1932 年 12 月〕二十九日……上午寄绍兴泉八十。

〔1933 年 1 月〕三十一日……下午寄绍兴泉五十。

鲁迅寄给朱家的钱款，大多是出于礼节性的，但也体现了一种亲情。1931 年 5 月，朱可铭才 50 岁出头，就因病去世了。在这前后，鲁迅两次寄到绍兴 100 元。1932 年、1933 年的汇款可能是因为朱安母亲病重及去世。对此，朱家也是很感激的，曾多次寄赠绍兴的土特产，以示答谢。鲁迅日记中多次记载：“朱稷臣赠鱼干一篓，笋干及干菜一篓，由三弟转交。”“下午得绍兴朱宅所寄赠糟鸡、笋干共一篓。”“朱可铭夫人寄赠酱鸭二只，鱼干一尾。”

1936 年他在病后写下《“这也是生活”》一文，开头提到一个亲戚的孩子：

我有一个亲戚的孩子，高中毕了业，却只好到袜厂里去做学徒，心情已经很不快活的了，而工作又很繁重，几乎一年到头，并无休息。他是好高的，不肯偷懒，支持了一年多。有一天，忽然坐倒了，对他的哥哥道：“我一点力气也没有了。”

他从此就站不起来，送回家里，躺着，不想饮食，不想动弹，不想言语，请了耶稣教堂的医生来看，说是全体什么病也没有，然而全体都疲乏了。也没有什么法子治。自然，连接而来的是静静的死。

这个孩子就是老二朱积功，朱积功曾给鲁迅写过信，据熟悉朱家情况的陈文焕说，其实朱积功生的是肝炎。朱吉人回忆这早逝的弟弟，说他“会读书，鲁迅有学费汇寄给他，可惜年纪轻轻就得痨病死在绍兴”。对这个年轻人的死，鲁迅有一种惋惜。朱吉人还提到：“姑母对我们内侄很好，但有自卑感，她常嘱咐我们尽量不要去找鲁迅的麻烦。周建人在上海商务印书馆当编辑，姑母和我有了要紧事，都是通过他同鲁迅联系的。”因为两人关系不好，朱安希望娘家人不要总去打扰鲁迅。而在鲁迅这方面，虽然对她没有感情，后来也不跟她生活在一起，但毕竟是一家人，朱家有什么事情，他能出力的就尽量出力，并不袖手旁观。

悲伤——鲁迅去世

1936年10月19日凌晨5时许，鲁迅在上海溘然长逝，年仅56岁。临终前，守护在他身边的只有许广平、周建人和一个日本看护妇。上海的各家报纸于当日纷纷报道了“中国文坛巨星陨落”的消息，北平西三条的家里，也很快得知了这一噩耗。对此，周作人曾有如下回忆：

> 她虽是疼爱她的儿子，但也能够坚忍，在什么必要的时候。我还记得在鲁迅去世的那时候，上海来电报通知我，等我去告诉她知道，我一时觉得没有办法，便往北平图书馆找宋子佩，先告诉了他，要他一同前去。去了觉得不好就说，就那么经过了好些工夫，这才把要说的话说了出来，看情形没有什么，两个人才放了心。她却说道：“我早有点料到了，你们两个人同

来，不像是寻常的事情，而且是那样迟延尽管说些不要紧的话，愈加叫我猜着是为老大的事来的了。”①

周作人接到电报后，曾踌躇再三，不知如何告诉老母亲。那么，周作人是哪一天接到电报的？鲁瑞和朱安婆媳二人是什么时候知道的？这原本不需要特别追究或考证，但有些研究者言之凿凿地说朱安 22 日才得知此事，还有人绘声绘色地说是朱安先知道消息，担心婆婆受不了过大的打击，因此强忍悲痛，悄悄地藏匿家中的报纸云云，这恐怕有很大的想象的成分，与事实有些出入。

据 10 月 20 日《世界日报》的报道："记者首访周作人于苦雨斋，经述来意后，周即戚然谓：诚然先兄逝世消息，余于今日八时许已接三弟建人电告矣。电中并嘱老母年事已高，最好不使之闻悉，余接电后，因往商同乡宋琳君（宋现任北平图书馆会计），以凶信终难隐瞒，遂托宋持电往告，老母闻此噩耗，私衷之悲痛可知也。”虽然这是 20 日的报纸，但一般而言，记者应当是在前一天采访了当事人，这样才来得及发稿。又据 10 月 21 日《北平晨报》："鲁迅的死，

① 周作人：《知堂回想录》，596 页，九龙，香港三育图书文具公司，1970。

在当日由他的弟弟周建人（现任商务印书馆编辑）给这里打的电报……”这里说的就更明确了。因此，实际情况是，周作人于 19 日当天就接到了电报，并于当天找了与鲁迅一家关系密切的宋琳一同前往西三条，通报了大哥去世的消息。也就是说，婆媳二人在鲁迅逝世的当天就得知了这一噩耗。根据许寿裳的回忆，他也是在 19 号上午就接到了鲁迅去世的电报。可见，鲁迅去世的消息从上海传到北平并不需要两

陶元庆画的鲁迅像，鲁迅去世后，西三条的灵堂前供奉着这幅画像

三天这么久。

鲁迅的葬礼在上海举行，由蔡元培、宋庆龄、内山完造等组成了“鲁迅先生治丧委员会”，他的遗体于去世当日下午被移送到万国殡仪馆，设立灵堂。自20日至22日，各界人士前来瞻仰鲁迅遗容，22日下午，成千上万人组成的送葬队伍目送他的灵柩被运送到万国公墓，徐徐落葬。

北平方面，在西三条的家里，自20日起也设立了灵堂，接待前来吊唁的亲朋好友。客人们看到，南屋客厅的墙上，挂着陶元庆画的鲁迅的肖像，肖像下方是一张书案，上面供着文房用具、香烟、点心等，都是鲁迅生前喜爱的东西。朱安一身素服，点燃香火，在袅袅青烟中，祭奠丈夫的在天之灵……

鲁迅的去世，对婆媳二人都是个沉重的打击。当时在北平的鲁迅的亲友许寿裳、寿洙邻、孙伏园、沈兼士、马幼渔、曹靖华、朱自清等都曾以各种方式吊唁，或特意登门慰问两位老人。据孙伏园回忆，21日他到北京，22日就去西三条。他看见鲁迅先生的客厅里原来挂着陶元庆先生所作的木炭画像，似乎略移到了居中一点；在这画像前供了一张书案，上有清茶烟卷文具等。他和三弟春苔（即孙福熙）在灵前行礼后，由周太太（即朱安）陪着到上房见周老太太（即鲁迅母亲），老太太自然不免悲戚，见到他，伤心地感叹：

北京西三条鲁迅故居中的客厅兼藏书室，鲁迅去世后，在这里设立了灵堂

“论寿，五十六岁也不算短了；只是我的寿太长了些；譬如我去年死了，今年不是甚么也不知道了么？”而朱安凄楚的神情，也深深地感动了客人们。[1]

寿洙邻是三味书屋塾师寿镜吾的次子，1914 年来到北京，曾在平政院任记录科主任兼文牍科办事书记。鲁迅去世后，他和妻子常去安慰她们。他看到，“朱夫人祭鲁迅，必

① 孙伏园：《鲁迅先生二三事》，8 页，长沙，湖南人民出版社，1980。

特具一肴，用白薯蓣切片，鸡蛋和面粉涂之加油炸熟，为鲁迅生平所嗜，因称之为鲁迅饼云”[①]。虽然朱安不了解鲁迅是个怎样非凡的人，更无法了解鲁迅的事业，但是，她用她自己的方式表达着心底的那一份情意。

宋琳的儿子宋舒也去西三条看望了太师母，看见她们俩眼是红红的，但没有眼泪，虽然心里很难过，但还是微笑着。他们说到鲁迅，她说：“大先生所以死得这样早，都是因为太劳苦，又好生气，他骂人虽然骂得很厉害，但是都是人家去惹他的。他在未写骂人的文章以前，自己已气得死去活来，所以他实在是气极了才骂人的。”[②]知子莫若母，鲁老太太的爱子之情溢于言表。

由于鲁迅的去世，平日少有客人的西三条二十一号寓所，突然访客不断，记者们也接踵而至。长年累月地生活在几乎与外界隔绝的天地中的朱安，她悲戚的表情，给所有来吊唁的人留下了极深的印象，而她的名字和形象亦首次出现在了北平、南京等地的报纸上。

北平《世界日报》的记者较早得到鲁迅去世的消息，

---

① 寿洙邻：《我也谈谈鲁迅的故事》，见《鲁迅回忆录·散篇》（上册），9页，北京，北京出版社，1999。

② 宋舒：《鲁迅的母亲说“鲁迅是气极了才骂人的”》，载《鲁迅研究月刊》，1992（7），1页。

于19号当天就去八道湾采访了周作人，之后又来到西三条，见到了朱安。次日，刊登了《周夫人述悲怀》的报道：

> 朱女士年已届五十八岁，老态龙钟，发髻已结白绳，眼泪盈眶，哀痛之情流露无遗。记者略事寒暄后，朱女士即操绍兴语谈前两周尚接其（即指鲁迅）由沪来信，索取书籍，并谓近来身体渐趋痊复，热度亦退，已停止注射，前四日又来信谓体气益好，不料吾人正欣慰间，今晨突接噩耗，万分怨痛，本人本拟即日南下奔丧，但因阿姑年逾八旬，残年风烛，聆此消息，当更伤心，扶持之役，责无旁贷，事实上又难成行，真使人莫知所措也。记者以朱女士伤感过度，精神不佳，不敢过事长谈，遂即兴辞。

从这篇报道看，朱安也曾打算南下奔丧。从她的思想来说，丈夫去世，本应她这个“正室”亲自出面料理丧事，可事实上又很难做到，因此她也一时觉得“莫知所措”，感到十分为难。据许广平回忆，鲁老太太虽说刚听到噩耗的时候表现得很镇静，不怎么哭，“但之后不会走路，寸步都需要扶持”。婆婆年高体弱，去上海自然是不现实的。

南京《新民报》的记者于19日晚上来到西三条，见到了朱安，次日刊登了《鲁迅在平家属访问记》的报道：

……记者由周作人先生那里出来后，就跑到宫门口三条去访问鲁迅的母亲周老太太和他的原配夫人，经叩门后，有三个女仆出应，并隔门问："谁？""找谁？""什么事？"记者当如问作答，她们在里边窃窃私语，仍然有些不大相信，本来在夜晚住在僻静的深巷子里，突然来个陌生的人叩门难免不使她们怀疑！

后来鲁迅夫人出来，经记者再三地解释来的意思，方行开门，由女仆执灯请记者到客厅里坐，鲁迅夫人这时候就进去禀告她的母亲。客厅的陈设，很简单，当中有方桌一，上还放着些余剩的菜饭，里面显得有些零乱，靠墙的四周，放置着四个大书柜，里面以线装居多，有部在外面写着是：《金石萃编》，其余都是带套的线装书，属于哪一类的不得而知。另外日文和西文也有，不过没有线装书多。据他的夫人说："这些书都是大先生（即鲁迅，在兄弟中他是大哥）的，他用着的时候，就来信要，由这里给他寄去，不用的时候，他仍寄到这里。"

在东面的墙壁上，悬着画家陶元庆（陶思瑾的哥哥）给鲁迅在北平的时候（一九二六）画的一张炭画像，长约二尺，宽有一尺，鲁迅先生穿的西服，面貌仍然是那么瘦瘦的，记者本来想找张鲁迅先生的照片，而这张画像又是轰动一时的已故去的画家陶元庆的手笔，当时喜欢得了不得，但后来据他的夫人说，她预备在今天用那张画像设灵位祭奠，因为鲁迅先生大的相片，只有那一张，所以记者只好打消原来的念头。有二十分钟的时候，鲁迅夫人从北屋里走出来，拿给记者两张鲁迅先生较近的照片。

鲁迅夫人的身材很矮，她脸色很清癯，眼睛里永是流露着极感伤的神态，上身着的是咖啡色带白花的短夹袄，青裤，白鞋白袜扎腿，头上挽着个小髻，也用白的头绳束着，坐下以后，有女仆自内执一水烟袋相进，她一边吸着，一边就开始她的谈话，她是浙江绍兴人，和鲁迅先生同县。她来北平已十四年，起初在八道湾那里住，后来才搬到这里，她和鲁迅已有四年没有见面，不过在每个星期中，他总有信给她。关于鲁迅先生的病状，在一礼拜前曾接到他的来信，说有两个大夫给他医治，情形很好，胃口恢复了常态，身体也较前见胖，没想到竟这么快地就故去。说到这里她的声音变得很低，略带些哽咽，悲怆得几乎说不出话来。中间略微地停顿了一回，她又继续着说，鲁迅在教育部任佥事时，身体很好，从那以后，因为写东西用心过度，就转成一种心脏病，不想竟终于不可挽救。关于后事，她这里还没有什么打算，完全由他三弟周建人在上海就近办理，她不预备到上海去，因为她母亲在这里，今年已八十岁，处处都需人照顾，不能离开，同时去上海也没有多大的用处。记者因为谈话已有半点钟的时间，乃起而辞别，她最后很客气地说："谢谢你！他死了你们还要给他传名！"

西三条21号是个小四合院，北屋三间是婆媳俩起居的地方，灵堂则设在南屋的客房。鲁老太太大约是过度伤心，各家记者上门，她都没有露面。朱安和记者谈了半小时，向记者讲述了鲁迅去世前的情况。对于是否去上海出面办理丧事一事，她明确表示婆婆年事已高，需要自己在身旁照顾，因此她不预备到上海去……毋庸置疑，她向记者讲述这些的时候，心头定然萦绕着万般复杂的心绪。在她请人代笔写给周建人的信里，写道："皓电遥贲，骇悉汝大兄於皓晨竟率而长逝，一生辛苦如是作终，缅怀旧事痛不欲生，遂拟只身南下一瞻遗容，然后相从地下而符唱随之，训乃名方责以大义。谓先夫虽殁，堂上健在，风烛之年赖人扶持，倘斤斤小节反致覆盆之讥。"这虽是请人代笔，但反映了她真实的心理。她知道自己应该识大体，顾大局，不能因为自己“斤斤计较”而被旁人看鲁迅的笑话。

《北平晨报》的记者“介夫”于20日一大早跑到了西三条寓所，访问鲁迅遗属。21日的《北平晨报》刊登了《中国名作家鲁迅夫人访问记》的报道：

> 昨天的早晨，没有风，秋阳照着这熙攘的街市，车马仍像往日那样地飞跑着，可是在这古城中，每个人的面孔都含着一种忧戚的表情在注视着报纸刊载着这种不幸的消息。当笔者走到了宫门口三条二十一号时，门前有许多的人在谈论着这不幸的消息，因为过去他们不知道这伟大的作家的家就是在这里的啊。这院子倒并不怎么大，三间北屋住着鲁迅母亲和他的原配夫人，三间南屋那就是鲁迅昔日在平居住写作的屋子，四周的书柜里，装满了线装的书籍和些中日文的书。昨天这里便成了致祭的地方。在东边的墙壁上，挂着一张长约二尺、宽有一尺的画像，据说这是陶元庆于一九二六年鲁迅在平时给画的。面貌仍是那么清癯，前面一个长桌上摆着祭品，屋里充满了肃穆的气氛，使我沉默了有好久。鲁迅的夫人面貌也是清癯得很，看年纪已有半百开外了，穿着白鞋白袜，并用白带扎

着腿，头上挽着一个小髻，也用白绳束着。

当笔者首先致了一番慰唁之辞后，她便流露着极其伤感的神色，说道，“周先生逝世情形，已志各报。关于北平家族的方面，现在并没有什么意见，因为上海有许多的友好，为他办理一切的，这里他的母亲已是八十岁了，总是需人服侍着，所以一时我也不能动身赴沪！”她是绍兴人，和周先生同县，民国二年[①]结的婚，来到北平已有十四年之久了，和鲁迅有三年多没有见面，在他谈到这里时，恰巧他的令弟知堂老人也在这里，于是笔者为要知道一些有关鲁迅先生别的事情，便向他去探询一切。……

此外，在11月1日的《实报》半月刊上，登载了鲁迅母亲与朱安的合影照及朱安守灵的单人照。以上这些报道，表达了民众对鲁迅家属的关切，真实地记录了朱安的悲痛。记者们眼里的朱安，是个在发髻上扎着白头绳的瘦小的老妇人，她一遍遍地用哽咽的语调向记者介绍鲁迅去世前后的情况，对鲁迅的死，流露出无限的伤感。虽然作为旧式夫人，在过去流逝的岁月里，她一天也没有得到过丈夫的爱，他

① 这里报道有误，应该是光绪三十二年（1906）。

们之间有着无法填补的鸿沟，但她始终留意着丈夫的情况，对他的每一封来信都记得清清楚楚。在外人面前，她也没有吐露一丝一毫的怨言，更没有任何的失态，体现了传统女性“温柔敦厚”的一面。

鲁迅去世后，西三条这方面也曾希望许广平能回到北京，一起生活。

鲁迅去世这一年，许广平 38 岁，而爱子海婴年仅 7 岁。在他临终前一个月写的《死》这篇文章中，留下了一份不是

鲁瑞与朱安。照片原载 1936 年 11 月 1 日《实报》半月刊第二卷第二期，并有说明“在平故居之鲁迅老母鲁氏”与“鲁迅原配妻朱氏”

朱安守灵照。照片原载1936年11月1日《实报》半月刊第二卷第二期，并有说明“鲁迅北平故居之书室现已改为灵堂矣”。

遗嘱的遗嘱，其中有两条，可以视为他对于家人的叮嘱，其一是“忘记我，管自己生活”；其二是“孩子长大，倘无才能，可寻点小事情过活，万不可去做空头文学家或美术家”。可见，他也曾考虑过，万一自己不在人世后，妻儿该怎么生活。当然，他心中的妻子，是许广平。

在鲁迅去世后，朱安给周建人写去了一封信，主要内容就是希望许广平去北京：[1]

① 《1936年10月朱安致周建人信》，北京鲁迅博物馆藏。

三弟台览：

……堂上垂耄，横遭此祸，悲恸异常，抒解大难，况嫂素拙言辞，益感无措，幸车姑太太及和森表伯相继莅平，多方劝解，始能勉抑悲哀。然念“五七”之期，又复痛哭不置，嫂进退维谷，乃思许妹及海婴为堂上素所钟爱，倘肯莅平朝夕随侍，庶可上慰慈怀，亦即下安逝者。再四思维乃挽同和森表伯商明，二弟即托我弟代陈许妹择期整装，早日归来。动身有日，先行示知，嫂当扫径相迓，决不能使稍受委曲。至若居处，拟添租东院（傅承浚之房），或西院（和森表伯所租之房），或住嫂之房，余再腾他处，至一切什物自必代备，总之许妹与余同一宗旨同一境遇，同甘共苦扶持堂上，教养遗孤，以慰在天之灵，是余肝膈之要用，特竭诚相告也。倘许妹尚有踌躇，尽请提示条件，嫂无不接受，敢请三弟为我保证。申上之事多赖代劳照管，可免嫂辈远顾之忧。特此顺颂

安康

嫂字

（1936年10月）

朱安此信，并不是直接写给许广平的，而是通过周建人，希望“许妹择期整装，早日归来”。她与许广平姐妹相称，俨然以鲁迅正室自居，这反映了朱安的旧式思维。我们不知道许广平是否有过答复，可以想见，作为一个现代女性，她是无论如何也不能接受这样的安排的，更不愿意把自己纳入这样一个旧家庭的格局。对自己和鲁迅的关系，许广平曾有这样的表白：“我们以为两性生活，是除了当事人之外，没有任何方面可以束缚，而彼此间在情投意合，以同志一样相待，相亲相敬，互相信任，就不必要有任何的俗套。我们不是一切的旧礼教都要打破吗？所以，假使彼此间某一方面不满意，绝不需要争吵，也用不着法律解决，我自己是准备着始终能自立谋生的，如果遇到没有同住在一起的必要，那么马上各走各的路……”①

对许广平而言，她当初和鲁迅同居是出于爱情，是超越了所谓名分的。在鲁迅去世后，她全力奔走于鲁迅全集的编辑和出版，以弘扬先生的作品和思想作为自己后半生的事业。通过周建人，她向鲁迅的母亲倾诉了自己对将来的打算，委婉地陈述了不能北上的理由。同时为了出版鲁

① 许广平：《〈鲁迅年谱〉的经过》，见《许广平文集》，第2卷，382页，南京，江苏文艺出版社，1998。

迅全集，她请求把鲁迅全集的出版权委托给自己。对此，鲁老太太出面答复如下：[1]

广平媳鉴：

昨接乔峰信，知你以我为念，我想你随豫才不过十年，勤苦持家，今一病不起，白发老母，及黄口婴儿，皆累及于你，我想起来很可怜你，也很感谢你呢。从前有豫才通讯，原不必你再写信。你们母子的生活状况，我极记念，而且也想深知一切。海婴年幼，不能执笔，我唯有盼你时常来信，有什么苦楚，尽量地告诉我，我总能体谅你的。你明春能与海婴同来一叙家庭之乐，实获我心，最好不过的了，将来打算寄住何处，你可预先来信，我为预。你向来做事很有分寸的，你如何主张，我无不同意的，至于豫才的版税，我向不经意，宋先生、许先生他们来说，我都叫他与你及蔡子民先生商量的办，唯你如果一时拿不定主意，或者与乔峰商量，不必顾虑。总之，以后我与你既系婆媳，两不客气，但愿你们身体健康，生活安定，以

① 鲁瑞：《1936 年 11 月 3 日鲁瑞致许广平信》，见《鲁迅研究资料》，第 16 辑，3~4 页，天津，天津人民出版社，1987。

慰豫才在天之灵。此间亲友们都说豫才的儿子错不了的，不过以后全仗你善为教养成人了。我想你现在的景况虽苦，觉得可怜，只要海婴一长大成人，你就是我周家的功臣，也与我一样地做老太太。你因佩服豫才，从以终身，现在豫才棺盖论定，博得各国文人推崇，你能识英雄于草昧，也不失为巾帼丈夫，已有一部分的人，很在赞扬你呢。我想死者已矣，豫才我虽想他，可怜他，是无益的了，现在我的一粒心，只有转移到你与海婴身上了，我的大媳妇很明白，也很想念你与海婴呢。人家都设许多的方法来劝我，我伤感无益，所以很虚心地接受的，现在我也希望你从远大处着眼，不要过于悲伤，时常通个信，你安慰安慰我，我也解劝解劝你，好在你也一向知道我的，我也就不客气，不多说了。

母字

（1936 年 11 月 3 日）

在宋琳、许寿裳两位鲁迅生前好友的斡旋下，鲁老太太同意将鲁迅全集的版权授予许广平，对许广平收集整理鲁迅作品的计划表示了极大的支持。此后，许广平代替鲁迅，始终与母亲保持通信，时时问候。1937 年 7 月，朱安就出

版鲁迅全集的事情，第一次给许广平写了信，此信也是一封委托书：[①]

景宋女士：

闻先夫鲁迅遗集全部归商务书馆出版，姊甚赞成，所有一切进行以及订约等事宜即请女士就近与该书馆直接全权办理为要。女士回平如有定期祈先示知，以免老太太悬念。其余一切统俟面谈。此颂

时祺。并祝婴儿健康。

姊朱氏敛衽

七月二日（1937年，原信送商务）

代笔书写这封委托书的是宋琳，他还给许广平附了一信，其中说："大先生遗集出版有日，不胜欣喜之至。大师母处已与说明，兹按照她的意思代写委托书一封附上，即请检核，此事自当由先生全权办理。大师母亦甚明白，外间自无从造谣也。"[②]信中的"大师母"指朱安，可见朱安

① 朱安：《1937年7月2日朱安致许广平信》，见《鲁迅研究资料》，第16辑，22页，天津，天津人民出版社，1987。

② 宋琳：《1937年7月2日宋琳致许广平信》，见《鲁迅研究资料》，第16辑，23页，天津，天津人民出版社，1987。

对于出版鲁迅全集的积极态度。在这封信里，朱安仍希望许广平带着孩子早日回到北平。然而，就在这之后的第五天，七七事变爆发，不久，日本人的铁蹄占领了北平，正如老舍在《四世同堂》中所写："天很热，而全国的人心都凉了，北平陷落！"时局动荡，两位老人的日子更艰难了。在悲伤的后面，还有着更大的悲伤。

苦境——西三条的女主人

“娘娘”的遗嘱

鲁迅去世后，朱安与婆婆二人相依为命，她们的生活来源，主要是许广平寄来的鲁迅著作的版税，以及之前攒下的积蓄。对于许广平的一片孝心，鲁瑞也常在信中表示欣慰：“寄来的钱收到了，当我接到这笔钱的时候，同时感到不安，为了想象到，你筹措时的困难，仍也感到娱快，因为我有这样的儿媳……”[①] 然而，时局险恶，北平在沦陷一年后，物价日涨，百姓日子十分艰难，西三条的积蓄已经用尽，两个老人的生活陷入了窘境：“此间现尚安静，唯物价日涨，

① 鲁瑞：《1937 年 11 月 5 日鲁瑞致许广平信》，见《鲁迅研究资料》，第 16 辑，30 页，天津，天津人民出版社，1987。

米煤几涨一倍。”[①]“平寓用费因现在百物奇贵，米煤蔬菜均较前涨两三倍。纵极力节省，每月约非八十元不可。”[②]

所幸有许多与鲁迅生前交谊深厚的人士，他们尽个人的能力关心着他的遗属。特别是李霁野[③]，从现存的他写给许广平的信里，可以看出他是一片古道热肠，为鲁迅遗属做了不少事。1937年11月他还在天津，得到许广平的信后，立即想法向曹靖华借了百元，托在北京的常维钧转送给鲁迅在北平的家属。1938年秋李霁野应聘到辅仁大学教课，见许广平一个人负担一家生计很不容易，他建议她跟周作人商量共同分担费用：

> 9月5日信早到，宫门口多天前也和常维钧兄去过，老太太们精神甚佳，不过经济方面二先生仅于今年送十五元零用。他们夫妇也间月轮流去一次，坐坐而已，小孩们是不上门的。据云用款至多是支到阳历

① 鲁瑞：《1938年7月7日鲁瑞致许广平信》，见《鲁迅研究资料》，第16辑，45页，天津，天津人民出版社，1987。

② 鲁瑞：《1938年11月8日鲁瑞致许广平信》，见《鲁迅研究资料》，第16辑，46页，天津，天津人民出版社，1987。

③ 李霁野（1907—1997），安徽霍邱人。1924年冬结识鲁迅，为未名社成员。曾编辑《莽原》周刊，翻译作品有《简·爱》等。早年在创作、生活等方面得到过鲁迅的帮助。

年底。二先生到处借钱，据说也是实情。他现每月孔德领百至百五十元，燕京八十，基金会译书他自言已不做，传说（北京伪）教育部每月二百元（但此尚待调查，有人说没有）。丰一在孔德和燕京教书，得薪当也在百元以上。等他自动负责恐怕无望，老太太也不肯找他去，你若写信可言你在沪无法顾及（已寄之款也可说），并云听说近即无法（不必说我传），请他酌力按月担负多少，看复信如何，再商其他办法。我想累得你精疲力竭，还不如有话早说，商出一永久办法为妥也。[①]

许广平听从李霁野的建议，给周作人写去了信[②]。在鲁迅去世后，鲁老太太对周作人说："老二，以后我全要靠你了。"而周作人说出的却是："我苦哉，我苦哉。"老太太当时心里不太高兴，觉得"老二不会说话"。其实，周作人说"我苦哉"，也未尝不是一句大实话。鲁迅在世时，母亲的生活费几乎由大哥承担，周作人只给点零用钱。鲁迅一死，

① 李霁野：《1938年9月23日李霁野致许广平信》，见《李霁野文集》，第9卷，13页，天津，百花文艺出版社，2004。

② 许广平：《许广平文集》，第3卷，326~327页，南京，江苏文艺出版社，1998。

周作人就不能再这么轻松潇洒了，至少对老母亲的生活总不能袖手旁观。

周作人并没有回复许广平的信，不过，从以下这封信可知，周作人明确了从此分担西三条一部分费用的态度，鲁老太太在给许广平的信里写道：

景宋贤媳鉴：

日前寄一信，想可收到。李、常二先生秋节来寓谈及出书情形，予亦为之焦急。现在时势如此，百物奇贵，沪寓自不易维持，八道湾老二亦深悉此中困难情形，已说明嗣后平寓在予一部分日常费用由伊自愿负担管理。唯老大名下平沪共计三人休戚相关终须一体。贤媳高明当不使予稍有顾虑也。予身体尚好，市面也安静，可勿念。海婴近来如何？便希告予，以免惦念。此白。

母字

十月十七日（1938 年）

信中的李、常二先生即李霁野和常维钧，他们向鲁老太太讲述了上海方面的情况。当时，生活在“孤岛”上海的许广平，也是捉襟见肘，战乱时期，书业萧条，鲁迅著作的

晚年鲁瑞

版税往往延误，且北平和上海之间的汇兑费大增，汇寄也很困难。经过协商，自1939年1月起，许广平每月负担朱安费用40至50元，由于上海与北平汇兑十分艰难，许广平委托李霁野设法按月按需给西三条送上生活费，许再将款项集中托人捎带或设法汇寄给李霁野。这笔钱加上周作人每月负担50元，两个老人勉强度日。这一时期，在北平的沈兼士、李霁野等均关心着两位老人的生活，曾登门去探望，送上钱款：

昨天去西三条，老太太有点儿头疼的小病，并不甚要紧。一月的用度，二先生送去五十元，或者只养母亲，或者以为二人可够，不甚了然。兼士先生给十五元，我一共先送上去四十元去，本月当无问题。以后我们当再逐月设法，你先不必操这份心。师母嘱写信给你说明寓中情形，你可去信说暂无法，并说已托我这样做，不必客气。还有一位齐先生境况很好，兼士先生说想去找他。这以后，我想就先这样维持着。纪念金也由辅仁一个学生收到三十元，是兼士先生交给他募的，现在先存在这里，以后也可借用。[①]

在李霁野的这封信里还谈到周作人遭枪击一事："二先生元旦遇险，死一车夫，重伤一个去访的朋友（沈启无），他自己腹部打破一个扣子，仅皮肤上受点儿轻伤。刺他的原因不明。"紧接着3月14日的信中写道"二先生'为老幼'，闻已遥领北大图主任薪，想来五十元该不好意思停送，所以现下的钱已经够维持多时的了"。此时的周作人已经下水。

在日本兵的铁蹄下，北平老百姓的生活日益艰难。眼

① 李霁野：《1939年1月6日李霁野致许广平信》，见《李霁野文集》，第9卷，16页，天津，百花文艺出版社，2004。

看物价一天天飞涨，一向乐观的鲁老太太也在信中感叹：“时事艰难可怕得很哪！”有时碰到临时开销，免不了还要问李霁野临时借一点：“大太太昨至李先生处借来大洋伍拾圆，想彼亦另有信通知。”[①]“李先生上月得一子，大太太买了五元钱礼物亲自送去。李先生节前亦有礼物送来，实不敢当。”[②]为了筹钱，朱安也顾不得一双小脚，到处奔波了。

1940年初鲁老太太曾写信给许寿裳诉说当时的困境：“值兹米面价格较平时贵至十倍，其他百物亦涨至五六倍以上，仅此区区四十元如何分配。若无救济办法，实有断炊之虞。豫才夫人侍我二十余年，老妇目睹困苦能不惨然？”[③]这一时期，平沪双方都很困难，也产生了一些误解，许寿裳、李霁野等都很体谅许广平的难处，指出“自周先生一人去世，专赖弟一人料理身后，抚育遗孤，又使译著及全集分别出版……”[④]。李霁野在4月7日致许广平的信中则写道：“这方生活费的增长也确是事实，据大师母说，太师母的五十

---

① 鲁瑞：《1939年2月2日鲁瑞致许广平信》，见《鲁迅研究资料》，第16辑，50页，天津，天津人民出版社，1987。

② 鲁瑞：《1939年6月26日鲁瑞致许广平信》，见《鲁迅研究资料》，第16辑，56页，天津，天津人民出版社，1987。

③ 许寿裳：《1940年3月9日鲁瑞致许寿裳信》，北京鲁迅博物馆藏。

④ 许寿裳：《1940年4月9日许寿裳致许广平信》，见《鲁迅研究资料》，第16辑，63页，天津，天津人民出版社，1987。

北京西三条鲁迅故居陈列的鲁瑞房间（作者摄于 2007 年 3 月）

元须留下二十作自己零用，三十为生活费，而一个用人的工食即要占去大半，又不能处处计较，想吃的东西总要买，有时颇贵，而买来也未必吃，这是她常觉为难的。因为以前家庭的纠纷，太师母的个性也很梗强，所以向八道湾开口也不肯。既疑沪方或有存款，又有实际的困难，所以恶意的挑拨是容易得力的。我们看透这点，也就不必太怪她们，或伤心自苦了。所以关于这一点，望力制自己的忧伤，并为海婴多多珍重。”从李霁野此信中可知，此时西三条生活费为七十元，又用了两个女仆，自然难言宽裕，但八道湾也偶尔为母亲送来米和煤。

李霁野信中有这样的话："对于亡师和太师母，我们这样做过都可以安心了。如误会依然，我们也只有叹惋，为亡师'尽义务'罢了，这样到无可为力为止。"自鲁迅去世后，李霁野作为转款人，确实尽了不少力。1941 年 12 月太平洋战争爆发，日本宪兵到处搜查，常维钧于 1942 年被捕，辅仁教师也有一些被捕的。1943 年 1 月李霁野离开了北平，辗转到了重庆。而此时的"孤岛"上海，在事实上也落入了日军的控制中，许多文化界进步人士被日本宪兵队逮捕，许广平也在 12 月 15 日被拘留，在狱中关了两三个月，关于这段经历，在她的回忆录《遭难前后》中有详细的记述。由于许广平的被捕，我们现在所见到的鲁瑞与许广平的通信，最后一封的日期是 1941 年 9 月 30 日，从这以后，双方的联系就中断了。

在艰难的世道中，鲁瑞度过了一个忧心忡忡的晚年。她痛失了长子，惦记着远在上海的老三周建人，惦记着在上海的儿媳和孙儿，也目睹周作人拖着沉重的家累，一步步陷入泥淖中而无可奈何。1943 年 4 月 22 日，她带着内心的忧患离开了人世，享年 87 岁。在周作人晚年重写的《先母事略》中抄录了他自己在母亲临终那一天的日记：

二十二日　晴，上午六时同信子往看母亲，情形不佳，十一时回家。下午二时后又往看母亲，渐近弥留，至五时半遂永眠矣。十八日见面时，重复云，这回永别了，不图竟至于此，哀哉。唯今日病状安谧，神识清明，安静入灭，差可慰耳。九时回来。[①]

鲁瑞去世前，叮嘱周作人，要他把每月给自己的零花钱，在她死后继续付给终身服侍她的贤媳，并嘱咐朱安一定要收下，说这是属于她的钱，与别人无关。据周作人日记，她的灵柩先是停在嘉兴寺，第二年 6 月 19 日下葬于西郊板井村墓地。朱安为婆婆送了终，自此，西三条只剩下她一个孤单的身影，仿佛一叶孤舟，飘荡在无依无靠的人世间。

出售鲁迅藏书事件

自母亲去世后，当时已经附逆的周作人负担着长嫂的部分费用，最初是每月 100 元，随着物价的上升而涨到

---

① 周作人：《知堂回想录》，597~598 页，九龙，香港三育图书文具公司，1970。

150元、200元。对于收周作人的这笔钱，朱安的内心并不情愿，而这笔钱也很难维持起码的生活，她的生活贫困至极。因此，她听从了周作人的建议，决定出售鲁迅的藏书。周作人令北京图书馆开列了藏书目录，准备委托来薰阁出售[①]。

1944年8月25日的《新中国报》刊登了这一消息，许广平闻悉，忧心如焚，立即给久未通音信的朱安写了信，加以劝止：[②]

朱女士：

日前看到报纸，登载“鲁迅先生在平家属拟将其藏书出售，且有携带目录向人接洽”的消息。此事究竟详细情形如何，料想起来，如果确实，一定是因为你生活困难，不得已才如此做。鲁迅先生生前努力教育文化工作，他死了之后，中外人士都可惜他，纪念他，所以他在上海留下来的书籍、衣服、什物，我总极力保存，不愿有些微损失。我想你也一定赞成这意

① 王锡荣：《周作人觊觎鲁迅的藏书？》，见《周作人生平疑案》，261~274页，桂林，广西师范大学出版社，2005。

② 许广平：《1944年8月31日许广平致朱安信》，见《鲁迅研究资料》，第16辑，71~72页，天津，天津人民出版社，1987。

思。至于你的生活，鲁迅先生死后六七年间，我已经照他生前一样设法维持，从没有一天间断。直至前年（卅一年）春天之后，我因为自己生了一场大病，后来又汇兑不便，商店、银行、邮局都不能汇款，熟托的朋友又不在平，因此一时断了接济。但是并未忘记你，时常向三先生打听。后来说收到你信，知道你近况。我自己并托三先生到处设法汇款，也做不到，这真是没奈何的事。鲁迅先生直系亲属没有几人，你年纪又那么大了，我还比较年轻，可以多挨些苦。我愿意自己更苦些，尽可能办到地照顾你，一定设尽方法筹款汇寄。你一个月最省要多少钱才能维持呢？请实在告诉我。虽则我这里生活负担比你重得多：你只自己，我们是二人；你住的是自己房子，我们要租赁；你旁边有作人二叔，他有地位，有财力，也比我们旁边建人三叔清贫自顾不暇好得多。作人二叔以前我接济不及时，他肯接济了。现在我想也可以请求他先借助一下，以后我们再设法筹还。我也已经去信给他了，就望你千万不要卖书，好好保存他的东西，给大家做个纪念，也是我们对鲁迅先生死后应尽的责任。请你收到此信，快快回音，详细告诉我你的意见和生活最低限度所需，我要尽我最大的力量照料你，请你相信我的诚意。海婴今年算是十五岁了，人很诚实忠厚，时常问起你。只要交通再便利些，我们总想来看望你的。其实想北上的心是总有的，鲁迅先生生前不用说了，死了不久，母亲八十岁做寿，我们都预备好了，临时因海婴生病了取消。去年母亲逝世，自然也应当去，就因事出意外，马上筹不出旅费，所以没有成行。总之，你一个人的孤寂，我们时常想到的。望你好好自己保重，赶快回我一音。即候

近好

许广平

8月31日（1944年）

同时，许广平委托律师在同年9月10日的《申报》上发表声明："按鲁迅先生终身从事文化事业，死后举国哀悼，故其一切遗物，应由我全体家属妥为保存，以备国人纪念。况就法律言，遗产在未分割前为公同共有物，不得单独处分，否则不能生效，律有明文规定。如鲁迅先生在平家属确有私擅出售遗产事实，广平等决不承认。"

听闻朱安打算出售鲁迅藏书的消息，住在上海的鲁迅生前友好内山完造也感到自己有责任阻止此事，他给在北京的朱安写了信，这封信看来没有保存下来，我们只能从

朱安请人代笔的回信里，体会到内山先生的一片苦心，全信如下：[①]

内山先生：

我们虽未见过，从前听说鲁迅先生时常称道先生的道德学问，所以在我的意识上似乎一向对于先生是很熟悉而钦佩的，现承先生不惜下教，足徵道义精神，尤为可感！我个人的身世状况，本来不值得一谈，但为寻求残年养生活命之计，又不能不率直而摘要地向先生说一说，希望先生用最公正的友谊，来同情我的一切。

鲁迅生前，我和我婆母周老太太的生活费，每月提前寄到，过年过节总是格外从丰，并且另有存储一千余元，以备不时之虞，我也克尽我的天职，处处节省，自鲁迅逝世之后，我秉承婆婆的意思，把储存之款分月拨作家内的家用，当时有一位许寿裳先生，来代许女士索要鲁迅先生全集的出版权，担保许女士嗣后寄回北京寓的生活费，不使缺少，同时许女士也有信来索取版权，并表示极端的好意，我自愧无能，慨然允诺，当将委托手续全部寄去以后，许女士如何办理，迄未

① 《1944 年 9 月 23 日朱安致内山完造信》，北京鲁迅博物馆藏。

通告，我亦未曾问过，到廿八年冬季，因家用不足，我婆婆周老太太函商许女士，请每月酌加二十元，未能办到，以后婆婆的花费，都由周作人先生担任，银钱之外，米面煤炭，常有送来，水果糕点，应有尽有，房屋亦来修过。卅一年五月，并我每月四五十元之另费也没有了着落，只好典卖钗裙，黯自弥补，卅二年三月，我婆母周老太太逝世，一切丧葬费用，全由作人先生担任，并仍每月送我一百五十元，实在可感！虽然这点钱仍是杯水车薪，但我也不便得寸进尺，计较盈绌。

生活是飞也似的高涨，我的债务也一天天的加高到四千余元，这真使我无法周转！

我侍候婆婆三十八年，送老归山，我今年也已经六十六岁了，生平但求布衣暖菜饭饱，一点不敢有其他的奢望，就是到了日暮途穷的现在，我也仍旧知道名誉和信用是很可宝贵的，无奈一天一天的生活压迫，比信用名誉更要严重，迫不得已，才急其所急，卖书还债，维持生命，倘有一筹可展，自然是求之不得，又何苦出这种下策呢！

现在北京的生活恐怕不在上海之下，前月《华北新报》曾有一段记载，每人每月最低生活费用即需六百元，我又老而兼病弱，烧饭洒扫种种杂事，又不能不雇用一个女仆，因此每月最低限度也要支出在千元左右，像我这毫无收入的人，实在是“不知所措”啊！

先生如肯仗义执言，使我债务得以清理，生活不致断绝，那时不但我感激您的心不是笔墨可以形容的，就是鲁迅先生在天之灵，也要感激老朋友的爱护呢。拉杂地写了这些话来答复先生给我的关心，希望先生有了具体办法以后，再给我一个答复，感谢感谢！祝您

康健！

周朱氏

九月廿三日（1944年）

从此信中可体会这位毫无谋生能力的老妇人凄凉的晚景。朱安的信都是请人代笔的，有学者指出，这封信的代笔者很可能就是周作人[①]。从这封信的行文看，这个写信的人有着相当的文化素养，不仅熟悉朱安的情况，而且也相当了解她的内心世界，了解朱安对许广平的微妙的情感。信中对于鲁迅与内山完造有深交这件事，了解得很透彻，深知内山

① 岸阳子：《超越爱与憎——鲁迅逝世后的朱安和许广平》，载于《鲁迅世界》，2001（4），共8页。

完造是一个不可漠视的人物。此外，这封信中涉及许广平的部分，有一种刀笔吏的含而不露的毒辣语气，同时又在信中过于强调了周作人对她的援助。

得知鲁迅藏书有可能被出售，上海文化界进步人士都很焦急，不仅由许广平、内山完造出面写信劝阻，该年10月，还推举唐弢和刘哲民二人去北京解释劝阻。这事的经过在唐弢的《〈帝城十日〉解》及《关于周作人》中都有较为详细的记载。10月10日他们从上海出发，到北平后，将书信一一投送，一面请赵万里把旧书出售的路子堵死，一面访问了宋子佩，10月15日由宋子佩陪同，唐弢和刘哲民一起去西三条见到了朱安：

> 那天宋子佩陪着哲民和我去到西三条二十一号的时候，天色已近黄昏，朱夫人和原来侍候鲁老太太的女工正在用膳，见到我们，两位老人都把手里的碗放了下来，里面是汤水似的稀粥，桌上碟子里有几块酱萝卜。朱夫人身材矮小，狭长脸，裹着南方中年妇女常用的黑丝绒包头，看去精干。听说我们来自上海，她的脸色立刻阴沉下来。
>
> 宋子佩说明来意，我将上海家属和友好对藏书的意见补说几句。她听了一言不发。过一会，却冲

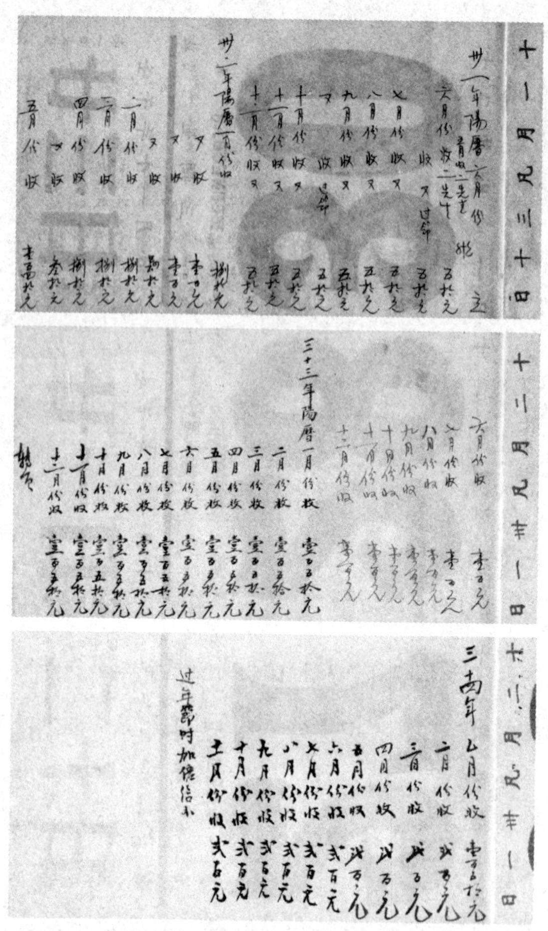

收周作人款记账单（三页）

着宋子佩说：

“你们总说鲁迅遗物，要保存，要保存！我也是鲁迅遗物，你们也得保存保存我呀！”

说着有点激动的样子。[①]

长期窘迫的生活，又加上对上海方面的误会，在来客面前，朱安的情绪显得很激动。在困顿的岁月里，哪怕是作为“鲁迅的遗物”，她也被世人长久地遗忘了。万千辛酸，使她发出了这悲怆的呐喊。其实，从她的内心来说，一定也不愿意卖掉鲁迅的藏书，她之所以同意这么做，恐怕也存着这样的心思——希望借此提醒人们她这个“遗物”的存在。也正因为如此，当唐弢将日本宪兵逮捕许广平等经过告诉她，并将海婴的情形说了一遍，她的态度立即发生了变化。当她听到海婴病已痊愈，竟说：大先生就这块肉了，为什么不将海婴带到北平，让她看看。于是气氛一转，藏书出售问题也便迎刃而解了。

据唐弢说，当时两位老人的生活费（家中还有一位女工王妈），每月为“联准票”（“联合准备银行”发行）九千元，

① 唐弢：《〈帝城十日〉解——关于许广平〈鲁迅手迹和藏书的经过〉的一点补充》，载《新文学史料》，1980（3），101~105页。

币值比南方通用的“储备票”（“汪记中央储备银行”发行）低。那时用钱以亿计，以万计，九千元只抵探亲访友时买点水果糕点的费用。周作人照例月给寡嫂一百五十元。因鲁迅生前每月寄家用一百五十元或二百元，周作人给鲁老太太零用钱十五元。币制变动，物价飞涨，后来十五元折合“联准票”一百五十元。

当时日本人控制的华北地区通用的是“联合准备银行”发行的“联银券”（即唐弢所说的“联准票”），“联合准备银行”创办于 1938 年初，自抗战结束，北平市民通用的货币就是联银券。据唐弢说，当时朱安和女工的生活费需“联准票”九千元，而据 9 月 23 日朱安给内山完造的那封信，说“每月最低限度也要支出在千元左右”。这里所说的“千元左右”应当也是指联银券。二者所说数字出入很大，显然对不上。那么，当时北平的生活水平究竟如何？每人每月至少需要多少元可以维持生活？

朱安在给内山完造的信中提到 ：“前月《华北新报》曾有一段记载，每人每月最低生活费用即需六百元……”1944 年 5 月 7 日的《华北新报》上恰好有《最贫穷的小学教员》一文，据这篇报道，1943 年、1944 年，小学教师的工资仍是几十元至一百多元不等。一个四口之家，每月买粮、买煤、租房、买水等最基本生活支出最低也需 787 元伪币，而一个小学教师的工资加上津贴最多不超过250元。[①]这说明当时一般人的收入水平，少则几十元，多也不过二三百元，以此勉强养家糊口，这自然是不够的，战争年代，大家的生活水准都大大降低。又据《华北新报》的专稿所报道的1944年上半年情况：荐任级官员收入（薪水及补贴等）最高的，每月640元；如果是荐任科员，则只有400余元。委任官薪俸以120元计，加上补贴每月可得240元。雇员工资以50元计，每月可得190元。[②]也就是说，1944年上半年收入较高的也就600多元。

唐弢时隔多年的回忆里说，“那时用钱以亿计，以万计，九千元只抵探亲访友时买点水果糕点的费用”，而周作人给长嫂的150元钱还不够他和刘哲民来回西山雇三轮车的费用，这里面恐怕有一个时间的差异和物价的差异。据北京市档案馆所藏“北京趸货物价查报表”，统计出1937至1945年北平市民生活必需品的物价变动情况，1944年12月的物价如下（以联银券计）：酱油每百斤320元，大头菜每斤

---

① 郭贵儒、张同乐、封汉章：《华北伪政权史稿：从“临时政府”到“华北政务委员会”》，360页，北京，社会科学文献出版社，2007。

② 郭贵儒、张同乐、封汉章：《华北伪政权史稿：从“临时政府”到“华北政务委员会”》，363页，北京，社会科学文献出版社，2007。所引《华北新报》专稿。

1.46元，绿豆芽每斤4元，豆腐每斤1元，花生米每斤22元，白糖每百斤170元，茶叶每百斤27000元，毛巾每条60元，阿司匹林每片7元。根据这份表格，比起1943年来，物价涨了两倍至十几倍。[①] 这涨幅自然也是惊人的，但币值以万计，当是在抗战胜利后；至于币值以亿计，则当是在1948年国民党政府发行金圆券后，总之不是在这个时间段。

实事求是地说，在婆婆于1943年去世后，最初朱安每月拿周作人150元，加上出租房屋的钱，再想法借点钱，大约是可以维持起码的生活的。当然，这生活也是很窘迫的，比起鲁迅在世时差远了。她欠下的债务有4000余元，也是个不小的数字。在日伪统治北平的八年间，物价大幅上涨，特别是日本投降前一年，物价的涨幅令人咋舌。可以想见，到1944年，朱安的生活发生了很大的困难。虽然比起1945年物价以几十倍至几千倍的幅度上涨，情况还不是最糟糕，但原本就不具谋生能力的朱安，在此种形势下，生活自然更趋于恶化，心理上也更加惶恐和脆弱。

当然，这也不仅仅是她的主观感受，她的晚餐只有稀粥和酱萝卜，则她的生活水平也一目了然，无须多说了。物价不断上涨，周作人仅仅将“零用钱”涨到200元，朱安

① 陈静：《沦陷时期北平日伪的金融体系及掠夺手段》，载《抗日战争研究》，2002（3），68~92页。

也决不开口要他加钱，这样朱安和老女佣两人的生活成了问题。而且周作人的接济在她看来也是名不正言不顺，当唐弢说周作人给的钱“的确太少了”时，朱安的回答是：

> 我不是这意思，你知道，大先生生前，从来没有要过老二一分钱。
>
> 一百五十元我不要。我没有办法，才卖书。
>
> 我生为周家人，死为周家鬼。娘娘（婆婆）怎么说，我怎么办，决不违背！……

仔细品味这些话，可以体会到她的心情：她想起了大先生从前对她的供养，从来都是那么慷慨、大度，她的言语中充满了对大先生的怀念。在鲁迅生前，是绝不会要周作人一分钱的，而她却落到要让他施舍接济的地步，要看别人的脸色过日子，她感到说不出的屈辱。她也有自尊心，如果可以自己想办法的话，她宁可不要这笔钱。在唐弢回上海后，接到她的来信，信中再次申诉了她的困顿和无奈：[1]

---

① 《1945年朱安致唐弢信》，原信无具体日期，北京鲁迅博物馆藏。

唐先生台鉴：

……因氏近来感受生活威胁，已将衣饰变卖垫用。物价仍在狂涨，素手实难支持，务恳我公顾念先夫生前清白自持之志，垂怜未亡人困苦无依，代与许女士迅筹接济，俾得维持残生。氏亦非无耻不知自爱者，已将古稀之年，老而不死，毫无生活能力，尚需摇尾乞怜，清夜自思，深滋愧赧。还祈鉴谅，不胜拜祷。唯是沪上物价更高，生计亦艰，如实未能援手，亦乞见覆，以便早日为谋。盖天寒日暮，时艰益急，势不便坐以待毙也。特此奉商，敬颂

台绥 鹄候

惠书

周朱氏启

（1945 年）

唐弢将此信转给了许广平，并附信说："所述北平情形，大致确切，唯汇兑未通，不知可否由先生或西谛先生迅函兼士先生，托为设法，根据来信语气，似乎未曾收到款项也。"[①]当时邮路不畅，朱安翘首以盼的汇款大概还没有到，于是请

① 《1945 年 12 月 28 日唐弢致许广平信》，北京鲁迅博物馆藏。

人写了这封催款信。

1944年，朱安已是66岁的老人，年老体弱，又不幸身处乱世，想要设法变卖家产维持生计，亦是不得已。幸亏有许广平等出面阻止，不然，鲁迅的遗物就此散失，则后果不堪设想。为保存鲁迅的藏书等遗物，许广平在自己生活亦相当艰难的情况下，不断地寄上钱款，维持她的生活。自此，朱安和许广平的通信不断，她的信最初是写给海婴的，后来也直接写给"许女士"了。在给海婴的信中，她多次感激许广平的救助："值兹上海百物高涨生活维艰之秋，还得堂上设法接济，我受之虽饥寒无虞而衷心感愧，实难名宣……"[①] 又鼓励海婴"早自努力，光大门楣，汝父增色，亦一洗我一生之耻辱也。"[②] 对此，周海婴在《我与鲁迅七十年》中写道："我从来没见过朱安，所以也谈不上什么印象。不过从她与母亲往来信件看，她对我还是很关爱的……我知道在她心里，把我当作香火继承人一样看待。"的确是这样。

① 朱安：《1945年11月24日朱安致周海婴信》，见《鲁迅研究资料》，第16辑，72~73页，天津，天津人民出版社，1987。

② 朱安：《1945年11月27日朱安致周海婴信》，见《鲁迅研究资料》，第16辑，73页，天津，天津人民出版社，1987。

宁自苦，不愿苟取

1945年8月15日，日本宣布无条件投降。长达八年的抗战结束了，北平终于获得了自由，就像老舍《四世同堂》里描写的那样："日本人降下了膏药旗，换上了中国的国旗。尽管没有游行，没有鸣礼炮，没有欢呼，可是国旗给了人民安慰。"终于把侵略者赶走了，大家的心情都很舒畅，对未来充满了希望。

这年12月6日，周作人被国民党政府逮捕，送至北平炮局胡同监狱。朱安在1946年1月13日给海婴的信里也提到："二先生因汉奸名义已于上月六号被捕，至今尚未脱险，现设法营救还没结果，近日八道湾房子已有宪兵去住。"1936年鲁迅去世后，八道湾房产的房契改为周作人、周建人、朱安三人的名字，周作人入狱，她担心八道湾的房产会被抄没，决定将自己的那一份转到海婴的名下："兹抄附以前预备之议约一纸，未知对此房子将来可有应用之处，大约须俟审确定始有办法也……"她还提到："近来《世界日报》对于大先生后事时有登载，我听说之后购求了十一、十二两天报纸，如要或再剪寄，其实无甚关系，邮筒有分量限制，故未附上……"虽然她不识字，但是对于报章上有关大先生的报道却很留意，特意购买了这两天的报纸。

可能是由于前一段的出售鲁迅藏书事件，抗战结束后，朱安的境遇引起了不少人的同情和关注，鲁迅生前好友及社会人士纷纷登门来看望她，并送上钱款。这些，她都一一在信中告知上海方面的许广平。对于社会上的捐款，她一般都辞谢不受："本月二十日有北平民强报馆朱学郭君来家访问，出赠大小钞票两纸约伪币一千五百元，或者还须多些，因当时逊谢不收，故未看清，伊索汝父作品，京寓无存，亦已复绝，更有同月二十三日朝鲜艺术剧团理事长徐廷弼君来赠法币肆千元，因受之无名，我亦婉谢。我想我之生活费，既由汝处筹寄，虽感竭蹶，为顾念汝父名誉起见，故不敢随便接收莫不相关之团体机关赠送，若为汝父筹设图书馆等纪念事业，应该有整个计划，具体办法，方为合式，故宁自苦，不愿苟取，此与汝之将来前途，亦大有关系也。"[①]

鲁老太太生前一直订阅的《世界日报》，在抗战结束后对鲁迅遗族的生活表示出极大的关注，在"明珠"版登出了一系列呼吁援助鲁迅遗族的文章（见本书附录三）。自 1945 年 12 月 19 日发表了海生的《为鲁迅先生的遗族和藏书尽一点力吧》开始，随即得到署名"朽木"的响应信，以及署名"因云"的来信，提议以《明珠》为中心"发起一捐

① 《1945 年 12 月 27 日朱安致周海婴信》，北京鲁迅博物馆藏。

款运动，作为实物援助”。12 月 29 日，《世界日报》“明珠”版的编辑弓也长先生和海生先生一起，亲自登门探望住在西三条的朱安。他们看到时年 67 岁的鲁迅夫人，站起来的时候颤巍巍的，个子很矮，一身黑色的棉裤袄，在短棉袄上罩着蓝布褂，褂外是一件黑布面的羊皮背心。头发已经苍白，梳着一个小髻，面色黄黄的。他们进去的时候，正赶上朱安吃饭。一盏昏黄的电灯，让来客看清楚桌子上的饭食：有多半个小米面的窝头摆在那里，一碗白菜汤，汤里有小手指粗的白面做的短面条（有人管这叫“拨鱼”），另外是一碟虾油小黄瓜，碟子边还放着两个同是虾油腌的尖辣椒，一碟腌白菜，一碟霉豆腐。没有肉没有油，没有一个老年人足够的营养。她对来客谈到交通的不便，谈到物价的飞腾，说：“八年了，老百姓受得也够了，然而现在，见到的还是不大太平！”而她的身体总不大好，常常喘，虽然血已经不吐了。看到鲁迅夫人的生活如此窘迫，两位来客的心情都感到很沉重，觉得对鲁迅的遗族应当尽一点义务。

弓也长的这篇《访问鲁迅夫人》发表后，在社会上引起热烈反响。许多读者来信来稿，就鲁迅遗族的生活、鲁迅藏书，乃及出版全集、建立鲁迅纪念馆等问题发表意见、出谋划策，还有不少热心人士寄来钱款，《世界日报》不到一个月共收到法币五千八百元，拟捐赠给鲁迅在北平的家属。

对于《世界日报》的热心捐款，朱安表示，没有上海方面的同意，她不会接受任何援助。她将登有呼吁援助鲁迅遗族文章的剪报寄给许广平，和她商量该采取的态度："我本不看报，遂托人觅得两纸，因特剪寄，用否把上列两款登报鸣谢，以后再有来者，应该如何应付，望与堂上商定方针，函告照办，我想如系汝父生前旧交人名致送者，或可接收与，未识以为然否。"[①]

许广平来信对她的这种独善其身的处理方式表示了称赞：[②]

朱女士：

前后给海婴信，都已收到。你的生活为难，我们是知道，而且只要筹得到，有方法汇寄，总想尽方法的。以前知道寄款不易，在胜利前先托人带上巨款，也是此意。上星期曾托来薰阁陈先生转上法币两万元，今天又托上海银行汇出法币两万元，共四万元。顷又托人汇去拾五万元，三批共拾九万元（筹借不易，望省

① 朱安：《1945年12月27日朱安致周海婴信》，见《鲁迅研究资料》，第16辑，75页，天津，天津人民出版社，1987。

② 许广平：《1946年1月16日许广平致朱安信》，见《鲁迅研究资料》，第16辑，77页，天津，天津人民出版社，1987。

用数月）。来信说，不肯随便接收外界捐助，你能够如此顾全大局，“宁自苦，不愿苟取”，深感钦佩。我这些年来，一切生活，不肯随便亦是如此。总之，你的生活，我当尽力设法，望自坚定。社会要救助的人很多，我们不应叫人费心。至于报上说，有人想捐一笔款买下藏书，仿梁任公办法，放图书馆内，我们不赞成的。……想你也不会赞成的。如果有人说及，谢绝好了。我们都好，勿念。

祝好。

许广平

一月十六日（1946 年）

从她们这一两年的通信中可知，朱安对于外界的援助，大多坚决辞谢，只有少数情况下她接受了下来。一次是鲁迅生前好友沈兼士送来的准备票五万元（合法币一万元），因为是与鲁迅生前有交谊的，所以收下了[①]。还有一次是 1946 年春节前有人送来蒋介石的一笔馈赠："曾于廿四有中央党部郑秘书长彦棻来寓，代蒋委员长馈赠法币十万元，

① 朱安 :《1945 年 11 月 27 日朱安致海婴信》，见《鲁迅研究资料》，第 16 辑，73 页，天津，天津人民出版社，1987。

我辞不敢收，据云长官赐不敢辞，别人的可以不收，委员长的意思，一定要领受的，给我治病及贴补日用之需，即请留下，我替代谢就是了，我想郑君言之成礼，也就接受了。”这是1946年2月1日朱安写给许广平的信，这一天是除夕日。

在鲁迅去世后，许广平将鲁迅留下的一纸一字都视为生命，她全身心地投入整理出版鲁迅全集的工作中，尽一切可能保存鲁迅的遗物。朱安虽不是特别有主见，但还是能够明辨是非，愿意听从许广平的意见。正如有学者指出的那样：“许广平不仅是把鲁迅的文章作品，而且是把鲁迅用尽毕生心血与整个旧社会进行战斗的所有轨迹、把鲁迅的整个人生轨迹都作为一项遗产而竭尽全力地保全着。把鲁迅的一生作为遗产继承下来的深远意义也许朱安并不能理解，然而，为了维护鲁迅的名誉，她也一直忍受了贫困之苦。”[①]从朱安写给许广平的信中，可以看出抗战后货币贬值，百物奇贵，她的基本生存始终是个大问题。1946年8月22日，抗战结束后一年，她给海婴的信里写道：[②]

---

① 岸阳子：《超越爱与憎——鲁迅逝世后的朱安与许广平》，载《鲁迅世界》，2001（4），8页。

② 朱安：《1946年8月22日朱安致海婴信》，见《鲁迅研究资料》，第16辑，82页，天津，天津人民出版社，1987。

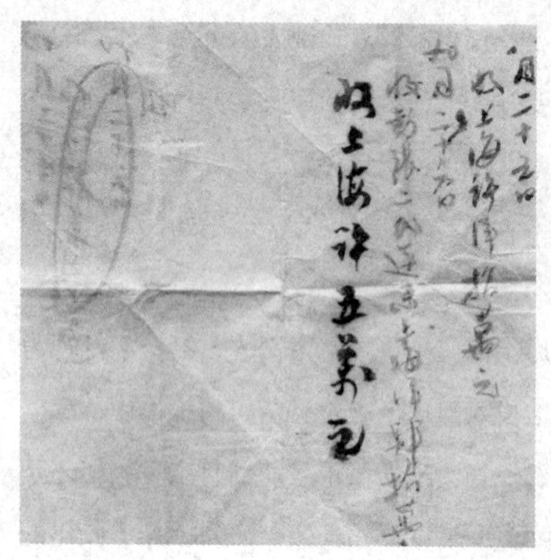
收上海许五万元

收许广平款项记账单

你母亲七月廿日来信，我已收到了。谢谢她对我这样费心。钱汇来时，我也有信去过，想已收到了吧！北平物价曾一度低落，最近恐怕又要涨，大米，最次的一斤要七百多元，白面次的要六百元左右，小米三百多元，玉米面二百多元一斤，煤球一百斤两千六百元，劈柴一百多一斤。近来时局又不乐观，人听了总要难受的。事情我一个人又做不了，总要用个人，每天最少就要两斤多粮食，别的零用还不算，我前存的一点粮食也快完了。北平近来时时大雨，房子也要修理，昨天瓦匠来看过，最低要三万余元，每一个大工每日工资五千元，小工三千元之多。我的脚已好啦！不过多走了路还是要痛的。咳嗽、气喘不容易好的，三五天总是要犯的。我现在花点钱实在难受，总要你母亲这样费心，但是总实在不经花，又总是不够用。我记得李先生[①]每月送五拾元，还可以够花，现在只买一个烧饼，真有点天渊之别。你同你母亲有没有最近的相片，给我寄一张来，我是很想你们的……

她写给许广平的书信，几乎总是在叹息物价高昂，钱款不经用。她很想念他们母子，要许广平寄照片给她。在收到了照片后，她回了这样一封信：[②]

许女士：

来信及相片都收到了。您的精神很好，可是显得老了，也瘦了些。都是为工作过多劳累所致。海婴也长大得多了。我看见这相片后，心里非常高兴，并祝福你们。两次带来的六十万元都早已收到，作购米面

① 李先生即李霁野。

② 朱安：《1946年10月18日朱安致许广平信》，见《鲁迅研究资料》，第16辑，87页，天津，天津人民出版社，1987。

煤炭之用了。我既无力生产故应极力节省。北平日来物价尚算平和，只希望最低限度不要再涨已算万幸，并且希望国家的内战停止才可以慢慢地好起来。这里天气很好，我也很好，请你们不要惦念。

别的事情下次再谈。

近安

周朱氏鞠躬

十月十八日（1946 年）

每年鲁迅忌日，当社会各界举行各种纪念仪式时，朱安也会在西三条的家里，在灵台前供上鲁迅生前爱吃的食物，为他焚香默祷，以自己的方式表达着对亡夫鲁迅的怀念。在鲁迅去世十周年之际，她给许广平的信中写道：

许女士：

前天有庞女士同一位张女士送来法币四十万元，已经收到了，请你放心并谢谢您的费心。昨天是大先生的十周年纪念，这里的亲友都送了些礼，于是我留他们吃的中饭。在张、庞二位女士的口中知道你的头发已经白，身体还好，海婴也大得多了。现在学校大概已经开学了吧！昨天又有几位报馆记者来访问，我

当时没有见，据说以后还要来，这事很使我感觉到麻烦。我的身体还好，请勿惦念，别的话下次再谈。祝

你们安好

周朱氏裣衽

十月一日（1946年）[①]

从以上的通信中可以看出，最初对许广平抱着强烈戒心的朱安，现在是发自内心地信任着“许女士”，感激她寄钱维持自己的生活，凡遇到事情都找她商量，真正把她当作了可以依靠的亲人。而许广平也由衷地理解朱安的困境，尽管战后每个人的日子都不好过，但她仍想方设法寄上生活费，保证她基本的开支。从这时起，两个无论是思想还是教养都迥异的女性，出于对鲁迅的共同的爱，携起手来，在动荡的岁月里共同负担起了保存鲁迅藏书的责任。

1946年10月下旬，许广平终于北上，回到了她阔别

① 朱安：《朱安致许广平》，见《鲁迅研究资料》，第16辑，85页，天津，天津人民出版社，1987。1946年9月28日彭子冈致许广平的信中曾提到：“老太太以十周年将届，心上很难受，她纪念阴历，九月初五即明天将祭奠一番，言下她尚落泪。”（《鲁迅、许广平所藏书信选》，479页，长沙，湖南文艺出版社，1987）

多年的西三条寓所。走进这小小的四合院，她惊讶地看到一切都那么陌生：曾经清洁齐整的小院，已经显出衰颓之象，黑漆的大门早已部分剥落，门口挂着“阮和森医寓”的铜牌子。大门的顶棚也支离破碎，门里横陈着大小多种的腌菜甏，满院子的杂乱无章，一望而知住在里面的人口不会太少。原来，同院还住着鲁迅的三表兄阮和孙一家，所以除了北屋和入门东屋的一间留作自用，其余南屋大小四间，西屋一间都让给阮家租住了。阮和孙曾做过幕友，又懂得中医，所以这时开起了诊所。他有善先、绍先、耀先等子女多人，这宅院里并不像许广平想象的那么冷清，倒是相当杂乱和热闹。

许广平在北京逗留期间，清点和整理了鲁迅的藏书：“我从十月二十四日至十一月五日差不多两个星期，天天躲在这书箱周围，逐只打开，去尘，包裹，再投些樟脑丸，然后重行封锁……”整理完书，看望了一些朋友后，许广平就踏上了回程。回上海后，她写了一篇《鲁迅故居和藏书》发表在1946年12月的《文汇报》上，文中只记述了整理鲁迅藏书的一些经过，没有提到朱安，但她此行肯定也带着探望朱安这位老人的目的。在她回去后，朱安的信里写道：“你走后，我心里很难受，要跟你说的话很多，但当时一句也想不起来，承你美意，叫我买点吃食补补身体，我现在正在照你的话办。”[1]

时隔二十年，在鲁迅去世十周年时，两个白发斑斑的女人在丁香树摇曳的小院里重逢，多少感慨，难以言述，而这也是她们见的最后一面。

---

① 朱安：《1946年11月24日朱安致许广平信》，见《鲁迅研究资料》，第16辑，90页，天津，天津人民出版社，1987。

尾声——祥林嫂的梦

寂寞的死

1947年的除夕，北京城下了一场近年来罕见的大雪，积雪深达三尺，天气寒冷异常。西三条的院子里，白雪皑皑。朱安过年前刚生了一场大病，眼下已大有好转。她叫来住在南屋的表侄儿阮绍先，请他代写一封信给上海的许女士，告诉她40万元今天收到了，自己的病也好起来了，能随便下地走走了，请她放心……她说一句，侄儿写一句，她的心情很愉快，因为自生病以来，已经好久没有这么精神了。[1]

然而，仅隔了一个多月，远在上海的许广平又收到朱

① 朱安:《1947年1月27日朱安致许广平信》，见《鲁迅研究资料》，第16辑，94~95页，天津，天津人民出版社，1987。

安请人代笔的一封信，这封信也可视为朱安的遗书，全信如下：

许先生：

我病已有三个月，病势与日俱进。西医看过终未见好，改由中医诊治，云系心脏衰弱，年老病深不易医治。自想若不能好，亦不欲住医院，身后所用寿材须好，亦无须在北平长留，至上海须与大先生合葬。衣服着白小衫裤一套、蓝棉袄裤一套，小脚短夹袄一件、小常青夹袄裤一套、裤袍一件、淡蓝绸衫一件、红青外套一件、蓝裙一条、大红被一幅、开领黄被一幅、粉被一幅、长青圆帽一顶、橾一个、招魂袋一个。须供至七七。海婴不在身边，两位侄男亦不拟找他们。此事请您与三先生酌量办理。我若病重，此地应托何人照料，并去电报通知。老太太及老太爷的事，亦须按时以金钱接济之。

周朱氏字

中华民国三十六年（1947年）三月一日

经历了十四年抗日战争的艰苦岁月，69岁（虚岁）的朱安已是年老体衰，病入沉疴。她意识到自己将不久于人世，于

朱安在北京西三条院内

是托人写信，就身后事向许广平做了交代。信中，她表示要与鲁迅合葬在上海的墓地，申明虽然有两位亲侄子，但她希望由周家的人，即许广平、周建人、海婴出面来料理她的后事。这是朱安最后一次强调了自己“生为周家人，死为周家鬼”。

尽管在北京生活多年，但朱安还是牢记着故乡绍兴的风俗，对入殓时穿的衣服、盖的被子等做了详细的交代。依照绍兴的规矩，当病人病势转危，回天无力时，就要及早准备临终换穿的衣服，趁还有一口气，迅速替他（她）换上，俗称“回首”衣裳。一经断了气，哪怕连忙来换，也已经来不及了，因为他（她）临断气的时候穿的是什么，死后也是穿什么。故临终换衣是一个极重要的环节。一般情况需要为临终者赶制“十三件头”的殓衣，至少七副的“被褥”。[①]

收到这封信，许广平的心情是颇为复杂的。一方面，她立即寄了一百万元（当时的币值）给朱安，并写信安慰她：“你一面医理，一面陆续做些衣服，冲冲也好。但千万不要心急，年纪大了，有病自然不舒服。也许吉人天相，天气暖了，逐渐会好起来。”[②]另一方面，她给在北平的委托人的信中表示：“丧事从简从俭，以符鲁迅‘埋掉拉倒’之旨。”“但因病人沉重，恐难理解‘鲁迅精神’，此节不必先向其征求意见。”[③]

由于许广平远在上海，所以朱安病后这段时间，主要

---

① 阮庆祥、裘士雄、张观达、任桂全：《绍兴风俗简志》，126~127页，绍兴市、县文联编印。

② 许广平：《1947年3月3日许广平致朱安信》，见《鲁迅研究资料》，第16辑，97页，天津，天津人民出版社，1987。

③ 许广平：《1947年4月1日许广平致吴院长、徐先生信》，见《鲁迅研究资料》，第16辑，100页，天津，天津人民出版社，1987。吴院长即吴昱恒，系当时北平地方法院院长。徐先生即徐盈，当时《大公报》的记者。

仰仗在北平的亲友多方相助。除宋子佩和住在西三条的阮和孙一家外，抗战胜利后，与鲁迅一家素有交往的谢敦南[①]及其家人，以及刘清扬女士[②]等，受许广平之托，代为转款给朱安并帮助照料，出力甚多。谢敦南的夫人常瑞麟与许广平是天津女师时的同窗好友，因此受许广平托付经常来照看。刘清扬作为一名社会活动家，在事务繁忙的情况下仍帮助管理钱款，还专程去西三条看了朱安一趟："到时果见病人又是非常痛苦！气喘不舒，脸与周身均已浮肿，饮食已大减少，令人观之，非常可怜！如此受罪，真不如早死之为愈，大家虽均作如此想，但其本人尚在求生甚切，因更迫切须要打针救济……"[③]

朱安从过年前发病，病情日渐沉重，在 3 月 16 日给许广平的信里她自述病状："脚肿至大腿根处，两颊发红，初时仅夜间气喘，后早晨亦喘，近来竟整日喘气。"到 5 月中

① 谢敦南（1900—1959），名毅，字敦南，福建省安溪县参内乡圆潭村人。他的夫人常瑞麟（字玉书，1900 年生），与许广平是天津女师时的同窗好友。1926 年后谢敦南和常瑞麟赴黑龙江谋职，此后一直与鲁迅、许广平保持着联系。

② 刘清扬（1894—1977），天津人。五四运动时期和直隶女师的同学郭隆真、邓颖超等发起成立了天津女界爱国同志会，当选为会长。1921 年加入中国共产党，1944 年在重庆加入中国民主同盟，并当选为民盟中央委员和妇女委员会主任。

③《1947 年 6 月 9 日刘清扬致许广平信》，北京鲁迅博物馆藏。

旬她的病情更加恶化："病状与前一样每至夜间十二小时光景则较重，两条腿永久是冰冷几乎不知道是自己的了，没有办法，当我气喘不上来难受得太厉害时，只好请大夫来打一针，我知道这病是不能医好的了……"在6月23日，也是她写给许广平的最后一封信里说道："我的病恐怕好是不容易的事。可是一时大危险也不至于，这是大夫的看法，这很使我为难。病的痛苦，有时不得已只好请大夫来打针，暂时可以好一些。您对我的关照使我终生难忘，您一个人要担负两方面的费用，又值现在生活高涨的时候，是很为难的……"

知道自己可能来日无多，临终前一段日子，朱安请隔壁傅太太列出了衣物清单[①]（此清单附于1947年7月22日阮绍先致许广平信内）：

> 麻料里子一块送许先生，蓝绸裤料一块送许先生；
>
> 白汉玉七块，翡翠镯一对，丝绵被一条，骆驼绒棉被一条，大红绸被一条，漂白床单一条，线毯一条，桌毯一条，皮车毯一条，蓝胡二色麻料两块，皮背心

① 朱安赠亲友衣物清单藏北京鲁迅博物馆，1947年7月22日阮绍先致许广平信中提及此份清单。

一件，红青外套一件，花缎夹裤一条，月白长裤一件，花缎长衫一件，胡色纺绸长衫一件，月白绸单裤一条，元色小棉袄一套，红青小丝棉袄一件，元色中棉袄一件，桌布一块，白布一块，衬绒小夹袄一件，窗帘两副，帐子三顶，丝绵小袄一件，毛线衣两件，毛裤一条，蓝麻料被面一件，补花床单一条，大小布长衫四件，月白竹布裙一条，被褥包袱一块，旧罗夹袄一件，锡罐一对。

和议单房契都封锁在箱内，钥匙交宋先生、阮太太收着。

送人衣物单

元青绸大袄雪青短绸衫一件（送宋太太）

藏青麻料一件（送宋先生）

短皮袄一件、麻绸衫一件、白洋布床单一条（送朱吉人）

夹衬绒斗篷一件（还二太太）

热水铜暖壶一个（二先生、二太太）

水烟袋一个（还大少爷）

衬绒绸长夹袍一件（送大小姐）

小柜一个（还二太太）

白绸长衫一件（送三小姐）

麻料红青丝棉裤一条（送孙女）

黑绸裙一条、白绸单衫一件（送孙女）

兰绸棉袍一件（送大少奶奶）

元色棉袍一件（送阮太太）

元色绸裤一条（送阮少奶奶）

绣花绸料一件（送阮筠先，已送）

雪青绸裤一条（送阮筠先）

藏青麻料一块（送二少爷、三少爷）

胡色纺绸小褂一件（送傅太太）

月白麻料裤一条（送傅文彦）

元色麻料斗篷一件（送西院张妈）

麻料棉袍一件小裤褂一身（送二太太家李妈）

胡绉夹袍一件小裤褂一身（送二太太家当差老李）

我所盖用之旧棉被、褥子、旧衣物等候我死后分给伺候过我的老妈们大家分分。

这两份清单，包罗了朱安一生的财物，也包罗了她临终前所记挂、感激和亲近的人们。这些人当中，第一位自然是许广平和海婴，此外还有宋子佩及其太太，她的内侄朱吉人、周作人一家，阮绍先一家、隔壁傅太太一家，以及那些照料她多年的老妈子等等。这份留存到今天的清单，让人多少感到一丝安慰，毕竟，在朱安晚年，作为鲁迅的家属，还是有那么多人热心地照料她，慰藉着她的寂寞。她是个旧式女人，同时也是一个善良的女人，在度过了极其痛苦的一生后，心底里还保留着感激和暖意，还希望用她遗留下的衣物和被褥，给活着的人以温暖。

无疑，作为一个旧式妇女，朱安最记挂的是自己的后事该如何办理，由谁来祭奠她，将来谁给她烧纸钱。她在3月1日托人给许广平写信，郑重地交代了自己的后事，同时，又一再嘱咐阮太太代为预备后事。为了使其安心，对于她提出的死后要和鲁迅葬在一处之事，阮太太明知这是不可能的，也只好先随口答应她把灵柩暂存浙江义园，以后有机会再设法南归。到6月24日，她的全身已肿，不能仰卧，翻身亦须有人帮忙，夜中时时胡语，醒来后她对守在身边的人说，她在梦里见到了去世的各位亲友……[①] 对于寂寞了一辈子的朱安来说，自然是希望人死后有灵魂，死掉的一家人还可以团聚。然而，这样真的就能使她的一生得到安慰

① 阮绍先：《1947年3月27日、6月24日阮绍先致许广平信》，见《鲁迅研究资料》，第16辑，99~100页、105~106页，天津，天津人民出版社，1987。

和解脱了吗？她是否也像祥林嫂一样，对于“人死后有没有灵魂”一事，心底曾掠过一丝疑问？也许，她宁可信其有，相信在另一个世界她能和家人团团圆圆地生活在一起，相信她这辈子所受的苦能得到补偿。

在她临终前一日，特地请人把宋琳叫到她的病榻前，当时她的神志还相当清醒，她再三叮嘱宋先生要转告给许广平两件事：（一）灵柩拟回南葬在大先生之旁。（二）每七须供水饭，至五七日期给她念一点经。对朱安的遗嘱，宋琳在给许广平的信里写道：“琳意（一）可由先生从长酌核。（二）所费不多，希望顺其意以慰其灵，念她病时一无亲切可靠之人，情实可怜，一见琳终是泪流满面，她念大先生，念先生又念海婴。在这种情形之下，琳唯有劝慰而已。言念及此，琳亦为之酸心。”[①] 她生前一直侍奉婆婆，众人心里也都认为她葬在鲁瑞的身边是最好的归宿，然而，她却留下了这样的遗嘱。这是否也意味着她对自己一生的否定呢？至死，她还是幻想着能在鲁迅的身边，至少在死后被他接受，她始终没有觉悟到自己是封建婚姻的牺牲者。此情此景，令人叹息。

---

① 宋琳：《1947 年 7 月 9 日宋琳致许广平信》，见《鲁迅研究资料》，第 16 辑，107~108 页，天津，天津人民出版社，1987。

1947年6月29日，朱安走完了她的人生之路，享年69岁。在北平的亲友料理了她的丧事，葬礼仪式虽然一切从俭，但还是依照她的遗愿，在她去世后次日请来了和尚念经做法事，这天，宋琳、阮家的人、谢敦南的夫人谢太太（即常瑞麟）以及羽太信子和周丰一等都在场[①]。许广平本希望"在老太太坟旁能购地"，将她与鲁迅母亲同葬在板井村的墓地，可惜未能如愿。后经宋琳等与周丰一商洽的结果，将她暂葬于西直门外保福寺[②]。她生前陪伴了鲁老太太一生，死后却没能守在婆婆身边。

在她死后，许广平委托在北平的亲友们保护好鲁迅西三条故居内的藏书及物品。这一份物品清单，是由常瑞麟登记的，附在阮绍先写给许广平的信中：[③]

---

① 1947年6月30日刘清扬致许广平信"……赖太太、傅太太、宋先生及一位钮太太均在照料，周宅的日本太太及其长子也在。棺材都很好，赖太太料理，傅太太写账，钮太太奔跑一切，总算很好……"信中的"赖太太"当为"阮太太"。原信藏北京鲁迅博物馆。

② 保福寺的墓地是周作人家所有的另一块坟地，1948年曾被当作汉奸财产没收，"文化大革命"破四旧运动中，朱安的坟地被毁坏。而西郊板井村墓地安葬了鲁迅母亲，陪伴在旁的有儿媳羽太信子、羽太芳子，孙子周丰三、孙女周若子四人。

③ 阮绍先：《1947年7月10日阮绍先致许广平信》，见《鲁迅研究资料》，第16辑，108页，天津，天津人民出版社，1987。

朱安去世后，一个人葬在偏远的保福寺。今天北京的保福寺一带，马路宽敞，高楼林立，除了地名还保留着，一切都已改变（作者摄于 2009 年 4 月）

三屜书桌一张、竹床一、黄皮箱一（装书）、大木椅二把、书架一双、屜柜一、茶几一个、三屜柜一、三屜书柜两（装书）、书架一个、六屜柜一、书柜一（装书）、桌灯一个、茶几四、衣箱六、三脚架一、大柜两层一份、上供用铁盒两份、藤椅六、床板四份、茶具一份（一盒一壶一杯）、方桌一、缸一口、小大蓝边碗七、红木椅四、脸盆架一、小大花边碗四、菜柜一、元凳两、小饭碗十九、带镜双屜桌一、红方凳十、碟子八、围椅一、衣架一、彩色碟八、藤圆桌一、木箱十（装书）、蓝边碟五、洋炉两、书箱八（装书）、汤碗两、双屉桌三、白皮箱四（装书）、小花盆带底两份、小茶杯六、茶壶一、长碗一、铝汤勺八、铁汤勺四、小汤勺六、磁汤勺九、玻璃杯二、酱油壶一、酱油碟两、酒杯十三、带盖瓷盆一、新暖壶一、旧暖壶二、铜暖壶一、蓝磁盘一、洋灰盆一、桌围二、水壶大小共三、牛乳锅一个、条案一、木箱一、高凳一、双屉柜一、烟筒四条、水缸三、煤球炉二、铁锅六、砂锅三、案板一、笼屉一、泡菜坛一。以上各物皆经谢太太查点后嘱为记下者。

这份物品清单很细碎，如果大致分一下类的话，主要就是家具、鲁迅的书柜和书箱及锅碗瓢盆等生活用品。

朱安小传

朱安去世后，整整隔了一个月，南京的《新民报》上登载了一篇关于她临终前的报道，标题为“朱夫人寂寞死去”，记录下了她走之前的音容笑貌，也留下了时人对她的评价。

《新民报》的记者称，他们在朱安去世的前一天，去访问了西三条，当时她的病已很沉重，但神智很清楚，她端详有两分钟之久，才肯定地说："失认得很。"记者说明来意后，她瘦削的脸上，浮起一丝笑容，说："请坐，谢谢大家的惦记。"她用苏州话[①]诉说她的病状："我的病是没有好的希望了，周身浮肿，关节已发炎，因为没钱，只好隔几天打一针，因先生的遗物我宁死也不愿变卖，也不愿去移动它，我尽我自己的心。……"她还对记者说，她寂寞的生活中，唯一的伴侣是王妈，王妈来了二十几年了，鲁迅在时就陪伴着她，目前一切都由她来主持，忠诚而忍耐，否则她更加寂寞，也许已经早死了……

对于她和鲁迅的关系，她说了这样的话："周先生对我并不算坏，彼此间并没有争吵，各有各的人生，我应该原谅他。"她还提到许广平："许先生待我极好，她懂得我的想法，她肯维持我，不断寄钱来。物价飞涨，自然是不够的，我只有更苦一点自己，她的确是个好人……"她临终的遗憾是没有见过海婴，她对记者说："海婴很聪明，你知道吗？有机会的话，我愿意看到他……"当记者提出要看看鲁迅的

① 这里记者有误，应当是绍兴话。

南京新民報日刊　中華民國三十六年七月二十九日

訪魯迅舊宅

手植洋桃亭亭如蓋
庭院冷落蔓草叢生

北平通訊

魯迅書齋

許廣平暫難北上
周作人之日婦又爭遺物

朱夫人寂寞死去
「周先生對我不算壞
許先生待我也極好」

臨死遺憾
未見海嬰

漢口通訊

蝴蝶組黨拐賣婦女
跳江自殺蔚成風

南京《新民报》于1947年7月29日刊载了朱安去世的消息

书房和后院时，她说：“啊！记者先生，你是想看看周先生的书房与套院吗？唉！园子已荒凉了，我没有心肠去整理，他最喜欢的那棵樱花，被虫咀坏了。去年我才将它砍倒。一切都变了，记者先生。”记者看到，鲁迅亲手植的那株洋桃，高出屋脊，绿叶森森，遮盖住西边的半个院子。鲁迅书房的窗外是一个小套院，有他亲手栽种的桃树、柳树和一口井，可以想象得出当年他是怎样地坐在那里写下了他的不朽的作品，可惜这一个小套院由于多年的失修，树木相继枯槁，蔓草丛生，已经凌乱不堪了。记者参观完院子，向她告别的时候，她连说着再见……

第二天，传来了鲁迅夫人朱安去世的消息。记者这样感慨她的一生："朱夫人寂寞地活着，又寂寞地死去，寂寞的世界里，少了这样一个寂寞的人。"同时，对她的一生也做了颇为公允的评价："鲁迅先生原配朱夫人病逝了，她无声息地活了六十九个年头，如今又无声息地离开了人间，然而，她确曾做了一件让人钦敬的事，鲁迅死后，任凭穷困怎样地逼迫她，也不忍卖掉鲁迅先生的遗物，当我们凭吊与瞻仰这时代的圣者的遗物时，谁能不感激朱老太太保留这些遗物的苦心呢？"[①]

时隔一年后，《新民报》又登载了她的一份"小传"和一张去世前的照片，照片及"小传"的提供者为"森"，有可能是曾住在一个院子里的阮和森（即阮和孙），也有可能是与鲁迅一家关系至为密切的宋琳，他的名字正好也有三个"木"字，总之应该是与朱安十分熟悉的人。报道的标题为"鲁迅夫人"，全文如下[②]：

① 佚名：《朱夫人寂寞死去》，载《新民报》（南京），1947 年 7 月 29 日版。

② 原载 1948 年 3 月 24 日《新民报》（南京）。

鲁迅先生与夫人不和，这是我们大家都知道的事。后来鲁迅先生去上海，与许广平女士同居，而在北平的朱夫人，还保持着缄默，鲁迅去世后，许女士也念到这位老太太可怜，常分一点版税给她。在去年夏季，鲁迅的老友们，传出朱夫人去世的消息，事后曾有人到宫门口西三条去访问，发现了她所住的地方是十分清寒的，让人发生着很多的感慨。

鲁迅夫人的相片，本刊过去曾登过一次，因为是小相片放大的，不能算是十分清楚。兹又由森君寄来朱夫人相片一张，并附小传。我们觉得还有重登的价值，所以再制版刊如文左一图。那小传也一并列后：

夫人朱氏，绍兴世家子，生于胜清光绪五年七月。父讳某，精刑名之学，颇有声于郡国间。夫人生而颖慧，工女红，守礼法，父母爱之不啻若掌上珠，因而择婿颇苛，年二十八始归同郡周君豫才（即鲁迅）。夫人柔色淑声，晨昏定省，羞馈以事其太夫人鲁氏数十年如一日。民国三十一年（1942年）春，太夫人病殁。夫人曾亲侍汤药，数月不懈。夫人以女子无才为德，因不识字，而又无所出，故其夫鲁迅，常卜居春申，然夫人以善从为顺，初无怨尤，迨胜利后，米珠薪桂，夫人以所得鲁迅版税余润，几无以自存。蒙蒋主席赐

魯迅夫人

北平《新民报》于1948年3月24日刊载了一份“朱安小传”

予法币十万金，始延残喘，可谓幸矣。民国三十六年（1947年）六月，夫人病于平寓，享年六十有九。呜呼！夫人生依无价之文人，而文人且不能依，物价杀人，识字者已朝不保夕，彼又安得不贫困而死哉！（照片森君寄刊）

这篇文言小传以充满同情的口吻，回顾了朱安令人叹惋的一生。也许，“死”对朱安来说是彻底的解脱。在风云激荡的 20 世纪，她用一双小脚跌跌撞撞地走完了她的人生，也曾发出一声声痛苦的呐喊。现在，她终于可以安安静静地休息了。“小传”中有这么一句感慨：“呜呼！夫人生依无价之文人，而文人且不能依。”一个“依”字，不正道出了朱安悲剧性一生的根源？作为一个默默无闻的旧式妇女，她的存在或许是卑微的；然而，作为鲁迅的影子，或者说，作为鲁迅的“遗物”，又是人们想忘也忘不了的。

尾声

在 1991 年出版的《上海鲁迅研究》上，刊有杨志华的《朱吉人与朱安及鲁迅》一文，文中言及 1987 年，在朱安去世 40 周年时，上海鲁迅纪念馆收到朱吉人先生捐赠的一帧朱安晚年的照片。如前所述，朱吉人系朱安之弟朱可铭的长子，出生于 1912 年，与姑母朱安感情甚笃，朱安曾一度欲将他收为养子。此文中谈及了他和姑母后期的一些往来：

1936 年 9 月，朱吉人回绍兴结婚，婚后，因妻不愿随同到上海，仍住绍兴父母家。10 月初朱吉人回沪，不久，获悉鲁迅逝世消息，遂赴万国殡仪馆瞻仰鲁迅遗容。因姑母曾有信嘱咐，不要以亲戚身份参加与鲁迅有关的任何活动，

朱安 63 岁照，摄于北京西三条寓院内，原照背面注有日期："阴历十一月十九日六十三岁时一九四一。"这帧照片是朱安赠其内侄朱吉人的纪念物，1987 年，朱吉人于姑母去世 40 周年之际将此照片捐赠给上海鲁迅纪念馆

所以鲁迅逝世后，朱吉人只以一般民众的身份参加了吊唁。

1937 年，抗战全面爆发，朱吉人全家均失业，各人只得自谋其生，朱吉人往北平姑母家，意图就业谋生。但一直未找到合适的工作，此后至 1943 年间，朱吉人往返于绍兴、上海两地，先后在绍兴地政丈量处任临时代书及上海华洋袜厂门市部做临时工。

1943年春，因无固定职业，朱吉人重上姑母家，在朱安及老夫人的挽留下，他暂留北京陪伴二老，并帮助外出采购家乡土特产及点心等。不久，老夫人于4月22日去世，姑母生活更清苦，她曾动员朱吉人将妻儿一同接往北京居住，但因闲居半年多无业可就，他想重回上海谋事，姑母了解实情后，遂设法托人介绍去唐山工作。在共同生活中，朱安与朱吉人建立了深厚的感情，姑侄关系胜似母子。临行时，朱安特地将自己63岁时在寓院内拍摄的这帧照片赠与侄儿留作纪念。1944年1月，朱吉人去唐山地检处当雇员（抄写）。在逢重大节日时，有时也往北京探望姑母。次年秋冬，地检处暂时解散，他便往北京等候复职，直至1946年初夏，才重回唐山，在唐山检察处工作。同年年底，因不断接到上海母亲、弟妹信催回上海就业，求得姑母谅解后赴沪。谁知，这次分别，竟成了他与姑母的永别。

1947年1月，朱吉人从天津乘船回沪，进江南造船厂当临时工。未到半年，获悉姑母病故噩耗，悲痛万分，因未能亲往送葬，乃成终身遗憾。不久临时工被解雇，只得做小生意（摆烟摊）度日。不幸于8月中旬，被公共汽车碾伤，截去左下肢而残废。

1949年后，幸得同乡知友照顾，在一个家庭小厂做零活。1956年公私合营时，并入上海家用化学品厂。1972年从上海家化厂退休。

从这篇文章中，我们知道，在朱安晚年寂寞的生涯里，朱家的这位内侄也曾陪伴她，给了她些许的安慰。得知朱吉人后来一直住在上海，也让我动了寻访其后人的念头。经过一番打听，我得到了朱吉人的地址，不过他已于1995年去世了，而且这几年上海到处动拆迁，很多地方都变成了高楼大厦，很让人担心朱家该不会早已迁走了吧？

令人惊喜的是，东余杭路一带竟然还保留着老城厢的旧有面貌，鳞次栉比的商铺，以及街道两边卖菜卖杂货的小摊小贩，使这里洋溢着一种特殊的生活气息，是待拆迁的本地居民和外来人口混合的地区所特有的氛围。

我从910号左右开始，留意着门牌号。越接近我要找的地址，心中越是忐忑不安，唯恐我要寻找的那个号恰好拆掉了。另外，也担心朱吉人的后人已经搬走了，那么，茫茫人海中搜寻就不易了。虽然，我也知道，此行未必能得到多少新的资料，但还是希望着能见到朱安的后人，和他们随便聊几句。

在一家干洗店前，我停住了匆匆的脚步。虽然没有门牌号，但从前后的号码数过来，应该就是这里。向干洗店老板询问，他们夫妻俩是外地人，告诉我从旁边的一扇铁门可以上楼。铁门一推就推开了，楼道里停着一辆摩托车，木楼梯有些陡，我走上去，走到一半，出来一位中年男人，问我找谁。我说找姓朱的，朱吉人家里。他的表情缓和了，把我让进家里。

我舒了一口气，这么些年了，朱家还住在这里！我迫不及待地跟进去，这是二楼临街的房间，光线不错。房间很小，大约十平方米出头，里面的家具很有些年头了。有一个

朱吉人全家照。自左至右：朱吉人、严阿大、朱佩英（朱佩英提供）

阳台，面对着街，厨房就搭建在这阳台上。我向主人说明来意，并询问他和朱吉人的关系。他说他是朱吉人的女婿，姓蔡。因为朱吉人的关系，他对朱安，也就是姑太太的事情是有所了解的。他说，那时岳父经常跟他们提到朱安，讲道：我有个姑母嫁给了鲁迅，鲁迅承认是承认，但没有公开过。

在我的进一步询问下，蔡先生告诉我：朱吉人三兄弟和一个妹妹都住在上海，彼此较少来往，第三个弟弟从外面回来后，和家里其他兄弟关系也很疏远，后来离开了，就不知道去哪里了。现在三兄弟都去世了，只有妹妹朱晚珍还在，也八十多了，恐怕也记不清过去的事了。朱吉人的夫人名叫严阿大（上海话发音就是倪阿杜，听名字可知是家中的老大），她是带着一个女儿嫁给朱吉人的，之前她育有一儿一女，和朱吉人结婚后，生下了朱佩英。朱佩英今年 50 岁，蔡先生今年 56 岁，都是初中文化程度。他们有一个儿子，23 岁，已经工作了。我第一次拜访，朱佩英不在家，第二次上门，我才见到了朱安的这位内侄孙女朱佩英。

蔡先生说，当年也曾分房子给他们，但地段偏远。朱吉人过马路时一条腿被无轨电车轧断了，当时没有好好医治，就残疾了，他怕住得偏僻生活不方便，就没有搬。这一住就是几十年。蔡先生家原在飞虹路，因为拆迁才住过来的。他听说我有意写朱安传，告诉我，前些年绍兴鲁迅纪念馆等地还寄来资料，这几年不寄来了。想来是朱吉人去世后，断了联系的缘故。他们藏有一些有关姑太太的资料，都是朱吉人生前收集的。其中有些显然是各地鲁迅纪念馆赠送的。

与蔡先生告别时，我打量了一下这房子的结构，二楼紧挨着是另外一户人家，上面还有一个三层阁，也住着一户人家。从楼道上安装的电表看，这楼上楼下起码住了四户人家。要改善居住条件，唯有等拆迁了，但从我的私心来说，却很庆幸因为这里迟迟未能拆掉而找到了朱家后人。

走下窄窄的楼梯，推开铁门，来到街上，我用照相机摄下了朱安侄子朱吉人住了几十年的这条街，摄下了那临街的破旧的阳台。朱家曾是绍兴的大户人家，朱可铭一家大约在 1935 年举家迁往上海，从此他们的后人就沉浮在了上海这座喧嚣的城市，分布在上海的角角落落，用各自的经历书写着另外一段历史。

附录一　朱安家世简表

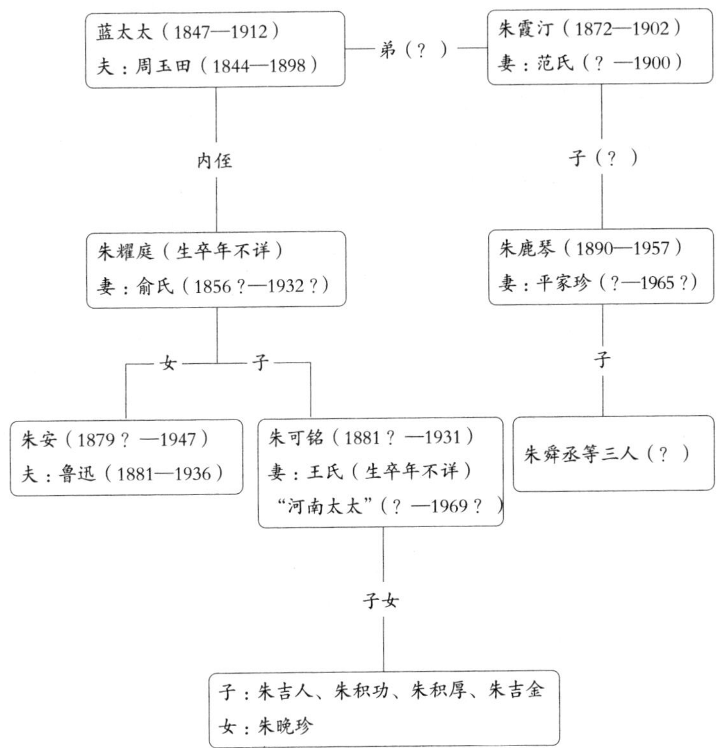
蓝太太（1847—1912）
夫：周玉田（1844—1898）
弟（？）
朱霞汀（1872—1902）
妻：范氏（？—1900）
内侄
子（？）
朱耀庭（生卒年不详）
妻：俞氏（1856？—1932？）
朱鹿琴（1890—1957）
妻：平家珍（？—1965？）
女
子
子
朱安（1879？—1947）
夫：鲁迅（1881—1936）
朱可铭（1881？—1931）
妻：王氏（生卒年不详）
“河南太太”（？—1969？）
朱舜丞等三人（？）
子女
子：朱吉人、朱积功、朱积厚、朱吉金
女：朱晚珍

附录二 鲁迅家用账[1]

（公历1923年8月2日至1926年2月11日）

癸亥年

十二年旧历六月二十日移居砖塔胡同六十一号

六月			
二十	煤球	百斤八吊	〇·四一二
	铁炉		一·四〇〇
廿一	房租	两月份	一六·〇〇〇
	女工		二·〇〇〇
	零用		四·〇〇〇
廿二	米		三·二〇〇
廿五	碗碟		〇·四〇〇
廿六	零用		一·〇〇〇
	洋烛		〇·一六〇
廿七	煤球		〇·四一二
廿八	零用		一·〇〇〇
	总计		二九·九八四（内房钱双份）
七月			
初二	房租	本月份	八·〇〇〇
初三	水		一·〇〇〇
初四	零用		一·〇〇〇

① 叶淑穗：《家用账》，见《鲁迅研究资料》，第22期，3～19页，北京，中国文联出版社，1989。原文统计有误差的数字，用[ ]标注并改正。

	煤		〇・四〇二
初七	零用		一・八五　二・〇〇〇
初十	米		六・四〇〇
	零用		一・〇〇〇
十一	煤		〇・四〇三
十二	零用		一・〇〇〇
十七	煤		〇・四三〇
	零用		二・〇〇〇
二十	女工		二・〇〇〇
廿一	零用		二・〇〇〇
廿五	零用	内煤百斤	二・〇〇〇
廿九	炭及盆		二・〇〇〇
卅	零用		二・〇〇〇
	总计		三三・六八〇 [三五・四八五]
八月			
初一	房租		八・〇〇〇
	煤		〇・四五〇
初二	米		七・〇〇〇
	零用		一・〇〇〇
初四	水		一・〇〇〇
初八	煤及柴		一・〇〇〇
初九	零用		一・〇〇〇
十四	零用		三・〇〇〇
十五	酱油		〇・三〇〇
十六	零用		一・〇〇〇
十八	南货		一・六二〇
十九	零用		一・〇〇〇
廿二	女工		二・〇〇〇
廿三	零用	内煤百斤	三・〇〇〇
廿九	零用		二・〇〇〇
	总计		三三・七三〇 [三三・三七〇]
九月			
初一	房租		八・〇〇〇
初五	零用	内煤百斤	二・〇〇〇
初七	鸡	六个又三个	二・〇〇〇
初八	水		一・〇〇〇
初十	炭		一・〇〇〇
十一	零用		二・〇〇〇
十四	零用		二・〇〇〇
十八	零用		二・〇〇〇

二十	女工	三·〇〇〇
	米	七·〇〇〇
廿二	零用	一·〇〇〇
	釜	〇·五二〇
廿四	零用	三·〇〇〇
廿七	零用	二·〇〇〇
卅	装火炉	三·三五〇
	煤	一·四〇〇
	总计	四一·二七〇
十月		
初一	房租	八·〇〇〇
	石油	二·〇〇〇
初三	零用	二·〇〇〇
初六	柴	一·〇〇〇
	零用	二·〇〇〇
初十	零用	二·〇〇〇
十五	水	一·〇〇〇
十八	零用	二·〇〇〇
二十	女工	一·〇〇〇
廿一	零用	二·〇〇〇
廿八	零用	二·〇〇〇
卅	米	一四·四〇〇
	送费	〇·一〇〇
	总计	三九·五〇〇
十一月		
初一	房租	八·〇〇〇
	零用	二·〇〇〇
初五	零用	二·〇〇〇
初八	零用	二·〇〇〇
十一	零用	二·〇〇〇
十三	石油	二·〇〇〇
	零用	二·〇〇〇
十八	零用	二·〇〇〇
廿一	女工	二·〇〇〇
廿三	零用	二·〇〇〇
	柴	一·〇〇〇
廿四	零用	三·〇〇〇
廿七	水	一·〇〇〇
	土车捐	一·〇〇〇
	总计	三二·〇〇〇

十二月		
初一	房租	八·〇〇〇
	零用	二·〇〇〇
初六	零用	二·〇〇〇
初九	零用	五·〇〇〇
十五	零用	一·〇〇〇
十六	米	七·二〇〇
十七	零用	二·〇〇〇
二十	零用	二·〇〇〇
廿一	女工	二·〇〇〇
廿五	零用	四·〇〇〇
	石油	二·〇〇〇
三十	零用	一·〇〇〇
	女工节钱	一·〇〇〇
	车夫节钱	一·〇〇〇
	总计	四〇·〇〇〇[四〇·二〇〇]

本年陆月零十日共用钱二百四十九元七角另四分[二百五十一元八角另九厘]。

平均每月用钱三十九元四角三分[三十九元七角六分]。

甲子年

民国旧历甲子之年

正月		
初三	房租	八·〇〇〇
初五	零用	三·〇〇〇
初九	零用	二·〇〇〇
初十	柴	一·〇〇〇
	水	一·〇〇〇
十二	零用	二·〇〇〇
十七	零用	二·〇〇〇
十九	女工	二·〇〇〇
廿一	零用	二·〇〇〇
廿五	零用	二·〇〇〇
廿九	零用	二·〇〇〇
	总计	二七·〇〇〇

二月		
初一	房租	八·〇〇〇
初五	零用	二·〇〇〇
初十	零用	二·〇〇〇

十四	零用	二·〇〇〇
十八	洋油	二·〇〇〇
	零用	二·〇〇〇
二十	女工	二·〇〇〇
廿一	零用	二·〇〇〇
廿四	零用	二·〇〇〇
廿七	米	一四·四〇〇
又	送力	〇·〇六〇
廿八	零用	二·〇〇〇
	总计	四〇·四六〇
三月		
初一	房租	八·〇〇〇
初二	水	一·〇〇〇
	零用	二·〇〇〇
初七	零用	二·〇〇〇
初十	零用	四·〇〇〇
	炭	一·〇〇〇
十六	零用	二·〇〇〇
二十	零用	二·〇〇〇
廿一	女工	二·〇〇〇
廿三	零用	二·〇〇〇
廿六	零用	二·〇〇〇
三十	零用	二·〇〇〇
	总计	三〇·〇〇〇 [三四·〇〇〇]
四月		
初二	煤油	二·四〇〇
初四	房租	八·〇〇〇
	零用	一·六〇〇
初七	零用	二·〇〇〇
十一	零用	四·〇〇〇
十四	零用	二·〇〇〇
十八	零用	二·〇〇〇
十九	女工	二·〇〇〇
廿一	零用	二·〇〇〇
廿三	女工	〇·五〇〇
	零用	三·〇〇〇
廿五	零用	二·〇〇〇
廿八	零用	二·〇〇〇
	虾米	〇·五〇〇
	总计	三三·〇〇〇

五月		
初二	零用	二·〇〇〇
初四	零用	二·〇〇〇
初七	零用	二·〇〇〇
初十	零用	二·〇〇〇
十三	零用	二·〇〇〇
十五	零用	二·〇〇〇
十七	零用	二·〇〇〇
二十	女工	二·五〇〇
廿二	米	一四·八〇〇
	面	三·一〇〇
	送力	〇·一〇〇
	零用	二·〇〇〇
廿五	零用	五·〇〇〇
廿九	零用	二·〇〇〇
三十	女工潘	二·五〇〇
	总计	四六·〇〇〇
六月		
初二	零用	二·〇〇〇
初四	石油	二·二五〇
	零用	二·〇〇〇
	以下失记	
八月		
初一	柴	一·〇〇〇
初三	零用	三·〇〇〇
初七	零用	二·〇〇〇
初十	煤油	二·三〇〇
十一	零用	五·〇〇〇
十二	节赏	三·〇〇〇
十五	零用	二·〇〇〇
十八	零用	二·〇〇〇
二十	女工	三·〇〇〇
廿一	零用	五·〇〇〇
廿四	零用	二·〇〇〇
廿七	零用	五·〇〇〇
	总计	三五·三〇〇
九月		
初三	煤	三·〇〇〇
初五	零用	五·〇〇〇
初七	米二担	三四·〇〇〇

	面	三·一〇〇
初十	零用	二·〇〇〇
十二	零用	五·〇〇〇
十五	煤油	二·三〇〇
十五	零用	五·〇〇〇
十九	零用	五·〇〇〇
二十	女工	三·〇〇〇
廿三	煤一吨	一三·〇〇〇
	车钱	一·二〇〇
	零用	二·〇〇〇
廿六	零用	五·〇〇〇
	总计	八八·六〇〇
十月		
初一	零用	二·〇〇〇
初四	零用	二·〇〇〇
初七	装火炉	七·三〇〇
	零用	四·〇〇〇
十二	零用	二·〇〇〇
十五	零用	五·〇〇〇
十九	煤球	三·〇〇〇
二十	女工	三·〇〇〇
廿一	零用	五·〇〇〇
廿三	石油	二·三〇〇
廿四	零用	二·〇〇〇
廿六	零用	二·〇〇〇
廿八	零用	三·〇〇〇
卅	硬煤	一·〇〇〇
	茶叶	二·〇〇〇
	总计	四五·六〇〇
十一月		
初二	零用	五·〇〇〇
初七	零用	五·〇〇〇
初八	煤球	一·〇〇〇
初九	零用	五·〇〇〇
十四	零用	五·〇〇〇
十八	零用	五·〇〇〇
十九	拜寿钱	三·〇〇〇
又	女工	三·〇〇〇
廿三	硬煤	一·〇〇〇
廿五	煤油	二·三〇〇

廿八	煤球	四·〇〇〇
	柴	四·〇〇〇
廿九	茶叶	一·〇〇〇
	总计	四四·三〇〇
十二月		
初二	零用	五·〇〇〇
初三	红煤一吨	一三·五〇〇
	大车钱	〇·七〇〇
初九	零用	五·〇〇〇
十三	零用	五·〇〇〇
	南货	五·〇〇〇
十四	女工	三·〇〇〇
十五	茶叶	二·〇〇〇
十七	米	一六·六〇〇
	面粉	三·五五〇
十八	零用	五·〇〇〇
	火腿	四·〇〇〇
廿一	零用	一〇·〇〇〇
廿六	零用	五·〇〇〇
廿八	煤油	二·三〇〇
	零用	二·七〇〇
廿九	女工年犒	二·〇〇〇
	总计	九〇·三五〇
平均每月用泉		四八·〇六一元

乙丑年

民国旧历乙丑之年

正月		
初十	零用	五·〇〇〇
十六	零用	五·〇〇〇
十九	茶叶	二·〇〇〇
二十	煤球	三·〇〇〇
	女工	三·〇〇〇
廿二	零用	五·〇〇〇
廿九	零用	五·〇〇〇
	总计	二八·〇〇〇
二月		
初三	零用	五·〇〇〇

初七	煤	五·〇〇〇
初九	零用	二·〇〇〇
十五	零用	一〇·〇〇〇
二十	女工	三·〇〇〇
廿二	米	一五·八〇〇
	力钱	〇·一〇〇
廿三	茶叶	二·〇〇〇
廿五	零用	五·〇〇〇
	总计	四七·九〇〇
三月		
初一	零用	一〇·〇〇〇
初八	零用	五·〇〇〇
十三	煤球	二·〇〇〇
十六	零用	一〇·〇〇〇
二十	女工	三·〇〇〇
廿七	零用	一〇·〇〇〇
	总计	四〇·〇〇〇
四月		
初二	米	一五·八〇〇
初六	零用	五·〇〇〇
初九	零用	一〇·〇〇〇
十一	茶叶	一·〇〇〇
二十	女工	三·〇〇〇
廿二	零用	一〇·〇〇〇
	总计	四四·八〇〇
闰四月		
初三	零用	一〇·〇〇〇
初六	茶叶	三·六〇〇
十二	米	一五·八〇〇
	面	三·七〇〇
十三	零用	一〇·〇〇〇
十九	零用	一〇·〇〇〇
二十	女工	三·〇〇〇
三十	零用	一〇·〇〇〇
	总计	六六·一〇〇
五月		
初四	女工节钱	二·〇〇〇
又	茶叶	二·一〇〇
初九	零用	一〇·〇〇〇
二十	女工	三·〇〇〇

又	零用	一〇·〇〇〇
廿八	零用	一〇·〇〇〇
	总计	三七·一〇〇
六月		
初五	米	一五·八〇〇
	力钱	〇·二〇〇
初六	零用	一〇·〇〇〇
十二	零用	一〇·〇〇〇
二十	女工	三·〇〇〇
廿一	零用	一〇·〇〇〇
廿九	零用	一〇·〇〇〇
	总计	五九·〇〇〇
七月		
初八	零用	一〇·〇〇〇
初十	修屋	八·〇〇〇
十六	石油	二·二〇〇
十七	茶叶	二·二〇〇
十八	零用	五·〇〇〇
廿一	米	一五·八〇〇
	面粉	三·七〇〇
	女工	二·五〇〇
廿七	零用	一〇·〇〇〇
	总计	五九·〇〇〇 [五九·四〇〇]
八月		
初五	零用	一〇·〇〇〇
初七	煤两吨	三二·〇〇〇
	煤车钱	二·〇〇〇
十二	零用	五·〇〇〇
十四	节赏	二·〇〇〇
十六	零用	一〇·〇〇〇
廿一	零用	一〇·〇〇〇
廿三	女工	二·五〇〇
廿九	米	一五·八〇〇
	面	三·四五〇
	送力	〇·二〇〇
卅	零用	一〇·〇〇〇
	总计	一〇二·九五〇
九月		
四日	零用	一〇·〇〇〇
七日	煤球千斤	六·〇〇〇

十一	零用	一五·〇〇〇
十七	米二包	三三·〇〇〇
十八	零用	一〇·〇〇〇
二十	女工	二·五〇〇
廿一	零用	一〇·〇〇〇
廿九	装火炉	一二·〇〇〇
	总计	九八·五〇［八八·五〇〇］
十月		
初三	零用	一〇·〇〇〇
初九	零用	一〇·〇〇〇
十七	零用	一〇·〇〇〇
二十	女工	二·五〇〇
廿四	零用	一〇·〇〇〇
廿九	零用	一〇·〇〇〇
	总计	五二·五〇〇
十一月		
初五	茶叶	二·四〇〇
	零用	一〇·〇〇〇
十一	零用	一〇·〇〇〇
十四	煤球	五·〇〇〇
十九	拜寿赏钱	二·〇〇〇
	零用	一〇·〇〇〇
廿一	女工	二·五〇〇
廿三	零用	一〇·〇〇〇
	总计	五一·九〇〇
十二月		
初二	零用	一〇·〇〇〇
初五	零用	一〇·〇〇〇
初六	米二包	三三·〇〇〇
初八	零用	一〇·〇〇〇
十一	女工	五·〇〇〇
十四	煤	一〇·〇〇〇
十六	零用	一〇·〇〇〇
廿三	零用	一〇·〇〇〇
廿八	零用	一〇·〇〇〇
廿九	年节赏	二·〇〇〇
	总计	一一〇·〇〇〇
平均每月用泉		六六·六四五

附录三 抗战后北平《世界日报》等刊物有关朱安的报道[①]

为鲁迅先生的遗族和藏书尽一点力吧

海 生

关于鲁迅先生，谁都承认他是中国的大文豪，大思想家，文化斗士，青年们的导师。虽然他已经死去了九年，却还在受着千千万万的人们的崇敬。

可是，他的夫人——一位白发萧萧的老太太，现在仍旧住在北平（住址是西四牌楼宫门口西三条二十一号），度着极清苦的生活。今年夏天，我受一位朋友的请托，送一

① 这一组报道主要根据叶淑穗抄稿整理。由于是民国时期的报道，有些用词、用语不符合现在的规范，如“她”写作“他”等。为呈现历史原貌，在此照录，不做改动。特此说明。

笔款子到她那里去，和她见了一面。那时，她正患着病，咯血，是因为每天吃杂粮而营养不足的缘故。她很伤感地诉述着苦况，并且说：“想死又死不掉！”这样凄惨的话。

关于鲁迅先生生前的藏书，仍旧由她保存着。她一度曾有出卖的意思，后经友人劝阻作罢。可是她对我表示，在实在没有办法的时候，也只有出卖了完事。

这是一件想不到的事情！像鲁迅先生这样一位一代的文豪死后，他的遗族竟度着这样凄凉的日子！我们既认为他是我们青年的导师，我们也正踏着他的足印向前迈进，我们就忍心看着他的遗族在生活压榨下、痛苦挣扎地受着折磨吗？我们能不为保存鲁迅先生生前费了多少心血而收藏的书籍，尽一点力吗？

一位文化的斗士，为了国家民族，毁坏了自己的健康，致遭死神的吞噬，他的丰功伟绩，是千古不朽的。然而却没有人顾念到他的度着艰苦生活的遗族，更没有一点的抚慰和援助，这可以说是公平吗？所以我要向大家呼吁请求，我们应该救济这位孤苦无依的鲁迅夫人。我们没有忘记鲁迅先生，也不要忘记他还有“求生不得，求死不能”的遗族在世。

编者按：文中提及之鲁迅夫人，系周树人先生之原配。至于现居上海，抚树人先生遗孤海婴之许广平女士，则系另一鲁迅夫人，闻生活亦极窘苦云。

原载1945年12月19日《世界日报》(北平)

响应援助鲁迅遗族

朽木

编者先生：

十二月十九日《明珠》载海生君《为鲁迅先生的遗族和藏书尽一点力吧》，我极表同感，并且第一个表示赞成，我们无论如何要帮助鲁迅的遗族，现在正是我们做这件事的时候。

迅翁逝世九周年于兹，我们未尝公开地开过纪念会，或举行任何纪念仪式，甚至都不敢提鲁迅二字。平心说，敌人并不见得可怕，因为他们也时常提及鲁迅，倒是敌人的“叭儿”们最是了不起——我们实在感到痛心，而也愈显示出迅翁的伟大。

今年——这个可庆的胜利年、光复年——十月十九日迅翁九周〔年〕祭，我们可该纪念一下了吧！然而仍未能，真使我们感到绝大的痛心。好像鲁迅已与中国没有干系了。虽然亦有一些报张副刊上争载纪念文，或是转载纪念文，但也都是鸡零狗碎，然而那青年的热心是使人深为感动的。不过，在大叫纪念鲁迅的时候，也该正视一下虽然鲁迅伟大，他给我们留下宝贵的教训，但也要看看他的遗族，那样的可怜的遗族；孤单的夫人同着迅翁的心爱的藏书，度着凄苦的岁月，并且喊着："想死又死不掉！"的痛心语。我们这一般敬爱迅翁的青年，就没有一点感触么！

教育部特派员这次奉命北来接收一切文化教育机关，情形大致也差不多了。而最奇怪的，他竟没有记起这一件事：中国最大作家的遗族，无人照管，度着苦难的日子。其实老实来说吧，沈公也曾是迅翁的知交之一，就因为这一点私人关系，也不该忘记了吧！这我并不是说，替夫人向沈公布施，不，不，我一点那样的意思也没有。我是说，未尝不可以借了这个机会，去代表政府向她慰问一番，她也许是一个无知无识的妇人，但只凭借了他（当然还有迅翁的先太夫人）而将许多珍贵的文献保留住了，没有散失，也没有叫敌寇抢去，这不是我们国家的光彩么！其他至于兴建鲁迅纪念馆，倒还是后事。

去冬上海盛传迅翁遗族欲出售翁生前藏书，那时真使我们捏着一把汗，后来幸而风平浪静。于是有远在沪滨给带款来者，而且亦有卖掉珍爱的藏书而捐与迅翁的遗族的，真是可歌可泣，称之为文化界之战士并不过誉！

最后，让我呼喊：我们援助鲁迅的遗族要“有一分热，发一分光”！

朽木拜启

原载 1945 年 12 月 26 日《世界日报》（北平）

访问鲁迅夫人

弓也长

十二月十九日，本刊发表了海生先生的《为鲁迅先生的遗族和藏书尽一点力吧》，引起了不曾忘掉鲁迅先生的人们的注意。二十三日，收到朽木先生响应的信，我们就用“响应援助鲁迅遗族”作标题，刊载在二十六日的《明珠》上。二十六日，收到因云先生的来信，提议以《明珠》为中心“发起一捐款运动，作为实物援助”。二十七日，更收到海生先生的《再访鲁迅夫人》，说在这几天之内，曾有两位生客探望过鲁迅夫人，一位是《民强报》的记者朱南郭先生，一位是“朝鲜剧人艺术协会”的理事长徐廷弼先生，他们二位除了对夫人表示慰问以外，更分别地送了点款子，但夫人并没有收受。二十八日，我给海生先生打电话，请他陪我同去访问鲁迅夫人，这一方面是想代表读者向夫人致慰，一方面是要把因云先生函嘱转交的款子送去。当天下午，海生先生实在太忙，所以就约定在二十九日下午，一同去访问鲁迅夫人。

二十九日是一个晴天，然而冷得很。下午四点半，同海生先生在西单的一家咖啡馆见面，随后就雇了两辆三轮车，在暮色苍茫中，到宫门口西三条的周宅。是一个坐北朝南的黑门，在那条胡同的紧西头。院里好像至少还有两家，鲁迅夫人就住在那三间北房。一进房门，正赶上鲁迅夫人吃饭，她颤巍巍地站起来，海生先生就把我介绍给鲁迅夫人。

不够营养的晚餐

一盏昏黄的电灯，先让我看清楚的是桌子上的饭食。有多半个小米面的窝头摆在那里，一碗白菜汤，汤里有小手指粗的白面做的短面条（有人管这叫“拨鱼”），另外是一碟虾油小黄瓜，碟子边还放着两个同是虾油腌的尖辣椒，一碟腌白菜，一碟霉豆腐。这就是鲁迅夫人当天的晚餐，没有肉没有油，没有一个老年人足够的营养！

夫人的个子很矮，一身黑色的棉裤袄，在短棉袄上罩着蓝布褂，褂外是一件黑布面的羊皮背心。头发已经苍白，梳着一个小头，面色黄黄的；但两只眼，在说话的时候，却还带着一闪一闪的光芒。

感谢同情的关切

我先说明了来意，鲁迅夫人连说了好几个“不敢当”，并叫我代她向一切同情关切鲁迅先生和她本人的人们道谢。以后，我就把因云先生的那封信和所附的法币四百元拿出来。夫人把信接过去，到房外找同院的一位先生给看了看，回来说可惜没有姓，同时好像也不是真名。对那四百元，却始终不肯拿，只说盛意是可感的，但钱却不能收，因为生活一向是靠着上海的许先生（按：即许景宋女士）给她带钱，没有上海方面的同意，另外的资助是不好接取的。据说：由于前几天朱、徐两位先生的好意，夫人已经给上海写信去了。

沈兼士曾有资助

鲁迅夫人又说，最近曾收到沈兼士先生送来的一笔款子，是国币五万元。这笔钱，本来是上海的许先生要托沈先生带的，但沈先生当时并没有拿到那笔钱，只说到北平一定给鲁迅夫人送一点款子去；结果，钱是送到了，然而并不是许先生托带的，而是沈先生自己跟几位老朋友凑起来送的。

夫人住的三间房，东里间是睡觉的地方，西里间就是鲁迅先生藏书的地方，中间的一间是所谓"起居间"，即吃饭会客及闲坐的所在。在中间那一间房子的后面，还有一个小套间，据说那就是当年鲁迅先生家居时的写作和读书的地方。屋里，靠东壁摆一张书桌，桌前一把藤椅；北壁上有两个大玻璃窗，窗外是一个空院，院里种些枣树什么的。夫人说，这间屋子还保持原来的样子，一点也没有动，一切都跟鲁迅先生生前布置一样。我看了看，不禁想起：就在这套间之内的北窗下，鲁迅先生的为人类的笔墨辛劳。

海婴今年十七岁

夫人今年六十七岁，比鲁迅先生大两岁。海婴，鲁迅先生的遗孤，据说已经十七岁了。夫人说的是绍兴话，略带一点所谓京腔；我是靠了海生先生的翻译，才能完全听懂的。

同鲁迅夫人谈了大约有一个钟头。夫人谈到交通的不便，谈到物价的飞腾……她说：“八年了，老百姓受得也够了，然而现在，见到的还是不大太平！”说完了，冷酷地笑了笑，接着又有几声咳嗽。夫人说，这些天身体总不大好，常常喘，可是血已经不吐了。想到夫人的身体，想到夫人的年纪，再想到那没有足够的营养饭食，我好像没有话可以说了。

六点多钟，同海生先生向夫人告别。夫人送到房门，还不断地叫我代她向一切关切鲁迅先生和她本人的人们道谢。在寒风凛冽中，走着黑暗的西三条，天边好像有一颗大星在闪眼。海生先生没有言语，我也沉默着。

然而这样一个访问，这样的一篇拙劣的记述，就能算是已经对鲁迅先生和他的孤苦的遗族，尽了我们应尽的义务了吗？

原载1945年12月31日《世界日报》（北平）

因云先生来信

弓也长先生：

鲁迅先生逝世了，但先生的遗族却贫困得要卖先生的藏书，并到了喊“想死又死不掉！”的地步！

朋友们，青年们！请你们不要想到苏联的高尔基，请你们不要想到……如何如何！如果你真那样想，未免就太幼稚，悲哀而近于滑稽了！

青年的朋友们！想一想鲁迅先生对于我们的热情与期待！我们为了要纪念先生，报答先生，安慰先生，希望我们拿出所有的力量，来履行我们的义务！

附法币四百元，祈转交鲁迅先生的遗族。

因云

十一月二十一日

因云先生：法币四百元，鲁迅夫人不肯收。该款如何处置，请示知。

弓也长拜

原载 1945 年 12 月 31 日《世界日报》(北平)

朽木先生来信

编者先生：

关于鲁迅翁遗族稿被刊出，其实我内心尚隐隐有如此一点意思，即以《明珠》为中心，发起一捐款运动，作为实物援助。但未悉尊意如何。……匆匆不一，并颂：

文安

朽木拜启

十二月二十六日

原载 1945 年 12 月 31 日《世界日报》(北平)

火热的人情

弓也长

无论怎么说，我们觉得这世间还有的是火热的人情！

在对于鲁迅先生的遗族和遗书的问题上，使我们更感到那煦煦的温暖！

昨年年尾，循从着海生、朽木、因云诸先生的好意，我们做了一件应该做的事——访问了鲁迅夫人。写了一篇粗陋的访问记，那意思，与其说是代什么人呼吁，不如说是想把这样的一个问题，更清详地提示出来。在我们，则有待着读者们的指点，而为人群认真地服役的决意的。

果然，跟着，我们就收到了许多的反应，许多对于这个问题的反应。当然这许多的反应也给了我们许多的欣喜，但这欣喜却是毫无偏私的。

在来信和来稿之中，都一致地赞同筹集一笔款子，作为鲁迅夫人的生活费和鲁迅遗孤的教育费。关于款子的筹措，更有人提出极其具体而确有可能的办法。至于对遗书之类，则主张最好能由国家的机关负起保存的责任，仿过去用于梁任公的遗书的方式。倘能像待歌德那样，当然是更好的。

谈到捐款的收受一点，上海的许景宋先生的意见，当然是应该听取的——鲁迅夫人不是表示过，没有上海方面的同意，她不好接受援助吗？据朽木先生来信说，他已经给许先生写信去了；而同时，鲁迅夫人这方面，听说也有信寄到上海去。想来不久，大概会都有下文的。

之外，又有人提议出版完本的鲁迅全集，和找一个年长的女孩子来侍伴年近七十的鲁迅夫人；这两点，我们觉得，也许还须要再行商榷，尤其是前者，因为那跟现在保有于遗族手中的版权，是很有关系的。然而同样地，由此也更能看出大家对于这个问题的苦虑和焦思也。

八号那天，我们又收到“朝鲜剧人艺术协会”徐廷弼先生送来的法币四千元；附言说，希望“为普及鲁迅先生的伟大性和救其遗族，发起一个广范围的运动”；而徐先生，则要与他的同志们，以朝鲜青年的立场，参加这个运动，期在“中韩国交和文化之交流”上，“尽一点微意”；那四千元，就是要“作该运动的一部基本”的。对于徐先生这一位异国的同志，以及为他的同志的朝鲜青年们，我们应该先表示感谢；至于那四千元，连同以前因云先生交我们转交，而鲁迅夫人没有收的法币四百元，已由我们在九号，作为活期存款存在金城银行西城储蓄处（存折一七三三九号）；意思是想再等待等待发展的下文。

以下，在今天以及明天后天，我们想把收到的有关这一个问题的来信和来稿，择要地发表。这将是一个值得珍贵的记录，一个深蕴着火热热的人情的值得珍贵的记录！

天冷得很，我们且谨守着这一团煦煦的温暖吧！

原载 1946 年 1 月《世界日报》（北平）

对鲁迅遗族希能发起捐款运动
已另函征求许广平同意

朽木

弓也长先生：

今阅年末日《明珠》，见尊作《访鲁迅夫人》，感奋莫名。只因为有几封信，略提及关于迅翁的遗族问题，想不到竟劳动大驾，并约同海生先生一同去访问迅翁夫人，真令人佩服，佩服！但以此又使我多增加了一点见识，即一个副刊的编者不仅只会看一看稿子，编一编文章便算，而还得要做其他一切可做的事情。但祈不要误会我说这话是在奉承先生，因为有许多报章副刊不仅不刊此类文字，甚至对“鲁迅”二字均避之若浼，亦很可叹耳！

先生在那文中使我多知道一些事情，其实那也正是其他广大的读者们所极欲知道的。先生在那文末后说的：“然而这样一个访问，这样的一篇拙劣的记述，就能算是已经对鲁迅先生和他的孤苦的遗族，尽了我们应尽的义务了吗？”我想，除了自谦的字眼以外，应修正为：“我们只弄弄文字，略提及了迅翁的遗族，就算是已经对迅翁和他的孤苦的遗族，尽了我们应尽的义务了吗？”这么一来，范围就广大得多了——然而我也就不能不先将我自己放进去。

据海生先生说，曾有过两位生客访问过迅翁夫人，今又读因云先生信，知曾托先生转交夫人法币四百元。我们应承认这些都是血泪的捐助，虽然夫人并未收下。据先生文中谓，系未得许广平先生同意，不好收受任何人的款项。这其实是人情上当然的一种步骤，是无可怪的。前我在给先生第二信后，又给上海许先生寄去一封航空信，是提及北方青年对迅翁遗族的关心，并略略有点征求她的同意，使允许我们能发起一捐款运动——尤其对北平的迅翁遗族。同时，对她的近况也略有询及。今见先生的大文刊出，我确认这个运动——即对迅翁遗族捐款的发起运动——已经在广泛地展开着，当然我希望能在最近期内得到实现，《明珠》是不能逃出这个责任的。至于我呢，绝对无条件地遵从先生的指示，愿尽我的力量来帮助完成这件伟大的事情！草草匆此，余不一一，并致敬礼！

朽木

原载 1946 年 1 月《世界日报》（北平）

关于鲁迅的遗族与遗书

朱学郭

本月十九日读《明珠》海生先生的《为鲁迅先生的遗族和藏书尽一点力吧》一文后，我以《民强报》记者的名义去访问过一次鲁迅夫人。去是拟有一个办法的，原打算得鲁迅夫人同意后，便发动一个捐款运动，预计可得相当成数，作为她的生活费，而请遗族将遗书捐赠北平图书馆，仿梁启超先生遗书之例辟专室陈列，永供后人瞻仰阅读。倘若数目能再大一些，能将房室器具都购置下来，照鲁迅先生曾在那里读书做文章时的样式陈列，像德国对歌德的办法，让它成为国家的纪念物，那就更好了。

会到鲁迅夫人后，我的原计划并未开口，因为我觉得鲁迅夫人是个可敬爱的人物，她的生活虽困难，还没到绝无办法。她不肯接受援助，遗书也不会失散在她的手里，住的房屋是自力，在她生前当然还要住下去。

原载 1946 年 1 月《世界日报》(北平)

依然是关于……鲁迅先生的问题

弓也长

关于鲁迅先生的遗族和遗书的问题，自经本刊不断地发表并讨论以来，已引起广大的读者们的注意，是事实。不过，这个问题的关键，也就是我们所要等待的下文，则在于上海方面的许景宋先生的意见。朽木先生，这个问题的最早的响应者，据他来信告诉我们，已经给许先生写信去了。我们想：许先生不久一定会有回信来的，所以就一直地等待着，等待着。

在这个等待的期间，我们收到了葛教先、杨晋祥、元几、朱英、王永青、张铁夫、宋实、聂逸园、徐昭文诸位先生的来信或来稿，并左海、吴青、遂怀平三位先生的寄款。由此可见，这个问题依然在继续地发展着，并没有因为等待而解消。

截到今天为止，由第一个寄款的因云先生算起，我们先后收到的寄款有：

因云先生的四百元，徐廷弼先生的四千元，左海先生的一千元，吴青先生的二百元，遂怀平先生的二百元：一共是法币五千八百元。

这五千八百元，都由我们存在金城银行的西城储蓄处了。（存折是一七三三九号）

朽木的来信

二十三日，我们又收到朽木先生的来信，原信是这样的：

弓也长先生：

今日收到许广平先生来函，内称不希望我们那样做。今并将原函奉附，以便参考。我自然感觉一点微微的失望，盖我们前曾想：至低，许先生亦会允许我们对平市遗族予以帮助也。但许先生既不愿意，当亦无法。

不过我自始至终觉得我们都是善意的，亦像你所说，都是“毫无偏私的”，缘我们如此做，乃由于对鲁迅翁之崇敬。迅翁逝世八周年祭日，我曾为文称，不要忘记平市迅翁之故居，也就是说，将来要为迅翁建纪念馆图书馆时，不只上海，还有比上海更重要的北平故居。而平市遗族系翁生前藏书之保管人，我们因为关切翁生前藏书，自然也就关心到它的保管人，这不是很自然么？

关于许先生，我相信她之不愿意我们如此举动，抑或自有其苦心，我相信其内心亦仍是善良的。而且抑或以为我们如此做，亦未尝不与翁之遗嘱有相抵触处。不过我们尽可不必因此而失望，窃以为其他可做的事情还多，正如许先生所谓“各方待救较个人为重”。事实上，倒是更大的事情较更小的事情为重耳。未审尊意云何？匆此不一，顺颂文祺。

朽木上

一月廿二日

景宋的意见

至于所附的许先生的信，是：

杇木先生：

两奉惠教，殷殷垂念鲁迅家属生活，无任感荷。平方生活，当竭尽微力。倘劳社会贤达如先生们者费心，实不敢当，因胜利之后，各方待救较个人为重者实多。谨此布臆，并候台绥！

许广平启

一月十八日

如此，则这三个问题，尤其是关于遗族的生活那一部分，恐怕也真要如杇木先生所说，“许先生既不愿意，当亦无法”了吧？那么，由我们所收存的五千八百元，要怎样地处置呢？这好像是应该征询寄款者的意见之后，才能决定的。所以希望：寄款的五位先生，能早日地给我们指示。

论到遗书，乃及出版全集，建立鲁迅纪念馆等问题，在现在，似乎也只有摆在这里了。昨天我们收到珊珊先生的来稿，虽然谈的都是关于罗曼·罗兰的事，但想来，好像也未尝不可作今日的我们的对于上述问题的参考。所以就把那来稿，发表在这篇文字的后面。

杇木先生的信上说：“我们尽可不必因此而失望，窃以为其他可做的事情还多，正如许先生所谓‘各方待救较个人为重’。事实上，倒是更大的事情较更小的事情为重耳。未审尊意云何？”那么，对于一切注意鲁迅先生的遗族和遗书这问题的读者们，我们也应该说一声："未审尊意云何"吧？

罗曼·罗兰友人会——已于本月初在巴黎组成

珊 珊

本月二十日，在国际文艺沙龙举行座谈会中，遇到法国驻北平的领事佘敫华氏。佘氏是《明珠》的忠实读者，对于鲁迅遗族的捐款等问题，表示了极其同情的热忱。以后就说到，在巴黎，对罗曼·罗兰，已于本月初成立了一个叫作"罗曼·罗兰友人会"的组织。这个会，是以罗氏的女公子为中心的，将从事于罗氏著作全集的出版，和罗氏著作原稿并书札的搜集整理。同时，更想在最近的将来，成立一个罗曼·罗兰专馆。现在呢，则正为罗氏的遗族发起捐款的运动。至于纪念专馆的地址，据说，也许要设在罗氏久住的瑞士。

听了佘氏的话，不禁地使我想到我们的鲁迅先生乃及他的遗族……那么，"鲁迅友人会"之类的组织，在现在，该也有其必要吧？我把它作为一个问题地提出来，给大家参考。

原载1946年1月27日《世界日报》（北平）

鲁迅藏书出售问题[①]

一　鲁迅藏书有拟出售说

八月二十五日本市《新中国报》载有《鲁迅藏书有拟出售说》新闻一则，内云："我国近代大文豪鲁迅先生，其生前旅居北京时间最久，南下以后，仍拟返平久住。故其平生所搜购之中外书籍及碑帖等，均储藏于北京寓所，南下后继续搜购所得，亦随时北运，收藏颇富。鲁迅先生逝世后，纪念委员会蔡孑民等除编印全集外，并拟翻印其所藏碑帖，以为研究我国文化沿革作参考，因鲁迅先生收藏碑帖之目的，与一般鉴古家异趣，并非视为古董而徒供私人鉴赏把玩也。事变以后，计划未能实施。近闻鲁迅先生在平家属，拟将其藏书出售，且有携带目录向人接洽。关心文化者闻之，深望中日当局及文化界能设法保留其原状，以供后世观摩，不使此一代文豪之手泽，致有散失之虞云。"

二　唐谔：保全文物与重振文化

据昨日本报载称：鲁迅先生在北平的藏书，其在平家属有拟出售之说。这一个消息，使人马上联想到两个问题：

---

① 自鲁迅逝世后，上海方面关于鲁迅身后版权、鲁迅藏书出售问题及朱安生活状况等也有报道，其中有些小报的报道多有不实之处。修订版增补以下三则报道，以供读者参考。

第一，是一代文豪如鲁迅先生，决不能任其手泽遗散，保全之责，不仅是其家属私人的事；如果任其遗散，那是一桩罪恶。第二，是鲁迅先生在北平的家属只有一人，所以要出售藏书，无非为了生活艰苦；但是为什么会连一个人的生活都要藉出售藏书始能维持？这又是谁的责任？

以近代其他国家为例：政府以及社会对文人学者生前的优待不必讲，身后的哀荣和纪念，更是备极隆重（举行国葬的很多），其生前的住宅、用具、书籍等，常保持原状，以供后人凭吊。至于其所遗直系家属的生活，根本不会发生“饔飧不继”的情事。（子孙的情况是另一件事，但有时也有人推“屋乌之爱”，而特别扶植他们的。）至于中国，在政治清明之日，人们也常对所敬爱的人物，即一草一木之微，也特加爱护。国风甘棠之诗，岘山坠泪之碑，千古传为佳话。退而言之：如严子陵的垂钓之所，谢皋羽痛哭之台，后人也备至爱护，偶一登临，辄使徘徊不忍去。

以鲁迅先生的文章气节，文化的功绩而言，列于世界文豪之林，未暇多让；比于古代文人逸士，更有过之。敬仰他的人，不仅遍于国内，就是国外人士，也备至钦慕。现在离开他逝世的时间，不过九年，尸骨甫寒，墓木未拱，而其平生手泽所存的藏书，就听其散失，这是何等可痛可羞的事！

事变以来，兵燹遍地，有历史文化价值的文物，散失损坏的很多。在平时，文化学者的遗物，无论身前身后（特别是身后）散失的也不少。但这种情况，和鲁迅先生所遗藏书不同：因为在兵乱战祸的时候，治安无人维持，文物散失为人力所不及预防或抵抗；这和在治安确立的大都市中环境截然不同。还有某些文人学者，平时对自己所藏的书籍等漠不关心，不事整理，逝世以后，致遭遗失，以我国社会情况而言，虽有热心维护的人，也来不及挽救保持；但鲁迅先生平生对他的书籍等非常爱护，收藏书籍碑帖，为其生平唯一嗜好，随时整理，逝世以后，又经专家整理，便有极详细的目录，保留之事，极简单容易。如果不散失于民国二十六年（1937 年）战火笼罩北平之时，而散失于秩序恢复了七年之后的今日，负政治与文化之责者，决不能再有所推诿了。

近年来侈谈文化的颇多，各种以建设文化为号召的刊物书籍也发行的不少，但究竟这许多出版物中有文化价值的有百分之几？谁也不能作任何较大比数的答案吧！单纯作宣传的固然算不得文化；为了报销而刊行的更说不上文化。可是我们所接触到的却独多这一类的东西。

文化两字正确的定义，应该是“生活的累积”。战时固然改变了生活，也创造了新的生活方式，但战争是一种手段而不是目的，所以战时生活是一种过渡时期的生活，是为了取得更高级生活而必须忍受较低生活的方式。因此战争时期文化必然降低。战时的文化工作，正也不必存着过高的期望，只要做到两点就“可告无罪”了。哪两点呢？消极的维持文化的持续，积极的储蓄一些资材和力量，为战后做些准备。

这一类话，或者有人认为太消极，太把战时的文化工作看轻了。甚至或许有人说：现在是伟大的时代，每个人都在这巨大的洪炉中熬炼，正应该熬炼出灿烂的文化出来。这或许是的，司马迁在《太史公自序》里曾历举出许多足为文化史上里程碑的巨著，都是在艰苦困厄之中成功的，他的史记也是如此。其实这许多巨著，在著作的当时是不受重视的，就是司马迁的史记，到后汉末叶还被认为“谤书”的。

（中略）

个人的意见，认为今天的文化工作，无论在野在朝，第一件紧要的事是保全现有的文物，好搜集储藏各种资料，为不久之后的文化工作多准备一些可资凭借的材料。换句话说：就是为我国文化前途多保留一些元气，使以后重振文化时有所凭借。这是极易做到的，也是必须做到的。（八月二十六日《新中国报》“专论”）

三　君宜：鲁迅藏书出售说

据报载：鲁迅先生在平藏书，其留平家属有拟出售之说。闻之颇使人怃然。文人多穷，虽著作等身，辄生前贫病交迫，死后更无以庇其遗族。鲁迅翁一生倔强，不肯乞怜，平生节衣缩食，除搜藏书籍外别无嗜好，故所贮藏者虽非尽精本善本，大都为有用有价值之典籍。翁平生酷爱北平，常拟老居于此，故南下后所搜购者亦随时装箱北运。如出售之说果确，则翁手泽散失，亦文化浩劫之一矣。并世各国对学者莫不尊崇备至，其生前所居之处，所用之物，虽数百年后尚保留如旧，以供后人凭吊瞻仰。我国凡事落后，不足语此，但卓然成家如鲁迅翁者，死不十年，即不能保留其手泽，自不能使人不兴“龟玉毁于椟中”之感也。

鲁迅翁在平家属，除其介弟启明老人外，仅前妻一人，本与其老母同居。鲁迅翁生前，由北新书局月发版税二百元汇平。事变以后，启明老人淹留故乡，即因有“老母寡嫂在”之故。今其老母已逝，所余仅“寡嫂”一人，日用消耗，亦极有限。岂以启明老人今日之地位，竟不能庇一“寡嫂”而必欲出售鲁迅翁遗泽始足为生耶？此则未免令人百思而不解者矣。（八月二十六日《海报》第二版）

四　许广平：启事

陶爱成律师代表鲁迅（周树人）先生家属许广平周海

婴启事

兹据鲁迅先生家属许广平周海婴来所声称："据八月二十五日《新中国报》载：'鲁迅先生在平家属拟将其藏书出售，且有携带目录向人接洽。'闻后甚为惊异。按鲁迅先生终身从事文化事业，死后举国哀悼，故其一切遗物，应由我全体家属妥为保存，以备国人纪念。况就法律言，遗产在未分割前为公同共有物，不得单独处分，否则不能生效，律有明文规定。如鲁迅先生在平家属确有私擅出售遗物事实，广平等决不承认，并深恐外界不明真相，予以收买而滋纠纷，为特委请贵律师代表登报声明。"等语前来，合代启事如上。（九月十日《申报》）

启

关于鲁迅先生在平家属出售藏书的资料，例如藏书出售部分的目录，以及出售者姓氏和兜售的实情，如有所知，希望本外埠读者赐函或赐稿，本刊站在维护文化，保卫文化遗产的立场上，当以纯客观的态度选辑后酌予发表。——编辑室

原载1944年10月10日《文艺春秋》第1期（上海）

蒋主席慰问鲁迅夫人！！

事经本报驻平记者投函陈诉，平市府奉命办理并馈十万金

海燕

上月二十八日，上海电信局送来一份四一一八〇号的专电，是本报驻平记者何海生君发来报告新闻的。文云：

“上海《海光》周报社同人鉴：蒋主席莅平时，弟曾函陈鲁迅夫人寓平生活清苦现状。昨经郑秘书长彦棻偕临大补习班主任陈雨屏奉命前往周寓宣慰，并代主席致送十万金。余事容即函详——弟何海生叩”

这是一件很有意义的事，尤其是蒋主席怜老恤贫，不遗在远那番德意，令人不胜感奋。

接着，何君的航空快函，也在翌日递到。经过情形，大概是这样的：

老人家生活太清苦

文化巨人鲁迅先生逝世后，他的夫人仍旧住在北平西

四牌楼宫门口西三条二十一号；但她老人家孤零零地度着非常清苦的生涯。虽则上海许广平女士时常有款汇去接济她，无如北平物价的不断高涨，常使她陷于很窘迫的环境中。所以，她每天只吃杂粮、萝卜头、芝麻酱等等，都是一点没有营养的食物。这对于老年人，当然不很相宜，于是，病魔也就时常地纠缠着她。

前次，蒋主席莅平的时候，曾设立陈诉箱，准许人民陈诉一切痛苦。何君遂以本报记者的名义，特地写了一封信详述鲁迅夫人清贫现状，请求加以救济。因为鲁迅先生是中国最伟大的文化斗士，大家不能眼睁睁地看着他老人家的遗族，度着凄凉的岁月。这虽是一个整个的社会问题，但和资本家施给贫寒人一点小惠的意义，是绝端不同的。所以，何君便仗义执言，写就一封长信投到西四牌楼的陈诉箱里去。因为，倘没人去陈诉，主席又怎会知道呢?

平市民传为美谈

后来，主席飞回了重庆，不久间就将何君投函察及；并即函饬北平市政府遵示办理了！在二十四日的早晨，市府郑秘书长彦棻即偕同临大补习班主席兼北大教授陈雨屏氏奉命前往周寓，特向鲁迅夫人面致殷勤慰问之意，并代主席致赠国币拾万元。

事后，平市民众得知此事，传为美谈！何君得此消息，因于翌日的傍晚，特地去拜访鲁迅夫人。那时候，她正在用着晚餐。但和平时不同，她已经在吃着红烧肉和大米饭了！

原载1946年2月6日《海光》第10期（周报，上海）

鲁迅德配夫人在平生活
许广平供给开支，周作人住宅被封

施恩

鲁迅先生逝世依旧，而周作人则以曾任华北伪组织之"教育总办"，为当局所逮捕，羁押狱中已二月矣！鲁迅先生之原配夫人，至今犹在北平，渡其清苦之生活。近有友人自北方南来，友人之寓，适与鲁迅北平宫门口西三条之老家为毗邻，因与鲁迅夫人相稔熟，每月生活之资，皆取自许广平处。彼今年已六十余岁，身材极瘦小，然精神甚健，屋为鲁迅自置之产，距置产时，已将三十年，屋尚宽敞，客室后尚有鲁迅生前之著书室，壁上悬鲁迅之照相及画像，书橱内多日文书籍，凌乱未整理，盖犹与十余年前鲁迅伏案时无异。

鲁迅夫人与戚串数人同寓宅中，故颇不寂寞。周作人被捕后，八道湾之住宅，方由宪兵看守，其东洋太太则犹住偏房内，鲁迅夫人时往探视，并略周济，盖周作人恃笔杆为生，入狱后其家属生活颇艰困也。

原载 1946 年 3 月 23 日《快活林》第 8 期（周刊，上海）

主要参考文献

回忆资料

1. 郁达夫 . 回忆鲁迅 [M]// 郁达夫 . 回忆鲁迅——郁达夫谈鲁迅全编 . 上海：上海文化出版社，2006：11-35.

2. 孙伏园 . 关于鲁迅——于昆明文协纪念鲁迅逝世三周年大会席上 [M]// 孙伏园，孙福熙 . 孙氏兄弟谈鲁迅 . 北京：新星出版社，2006.

3. 许广平 .《鲁迅年谱》的经过 [M]// 许广平 . 许广平文集：第 2 卷，南京：江苏文艺出版社，1998.

4. 孙伏园 . 鲁迅先生二三事 [M]. 长沙：湖南人民出版社，1980.

5. 欧阳凡海 . 鲁迅的书 [M]. 桂林：文献出版社，1942.

6. 荆有麟 . 鲁迅回忆断片 [M]// 鲁迅博物馆，鲁迅研究室，《鲁迅研究月刊》. 鲁迅回忆录 · 专著：上册 . 北京：北京出版社，1999：119-208.

7. 林辰 . 鲁迅传 [M]. 福州：福建人民出版社，2004：237-249.

8. 许寿裳 . 亡友鲁迅印象记 [M]// 鲁迅博物馆，鲁迅研究室，《鲁迅研究月刊》. 鲁迅回忆录 · 专著：上册 . 北京：北京出版社，1999：209-308.

9. 增田涉 . 鲁迅与许广平结婚的问题 [M]// 增田涉 . 鲁迅的印象 . 长沙：湖

南人民出版社，1980：44-45.

10. 许广平 . 欣慰的纪念 [M]. 北京：人民文学出版社，1951.

11. 周作人 . 鲁迅的故家 [M]// 鲁迅博物馆，鲁迅研究室，《鲁迅研究月刊》. 鲁迅回忆录 · 专著：中册 . 北京：北京出版社，1999：897-1082.

12. 曹聚仁 . 鲁迅评传 [M]. 香港世界出版社，1956.

13. 陈云坡 . 鲁迅家乘及其佚事 [Z].1958. 内部资料，藏北京图书馆 .

14. 周冠五 . 鲁迅家庭家族和当年绍兴民俗：鲁迅堂叔周冠五回忆鲁迅全编 [M]. 上海：上海文化出版社，2006.

15. 周作人 . 知堂回想录 [M]. 九龙：香港三育图书文具公司，1970.

16. 许羡苏 . 回忆鲁迅先生 [M]// 鲁迅研究室，鲁迅研究资料：第 3 辑 . 北京：文物出版社，1979：199-215.

17. 寿洙邻 . 我也谈谈鲁迅的故事 [M]// 鲁迅博物馆，鲁迅研究室，《鲁迅研究月刊》. 鲁迅回忆录 · 散篇：上册 . 北京：北京出版社，1999：1-9.

18. 钦文 .《鲁迅日记》中的我 [M]. 杭州：浙江人民出版社，1979.

19. 唐弢 .《帝城十日》解——关于许广平《鲁迅手迹和藏书的经过》的一点补充 [J]. 新文学史料，1980（3）：101-105.

20. 俞芳 . 我记忆中的鲁迅先生 [M]. 杭州：浙江人民出版社，1981.

21. 周芾棠 . 乡土忆录——鲁迅亲友忆鲁迅 [M]. 西安：陕西人民出版社，1983.

22. 鲁迅研究室 . 许广平往来书信选 [M]// 鲁迅研究室 . 鲁迅研究资料：第 16 辑 . 天津：天津人民出版社，1987：3-118.

23. 唐弢 . 关于周作人 [J]. 鲁迅研究动态，1987（5）：41-47.

24. 裘士雄 . 陈文焕谈朱安家母等情况 [Z].1990. 未刊稿 .

25. 裘士雄 . 朱吉人谈姑母朱安等情况 [Z].1990. 未刊稿 .

26. 孙伏园 . 朱安与鲁迅的一次冲突 [J].《鲁迅研究月刊》，1994（3）.

27. 周作人 . 周作人日记：上 [M]. 郑州：大象出版社，1996.

28. 周建人，周晔．鲁迅故家的败落 [M]. 福州：福建教育出版社，2001.
29. 李霁野．李霁野致许广平信 [M]// 李霁野．李霁野文集：第 9 卷．天津：百花文艺出版社，2004.
30. 朱增等．山阴白洋朱氏宗谱 [Z]. 上海图书馆藏．

论著

31. 竹内好．鲁迅 [M]// 竹内好．近代的超克．李冬木，赵京华，孙歌，译．北京：生活·读书·新知三联书店，2005.
32. 尾崎秀树．围绕着鲁迅的旧式婚姻——架空的恋人们 [J]. 日本《文学》，1960（5）：518-527.
33. 高木寿江．鲁迅的结婚和爱情 [J]. 日本《鲁迅之友会〈会报〉》第 13 期．
34. 程广林．日本人关于鲁迅旧式结婚问题的探讨 [J]. 中国现代文学研究丛刊，1980（3）：332-336.
35. 稽山．鲁迅和朱安女士以及他俩的婚姻问题 [J]. 绍兴师专学报（社会科学版），1981（2）：29-31.
36. 蒋锡金．《自题小像》和“婚姻说”[J]. 新苑，1981（3）．
37. 薛绥之．鲁迅生平史料汇编：第一辑 [M]. 天津：天津人民出版社，1981.
38. 稽山．鲁迅和朱安婚姻问题史料补叙 [J]. 绍兴师专学报（社会科学版），1982（1）：21-22.
39. 裘士雄．元配夫人朱安 [Z]. 未刊稿．
40. 李江．鲁瑞、朱安照片两帧 [J]. 鲁迅学刊，1982（3）．
41. 薛绥之．鲁迅生平史料汇编：第三辑 [M]. 天津：天津人民出版社，

1983.
42. 裘士雄．鲁迅与啸唫阮家 [M]// 北京鲁迅博物馆，鲁迅研究室．鲁迅研究资料：第 11 辑．天津：天津人民出版社，1983.
43. 段国超．鲁迅与朱安 [J]. 中国现代文学研究丛刊，1983（3）：288-309.
44. 余一卒．朱安女士 [M]// 北京鲁迅博物馆，鲁迅研究资料：第 13 辑．天津：天津人民出版社，1984：347-367.
45. 阮庆祥，裘士雄，张观达，等．绍兴风俗简志 [Z]. 绍兴市、县文联，1985.
46. 燕丽．朱安埋在哪里？ [J]. 鲁迅研究动态，1985（6）：37.
47. 张自强．鲁迅与朱安旧式婚姻缔定年代考 [J]. 纪念与研究，1987：121-134.
48. 叶子．鲁迅母亲的木床 [M]// 北京鲁迅博物馆，鲁迅研究室．鲁迅研究资料：第 16 辑．天津：天津人民出版社，1987：275-299.
49. 祝肖因．关于鲁迅旧式婚姻的几个问题 [J]. 鲁迅研究动态，1987（9）：24-30.
50. 杨志华．新发现的一帧鲁迅在东京时的照片 [J]. 鲁迅研究动态，1988（4）：10-13.
51. 杨志华．关于朱可铭及朱氏兄弟 [J]. 鲁迅研究动态．1988（11）：63-64.
52. 杨志华．朱安与鲁迅 [M]// 绍兴市鲁迅研究学会，绍兴鲁迅研究专刊：第 9 期．绍兴：绍兴鲁迅研究学会，1989：76-80.
53. 祝肖因．《惜花四律》是否与旧式婚姻有关？——与张自强同志商榷 [J]. 上海鲁迅研究，1990：86-91.
54. 裘士雄．浅论鲁迅对中国传统婚姻的“妥协”与抗争 [J]. 绍兴师专学报，1991（3）：103-110.

55. 杨志华 . 朱吉人与朱安及鲁迅 [J]. 上海鲁迅研究，1991（1）：76-79.
56. 张华 .《鲁迅家世》漫评 [J]. 鲁迅研究月刊，1992（7）：49-51.
57. 吴俊 . 在母亲和妻子之间 [M]// 吴俊 . 鲁迅个性心理研究 . 上海：华东师范大学出版社，1992：145-184.
58. 余锦廉 . 我谈“鲁迅与许羡苏”[J]. 鲁迅研究月刊，1994（6）：38-42.
59. 南江秀一 . 鲁迅元配：朱安 [J]. 书城，1994（2）：35-38.
60. 南江秀一 . 关于许羡苏的几点思索 [J]. 书城，1994（11）：43-45.
61. 丸尾常喜 . 朱安与子君 [M]// 丸尾常喜 .“人”与“鬼”的纠葛：鲁迅小说论析 . 秦弓，译 . 北京：人民文学出版社，1995：202-212.
62. 程责 . 朱安属兔 [J]. 鲁迅研究月刊，1996（5）：45.
63. 张铁铮 . 知堂晚年轶事一束 [M]// 陈子善 . 闲话周作人 . 杭州：浙江文艺出版社，1996：279-298.
64. 吴长华 . 平凡之中见精神——鲁迅家用帐读后记 [J]. 上海鲁迅研究，1996：57-67.
65. 李允经 . 向朱安告别——《伤逝》新探 [M]. 李允经 . 鲁迅的情感世界 . 北京：北京工业大学出版社，1996：214-232.
66. 叶淑穗 . 北京鲁迅故居中的朱安居室 [M]// 叶淑穗，杨燕丽 . 从鲁迅遗物认识鲁迅 . 北京：中国人民大学出版社，1999.
67. 马蹄疾 . 在无爱中死去的朱安 [M]// 马蹄疾 . 鲁迅生活中的女性 . 北京：知识出版社，1996：69-88.
68. 张能耿 . 鲁迅亲友寻访录 [M]. 北京：党建读物出版社，2005.
69. 张能耿，张款 . 鲁迅的原配夫人朱安 [M]// 张能耿，张款 . 鲁迅家世 . 北京：党建读物出版社，2000：287-304.
70. 岸阳子 . 超越爱与憎——鲁迅逝世后的朱安和许广平 [J]. 鲁迅世界，2001（4）.
71. 王锡荣 .“文豪”还是“富豪”——鲁迅究竟有多少钱 [M]// 王锡荣 . 鲁

迅生平疑案．上海：上海辞书出版社，2002：244-278.
72. 王锡荣．周作人觊觎鲁迅的藏书？［M］// 王锡荣．周作人生平疑案．桂林：广西师范大学出版社，2005：261.
73. 高彦颐．闺塾师：明末清初江南的才女文化［M］. 南京：江苏人民出版社，2005：1115-1136.
74. 山田敬三．我也是鲁迅的遗物——关于朱安女士［M］// 山田敬三先生古稀纪念论集刊行会．南腔北调论集——中国文化的传统与现代．东京，2007.
75. 李东轩．朱自清与鲁迅略说［J］. 上海鲁迅研究，2007（2）：152-156.
76. 裘士雄．关于鲁迅参与绝卖“公田”的《公同议单》［J］. 上海鲁迅研究，2008（2）：33-45.
77. 张业松．暗夜的苦痛和想像［M］// 张业松．文学课堂与文学研究．上海：复旦大学出版社，2008：16-24.

相关报道

78. 周夫人述悲怀［N］. 世界日报（北平），1936-10-20.
79. 介夫．中国名作家鲁迅夫人访问记［N］. 北平晨报，1936-10-21.
80. 鲁迅在平家属访问记［N］. 新民报（南京），1936-10.
81. 许广平负责整理鲁迅先生全部遗作，外间种种消息都是谣传［N］. 电声（上海），1936-11-27（47）.
82. 上海夫人与北平夫人之争，鲁迅遗作及全集起纠纷，周作人将亲自出马南下交涉［N］. 电声（上海），1936-12-18（50）.
83. 鲁迅逝世后许广平女士和朱夫人并无异议，准备明春会面商讨家事［N］.

时代生活（天津），1937-1-1（2）.
84. 为了一笔文学遗产，鲁迅的两夫人大起斗争，周作人调停无效两面受气[N]. 电声（上海），1937-4-2（13）.
85. 司马星 . 关于鲁迅夫人 [N]. 万岁（上海），1943-1-20（1）.
86. 文化报道：鲁迅留平藏书有由其家属出售说……[N]. 杂志（上海），1944-9-10（6）.
87. 鲁迅先生藏书出售问题 [N]. 文艺春秋（上海），1944-10-10（1）.
88. 鲁迅藏书出售问题 [N]. 两年（文艺春秋丛刊之一），1944-10-10.
89. 霜人 . 怀鲁迅藏书 [N]. 文友（上海 1943），1945-2-15（7）.
90. 闻言 . 鲁迅藏书出售问题 [N]. 光华周报（北平），1945-10-21（6）.
91. 海生 . 为鲁迅先生的遗族和藏书尽一点力吧 [N]. 世界日报（北平），1945-12-19.
92. 朽木 . 响应援助鲁迅遗族 [N]. 世界日报（北平），1945-12-25.
93. 弓也长 . 访问鲁迅夫人 [N]. 世界日报（北平），1945-12-31.
94. 因云先生来信 [N]. 世界日报（北平），1945-12-31.
95. 朽木先生来信 [N]. 世界日报（北平），1945-12-31.
96. 弓也长 . 火热的人情 [N]. 世界日报（北平），1946-1.
97. 朽木 . 对鲁迅遗族希能发起捐款运动 [N]. 世界日报（北平），1946-1.
98. 朱学郭 . 关于鲁迅的遗族与遗书 [N]. 世界日报（北平），1946-1.
99. 弓也长 . 依然是关于鲁迅先生的问题 [N]. 世界日报（北平），1946-1-27.
100. 海燕 . 蒋主席慰问鲁迅夫人！！ [N]. 海光（上海），1946-2-6（10）.
101. 施恩 . 鲁迅德配夫人在平生活 [N]. 快活林（上海），1946-3-23（8）.
102. 大木 . 鲁迅的两位夫人 [N]. 吉普（上海），1946-5-13（26）.
103. 失名 . 主席拨款救济鲁迅原配夫人 [N]. 海星（上海），1946-10-22(27).

104. 天声 . 许广平故都访鲁迅前妻 [N]. 新上海（上海），1946-12-1（44）.

105. 飞萤 . 鲁迅两夫人之争！ [N]. 海天（上海），1947-2-24（新 3）.

106. 朱夫人寂寞死去 [N]. 新民报（南京），1947-7-29.

107. 鲁迅夫人 [N]. 新民报（南京），1948-3-24.

后记

我用蜗牛一样的速度爬行到现在，才终于完稿。总算可以长长地吁一口气了，回首过去的这段时间，我常常想到一句俗话：“巧妇难为无米之炊。”我不是巧妇，因此，这本书可以说写得很吃力，很痛苦，但同时我又感觉非常值得，因为这是我心里酝酿已久的一本书。

我选择写朱安这样一个人物的传记，绝不是偶然。多年前，还是在复旦读书的时候，关注的是女性文学，自然也阅读了不少国外的女性主义经典著作。其中最吸引我的是山崎朋子的《望乡——底层女性史序章》（即电影《望乡》的原作，中译本于 1998 年出版），这本薄薄的小书，让我看到自己应该努力的方向。我暗暗决定，今后要像山崎朋子那样，站在女性的立场上，对女性的命运加以关注和思考。

毕业后，从事鲁迅研究方面的工作，一直在这个领域里努力着。一晃好几年过去了，我似乎已经把读书时的志愿淡忘了。但另一方面，有一个题目始终盘旋在我心头，那就是朱安。毋庸讳言，眼下名人的婚恋成为一大热点，鲁迅与朱安的包办婚姻也难免成为众说纷纭的话题，但我之所以打算写朱安，并不是想凑这个热闹，更不是为了争论鲁迅与朱安在这桩婚姻中究竟孰对孰错。向来我们只把朱安看成包办婚姻的牺牲品，一个没有时间性的悲剧符号，认为她的一生是极为单薄的，暗淡无光的。真的是这样吗？有人说，“黑暗也能发出强烈的光”，朱安站在暗处的一生是否也有她自己的光？

但构想归构想，真正动笔时，我还是感到不小的压力。首先，我想一定会有人质疑：为什么要为这样一个毫无光彩的女性写一本传记？会不会影响到鲁迅的高大形象？对此，我确实也有过犹疑。让我感到欣喜的是，当我说出自己的打算时，无论是鲁研界的一些前辈，还是我的同行们，都很鼓励我，认同我，并给予我许多建议和帮助。这使我信心倍增，同时，也使自己没了退路——总不能“雷声大雨点小”，让大家对我失望。

其次，我也知道写朱安的传记，资料是个难题。由于可以想见的原因，朱安的生平资料很匮乏，有关于她的种种细节绝大部分都失落了。而各种各样的回忆或说法，很多也是自相矛盾的。不过，我并不同意有些人的看法，认为朱安的一生乏善可陈，没什么好写。其实，朱安六十八年的人生也经历了许许多多，在鲁迅去世后，她默默地熬到了抗战结束，现在留存下来的当年的报道，让我看到了一个饱经沧桑的老妇人。她生前托人代笔的一封封书信，读来只觉得凄切入骨，令人心生感慨……在翻阅这些旧资料的过程中，她的形象在我的眼前晃动着，她的一生在我的脑海里逐渐变得清晰起来。

当然，我觉得最困难的是倾听这样一位女性的心声。虽然山崎朋子的《望乡》被我奉为典范，但其实，它走的是“口述历史”的路子，不是我所能效仿的。以往的女性传记，都是精英知识女性的传记，起码有一些自述性的文字，从中可以解读她们的内心世界。而朱安不同，她早已不在人世，又是个不识字的女人，作为一位彻头彻尾的旧女性，我们连弄清她的生平细节都有很多障碍，更不用说对她的处境感同身受，进入到她的内心深处。

由于以上原因，写到半当中时，我有过动摇，也有过自我怀疑。不过，更有许多可回味的片段。

这两年，为了钩沉有关朱安的史料，我利用各种机会，去踏访朱安足迹所到的地方，向绍兴和北京两地的鲁迅研究者求教，搜集各方面的第一手资料。我渐渐地体会到在鲁迅纪念馆工作的好处，就是可以经常与绍兴和北京兄弟馆的同行进行交流。每次去这两个地方出差，我都可以向他们讨教，从而不至于多走弯路。

我记得在绍兴，跟着周芾棠老先生寻访朱安娘家丁家弄。其实前一天我也曾去过，可谓一无所获，但是跟着周老先生，一个下午，我们跟当地的住户聊了许多，而且打听着打听着，最后居然找到了当年朱家的房客！那天我跟在他后面，才真正地有了实地采访的感觉。那一次，幸亏有周老先生陪伴，不然我这连绍兴话都听不太懂的外乡人，是很难和老住户们随意攀谈的。现在想想，那回我连照相机都忘了带，实在是不够专业！我决定，等这本书出版后，一定要再去丁家弄，找到俞先生、王先生和周阿婆，跟他们合影留念。

我还记得绍兴鲁迅纪念馆裘士雄先生的大办公室，他在这里每天埋头著述，出版了一部部极具绍兴地域特色的著作。他自称是“以书养书”，即拿到某本书的稿费后，再自费出版另外的书。这使我肃然起敬。作为鲁迅研究者，裘先生早年通过对朱氏后人及邻里的走访，记录下关于朱家台门的情况，抢救了不少资料。听说我打算写朱安传，他把自己留意搜集的资料提供给我参考，并特别指出，对待鲁迅和朱安的包办婚姻，一定要结合当时的社会背景来看问题，而不能片面地得出结论。虽然，我未必能达到他的要求，但写作中始终记着他的告诫。

朱安后半生住在北京。去年 11 月去北京，我遇到了曾在北京鲁迅博物馆保管部工作的叶淑穗老师，她向我介绍了许多有关朱安的情况。叶老师说，朱安是西三条故居的最后一位女主人，只要是她在故居的生活用品，都保存了下来，除了一些穿得很破烂的小脚鞋，凡朱安生前用过的，如水烟袋、衣服、新的小脚鞋等，都保存了下来，包括她为鲁迅守孝的衣服也都在。朱安很矮，比常人都要矮，她的衣服很窄小，有些是用鲁迅母亲的衣服改的，很瘦很瘦的。朱安后来也有可能是死于胃癌，她有一个老保姆，原来住在附近，叶老师曾去找过她。据这位老保姆说，临终前朱安胃很疼。我询问朱安是否擅长做手工活，叶老师认为，有很多材料表明，朱安不大会绣花之类新式的手工，她的手工活很粗，可能会做鞋子或鞋垫等。遗憾的是，要看到朱安留下的遗物需要很多审批手续，我虽然很好奇，但也只能作罢。

叶淑穗老师在搜集资料方面也给了我不少指点，她告诉我，《世界日报》访问朱安的材料是很好的，真正写朱安生活的材料很少，但是世界日报社相关工作人员从保护鲁迅文物的角度出发，去看望了朱安，目睹了她的生活状况。当时，她特意去图书馆抄录了下来，她还抄录了许多朱安的家信……可以感觉到，叶老师对于北京时期的朱安不仅很了解，而且也很关心。我从她这里了解到许多活生生的细节，也由衷地感到，正如叶老师等所说的，对朱安的问题，要从历史出发，看问题要全面，不能以偏概全，更不能轻率地下结论。

朱安的一生，前四十年在绍兴，后二十八年在北京。照理，轮不到我这个外乡人来写，多亏有鲁迅研究界前辈热心指点，有许多同行相助，今天才有了这本十多万字的小书。无论是善意提醒我的人，还是在搜集资料上给予我帮助的人，我都将一直铭感在心。

我要感谢的人很多，而我尤其要感谢的是王锡荣副馆长。当我忐忑不安地把拟就的提纲交给他，准备着被他泼冷水，不料他很支持我们提出个人的研究计划，而且很鼓励我们突破成见，发表自己的想法，在鲁迅研究的道路上踏出自己的印迹。同时，他也给了我许多切实的建议，指点我多向鲁研界的前辈虚心求教，尽可能全面地搜集史料，以客观地反映朱安的一生。他还提醒我，过去大多是站在鲁迅的角度来叙述，希望我能站在朱安的角度，多挖掘朱安的内心。他的一席话使我有如醍醐灌顶、茅塞顿开之感。遗憾的是，我虽然尽力朝这个方向去努力，但显然还做得很不够。

需要指出的是，我馆从去年起设立了专项课题，用于支持个人的研究计划，我的这本传记也列入了这一课题。在这里，我还要感谢我们部门的同仁。写作是一件耗费心力和时间的事，如果没有一个宽松的学术环境，人往往会变得浮躁，也很难静下心来做事。我很庆幸，置身于浓浓的学术氛围里，与同事们平时既能够互相切磋，也能彼此体谅。这都为我完成此书创造了条件。

所以，我也感到很惭愧，最终我只能写到这个程度。现在想来，如果我多一点刨根问底的勇气，也许会有更多发现。但现在只能是这样了。

感谢王锡荣副馆长、裘士雄先生，他们在百忙之中审读了我的原稿，并提出了中肯的建议，特别是指出了一些史实性的错误。绍兴的顾红亚女士为我复印刊登在《绍兴鲁迅研究专刊》上的资料，在此也表示感谢。

有一句自谦的话叫“抛砖引玉”。如果我的这块“砖”能够引来美玉，那么，我就做一块砖吧。